元史

明宋濂等撰

第四册

卷四五至卷五五（紀志）

中華書局

元史卷四十五

本紀第四十五

順帝八

十七年春正月丙子朔，日有食之。以伯顏禿古思爲大司徒。辛卯，命山東分省團結義兵，每州添設判官一員，每縣添設主簿一員，專率義兵以事守禦，仍命各路達魯花赤提調，聽宣慰使司節制。丙申，監察御史哈剌章言：「淮東道廉訪使（楮）〔褚〕不華，〔一〕徇忠盡節，宜加褒贈，優恤其家。」從之。

二月壬子，賊犯七盤、藍田，命察罕帖木兒以軍會答兒麻亦兒守陝州、潼關；哈剌不花由潼關抵陝西，會豫王阿剌忒納失里及定住等同進討。癸丑，太陰犯五車。以征河南許、亳、太康、嵩、汝大捷，詔赦天下。戊辰，知樞密院事脫脫復邳州，調客省使撒兒答溫等攻黃河南岸賊，大破之。壬申，劉福通遣其黨毛貴陷膠州，僉樞密院事脫歡死之。甲戌，倪文俊陷峽州。是月，李武、崔德陷商州，察罕帖木兒與李思齊以兵自陝、虢援陝西。以察罕帖木兒爲陝西行省左丞，李思齊爲四川行省左丞。詔以高寶爲四川行省參知政事，將兵取中興，不克，賊遂破轆轤關。

三月乙亥〔朔〕，義兵萬戶賽甫丁、阿迷里丁叛據泉州。庚辰，毛貴陷萊州，守臣山東宣慰副使釋嘉訥死之。壬午，大明兵取常州路。甲申，太陰犯鬼宿。壬辰，歲星犯壘壁陣。甲午，毛貴陷益都路，益王買奴遁，自是山東郡邑皆陷。乙未，以江淮行樞密院副使董摶霄爲山東宣慰使。丁酉，毛貴陷濱州。戊戌，以中書平章政事帖里帖木兒爲御史大夫，悟良哈台、斡欒並爲中書平章政事。

夏四月丙午，監察御史五十九言：「今京師周圍，雖設二十四營，軍卒疲弱，素不訓練，誠爲虛設，儻有不測，誠可寒心。宜速選擇驍勇精銳，衞護大駕，鎭守京師，實當今奠安根本、固堅人心之急務。況武備莫重於兵，而養兵莫先於食。今朝廷撥降鈔錠，措置農具，命總兵官於河南克復州郡，且耕且戰，甚合寓兵於農之意。爲今之計，權命總兵官，從宜於軍官內選委能撫字軍民者，兼路府州縣之職，務要農事有成，軍民得所，則擾民之害亦除，而匱乏之憂亦釋矣。」帝嘉納之。乙卯，毛貴陷莒州。丙辰，京師立便民六庫，倒易昏鈔。辛酉，以咬咬爲甘肅行省左丞相。答失八都魯加太尉、四川行省左丞相。漢中道廉訪司糾陝西行省左丞蕭家奴遇賊逃竄，失陷所守郡邑，詔正其罪。是月，車駕時巡上都。封江西行省平章政事火你赤爲營國公。大明兵取寧國路。

五月乙亥〔朔〕，命知樞密院事孛蘭奚進兵討山東。戊寅，平章政事亦老溫帖木兒復武安州等三十餘城。丙申，命搠思監爲右丞相，太平爲左丞相，詔天下。免民今歲稅糧之半。詔以永昌宣慰司屬詹事院。

六月甲辰朔，以實理門爲中書分省右丞，守濟寧。丙辰，監察御史脫脫穆而言：「去歲河南之賊窺伺河北，惟河南與山東互相策應，爲害尤大。爲今之計，中書當遴選能將，就太不花、答失八都魯、阿魯三處軍馬內，擇其精銳，以守河北，進可以制河南之侵，退可以攻山東之寇，庶幾無虞。」從之。己未，以帖里帖木兒、老的沙並爲御史大夫。庚申，大明兵取江陰州。壬申，帖里帖木兒糾陝西知行樞密院事也先帖木兒，遂命罷陝西行樞密院，令也先帖木兒居于草地。癸酉，溫州路樂清江中龍起，颶風作，有火光如毬。是月，劉福通犯汴梁，其軍分三道，關先生、破頭潘、馮長舅、沙劉二、王士誠寇晉、冀，白不信、大刀敖、李喜喜趨關中，毛貴據山東，其勢大振。

秋七月己卯，帖里帖木兒奏續集風憲宏綱。庚辰，大明兵取徽州路。癸未，太白犯鬼宿。甲申，太陰犯斗宿。乙酉，命右丞相搠思監領宣政院事，平章政事臧卜知經筵事，參知政事李稷同知經筵事，參知政事完者帖木兒兼太府卿。丁亥，塡星犯鬼宿。戊子，以李稷爲御史中丞。中書省臣言：「山東般陽、益都相次而陷，濟南日危，宜選將練卒，信賞必罰，爲保燕趙計，以衞京師。」不報。己丑，鎭守黃河義兵萬戶田豐叛，陷濟寧路，分省右丞實理門遁，義兵萬戶孟本周攻之，田豐敗走，本周還守濟寧。甲午，以御史中丞完者帖木兒爲中書右丞，河南廉訪使俺普爲中書參知政事。監察御史迭里彌實、劉傑言：「疆域日蹙，兵律不嚴，陝西、汴梁、淮潁、山東之寇有窺伺燕趙之志，宜俯詢大臣，共圖克復之宜，預定守備之策。」不報。是月，立四方獻言詳定使司，秩正三品。歸德府知府林茂、萬戶時公權叛，以城降于賊，歸德府及曹州皆陷。

八月癸卯〔朔〕，塡星犯鬼宿。太白犯軒轅。癸丑，劉福通兵陷大名路，遂自曹、濮陷衞輝路，答失八都魯之子孛羅帖木兒與萬戶方脫脫擊之。甲子，太陰犯五車。乙丑，以陝西行臺御史中丞伯嘉訥爲陝西行省平章政事；淮南行省參知政事余闕爲淮南行省左丞；江浙行省參知政事楊完者陞左丞；方國珍爲江浙行省參知政事，海道運糧萬戶如故。丙寅，慶陽府鎭原州大雹。是月，大駕還自上都。薊州大水。詔知樞密院事紐的該進討山東。大明兵取揚州路。平江路張士誠，俾前江南行臺御史中丞蠻子海牙爲書請降，江浙左丞相達識帖睦邇承制令參知政事周伯琦等至平江撫諭之，詔以士誠爲太尉，士德爲淮南行省平章政事，時士德已爲大明兵所擒。

九月丙子，命同知樞密院事壽童以兵討冠州。以老的沙爲中書省平章政事兼兀良海牙指揮使。甲午，澤州陵川縣陷，縣尹張輔死之。戊戌，太不花復大名路幷所屬郡縣。辛丑，詔中書右丞也先不花、御史中丞成遵奉使宣撫彰德、大名、廣平、東昌、東平、曹、濮等處，奬厲將帥。是月，命紐的該加太尉，總諸軍守禦東昌。時田豐據濟、濮，率衆來寇，擊走之。倪文俊謀殺其主徐壽輝，不果，自漢陽奔黄州，壽輝僞將陳友諒襲殺之，友諒遂自稱平章。

閏九月癸卯，有飛星如盂，青色，光燭地，尾約長尺餘，起自王良，沒於勾陳。監察御史朶兒只等劾奏知樞密院使哈剌八禿兒失陷所守郡縣，〔二〕詔正其罪。丙午，太陰犯斗宿。右丞相搠思監、左丞相太平並加開府儀同三司。平章政事完者不花兼大司農。庚申，太陰犯井宿。乙丑，(路)〔潞〕州陷。〔三〕丙寅，賊攻冀寧，察罕帖木兒以兵擊走之。

冬十月乙亥，熒惑犯氐宿。戊寅，設分詹事院。甲申，太陰掩昴宿。戊戌，曹州賊入太行山。是月，白不信、大刀敖、李喜喜陷興元，遂入鳳翔，察罕帖木兒、李思齊屢擊破之，其黨走入蜀。答失八都魯與知樞密院事答里麻失里以軍討曹州賊，官軍敗潰，答里麻失里死之。靜江路山崩，地陷，大水。

十一月辛丑〔朔〕，山東道宣慰使董摶霄建言：「請令江淮等處各枝官軍，分布連珠營寨於隘口，屯駐守禦，宜廣屯田，以足軍食。」從之。汾州桃杏花。壬寅，賊侵壺關，察罕帖木兒大破之。戊午，以河南行省平章政事答蘭爲中書平章政事，御史中丞李獻爲中書左丞，陝西行臺中丞卜顏帖木兒、樞密院副使哈剌那海、司農少卿崔敬、侍御史陳敬伯皆爲參知政事。癸亥，豫王阿剌忒納失里與陝西行省左丞相朶朶、陝西行臺御史中丞伯嘉訥，分道攻討關陝。己巳，以中書參知政事八都麻失里爲右丞。

十二月庚午〔朔〕，熒惑犯天江。辛未，山東道廉訪使伯顏不花建言：嚴保伍，集勇健，汰冗官。戊寅，太白犯歲星。甲申，太陰犯鬼宿。丁亥，歲星犯壘壁陣。庚寅，太白犯壘壁陣。癸巳，太陰犯心宿。丁酉，慶元路象山縣鵝鼻山崩。己亥，流星如金星大，尾約長三尺餘，起自太陰，近東而沒，化爲青白氣。庚子，〔四〕答失八都魯卒于軍中。

是歲，詔天下團結義兵，路、府、州、縣正官俱兼防禦事。詔淮南（行知）〔知行〕樞密院事脫脫領兵討淮南。〔五〕詔諭濟寧李秉彝、田豐等，令其出降，敍復元任；嘯亂士卒，仍給資糧，欲還鄉者聽。倪文俊陷川蜀諸郡，命僞元帥明玉珍守據之。趙君用及彭大之子早住同據淮安，趙僭稱永義王，彭僭稱魯淮王。義兵千戶余寶殺其知樞密院事寶童以叛，降于毛貴。余寶遂據棣州。河南大饑。

十八年春正月辛丑，塡星犯鬼宿。乙巳，察罕帖木兒、李思齊合兵于鳳翔。丙午，太陰犯昴宿。陳友諒陷安慶路，守將余闕死之。庚戌，大明兵取婺源州。甲子，以不蘭奚知樞密院事。乙丑，大風起自西北，益都土門萬歲碑仆而碎。丙寅，田豐陷東平路。丁卯，不蘭奚與毛貴戰于好石橋，敗績，走濟南。是月，詔答失八都魯子孛羅帖木兒爲河南行省平章政事，總領其父元管軍馬。詔察罕帖木兒屯陝西，李思齊屯鳳翔。

二月己巳朔，議團結西山寨大小十一處以爲保障，命中書右丞塔失帖木兒、左丞烏古孫良楨等總行提調，設萬夫長、千夫長、百夫長，編立牌甲，分守要害，互相策應。毛貴陷淸、滄州，遂據長蘆鎭。中書省臣奏以陝西軍旅事劇務殷，去京師道遠，供費艱難，請就陝西印造寶鈔爲便，遂分戶部寶鈔庫等官，置局印造。仍命諸路撥降鈔本，畀平準行用庫倒易昏幣，布于民間。癸酉，毛貴陷濟南路，守將愛的戰死。毛貴立賓興院，選用故官，以姬宗周等分守諸路；又於萊州立三百六十屯田，每屯相去三十里，造大車百輛，以挽運糧儲，官民田十止收二分，冬則陸運，夏則水運。乙亥，塡星犯鬼宿。辛巳，詔以太不花爲中書右丞相，總兵山東。壬午，田豐復陷濟寧路。甲申，輝州陷。丙戌，紐的該聞田豐逼近東昌，棄城走。丁亥，察罕帖木兒調兵復涇州、平涼，保鞏昌。戊子，田豐陷東昌路。庚寅，王士誠自益都犯懷慶路，周全擊敗之。辛卯，以安童爲中書參知政事。丁酉，興元路陷。

三月己亥朔，日色如血。加右丞相搠思監太保。庚子，毛貴陷般陽路。辛丑，大同路夜黑氣蔽西方，有聲如雷；少頃，東北方有雲如火，交射中天，遍地俱見火，空中有兵戈之聲。癸卯，王士誠陷晉寧路，總管杜賽因不花死之。甲辰，察罕帖木兒遣賽因赤等復晉寧路。己酉，劉福通遣兵犯衞輝，孛羅帖木兒擊走之。庚戌，毛貴陷薊州，詔徵四方兵入衞。乙卯，毛貴犯漷州，至棗林，樞密副使達國珍戰死，遂略柳林，同知樞密院事劉哈剌不花以兵擊敗之，貴走據濟南。丙辰，大明兵取建德路。以周全爲湖廣行省參知政事，統奧魯等軍，移鎭嵩州白龍寨。冀寧路陷。丁巳，田豐陷益都路。辛酉，大同諸縣陷，察罕帖木兒遣關保等往擊之。是時賊分二道犯晉、冀，一出沁州，一侵絳州。乙丑，以老章爲太子少保。

夏四月甲申，〔六〕陳友諒陷龍興路，省臣道童、火你赤棄城遁。壬午，田豐陷廣平路，大掠，退保東昌。詔令元帥方脫脫以兵復廣平。癸未，以諸處捷音屢至，詔頒軍民事宜十一條。庚寅，以翰林學士承旨蠻子爲嶺北行省平章政事。辛卯，太白犯鬼宿。甲午，陳友諒遣王奉國陷瑞州路。是月，車駕時巡上都。察罕帖木兒、李思齊，會宣慰張良弼、郎中郭擇善、宣慰同知拜帖木兒、平章政事定住、總帥汪長生奴，各以所部兵討李喜喜于鞏昌，李喜喜敗入蜀。察罕帖木兒駐清湫，李思齊駐斜坡，張良弼駐秦州，郭擇善駐崇信，拜帖木兒等駐通渭，定住駐臨洮，各自除路府州縣官，徵納軍需。李思齊、張良弼又同襲殺拜帖木兒，分總其兵。

五月戊戌朔，察罕帖木兒遣董克昌等以兵復冀寧。以方國珍爲江浙行省左丞，兼海道運糧萬戶。詔察罕帖木兒還兵鎭冀寧。李思齊殺同僉樞密院事郭擇善。庚子，賊兵踰太行，察罕帖木兒部將關保擊敗之。以察罕帖木兒爲陝西行省右丞兼陝西行臺侍御史、同知河南行樞密院事。劉福通攻汴梁。壬寅，太白犯塡星。汴梁守將竹貞棄城遁，福通等遂入城，乃自安豐迎其僞主居之以爲都。陳友諒遣康泰、趙琮、鄧克明等以兵寇邵武路。甲辰，命太尉阿吉剌爲甘肅行省左丞相。乙巳，關保與賊戰于高平，大敗之。庚戌，陳友諒陷吉安路。壬子，太陰犯斗宿。癸丑，監察御史七十等，糾劾太保、中書右丞相太不花。乙卯，詔削太不花官爵，安置蓋州。時太不花總兵山東，以知行樞密院悟良哈台代之。命悟良哈台節制河北諸軍，河南行省平章政事周全節制河南諸軍。辛酉，陳友諒兵陷撫州路。甲子，監察御史七十、燕赤不花等劾中書參知政事燕只不花。是月，遼州蝗。山東地震，天雨白毛。察罕帖木兒自以劉尙質爲冀寧路總管。

六月戊辰朔，太不花伏誅。察罕帖木兒調虎林赤、關保同守潞州。拜察罕帖木兒陝西行省平章政事，便宜行事。庚辰，關先生、破頭潘等陷遼州，虎林赤以兵擊走之。關先生等遂陷冀寧路。乙酉，命左丞相太平督諸軍守禦京城，便宜行事。是月，汾州大疫。

秋七月丁酉朔，周全據懷慶路以叛，附于劉福通。時察罕帖木兒駐軍洛陽，遣伯帖木兒以兵守盌子城。周全來戰，伯帖木兒爲其所殺，周全遂盡驅懷慶民渡河，入汴梁。丁未，太陰犯斗宿。不蘭奚以兵復般陽路，已而復陷。戊申，太白晝見。癸丑，有賊兵犯京城，刑部郎中不花守西門，夜，開門擊退之。己未，劉福通遣周全引兵攻洛陽，守將登城，以大義責全，全愧謝退兵，劉福通殺之。丙寅，以完卜花、脫脫帖木兒爲中書平章政事。是月，京師大水，蝗，民大饑。

八月丁卯朔，江浙行省平章政事三旦八遁于福建。先是，三旦八討饒州，貪財玩寇，久而無功，遂妄稱遷職福建行省。至福建，爲廉訪僉事般若帖木兒所劾，拘之興化路。壬申，太陰掩心宿。庚辰，陳友諒兵陷建昌路。辛巳，義兵萬戶王信以滕州叛，降於毛貴。甲申，太陰掩昴宿。庚寅，以老的沙爲御史大夫。詔作新風紀。

九月丁酉朔，詔授昔班帖木兒同知河東宣慰司事，其妻刺八哈敦雲中郡夫人，子觀音奴贈同知大同路事，仍旌表其門閭。先是，昔班帖木兒爲趙王位下同知怯憐口總管府事，其妻嘗保育趙王，及是部落滅里叛，欲殺王，昔班帖木兒與妻謀，以其子觀音奴服王平日衣冠居王宮，夜半，夫妻衞趙王微服遁去。比賊至，遂殺觀音奴，趙王得免。事聞，故旌其忠焉。褒封唐贈諫議大夫劉蕡爲文節昌平侯。關先生攻保定路，不克，遂陷完州，掠大同、興和塞外諸郡。中書左丞張冲請立團練安撫勸農使司二道，一奉元延安等處，一鞏昌等處，從之。壬寅，詔命中書參知政事普顏不花、治書侍御史李國鳳經略江南。癸卯，詔以福建行中書省平章政事慶童爲江南行臺御史大夫。丙午，賊兵攻大同路。壬戌，平定州陷。乙丑，陳友諒陷贛州路，江西行省參知政事全普庵撒里及總管哈海赤死之。

冬十月丙寅朔，詔豫王阿剌忒納失里徙居白海，尋遷六盤。壬申，大明兵取蘭溪州。己卯，太陰犯昴宿。壬午，監察御史燕赤不花劾右丞相搠思監罪狀，詔收其印綬。乙酉，監察御史答兒麻失里、王彝等復劾之，請正其罪，帝不聽。壬辰，大同路陷，達魯花赤完者帖木兒棄城遁。

十一月乙未朔，以普化帖木兒爲福建行省平章政事。癸卯，陳友諒陷汀州路。丙午，太陰犯昴宿。太白犯房宿。丁未，田豐陷順德路。先是，樞密院判官劉起祖守順德，糧絕，刼民財，掠牛馬，民强壯者令充軍，弱者殺而食之。至是城陷，起祖遂盡驅其民走于廣平。辛酉，太陰掩心宿。

十二月乙丑朔，日有食之。癸酉，關先生、破頭潘等陷上都，焚宮闕，留七日，轉略往遼陽，遂至高麗。戊寅，太白經天。庚辰，察罕帖木兒遣樞密院判官瑣住進兵于遼陽。癸未，太白經天。甲申，大明兵取婺州路，達魯花赤僧住、浙東廉訪使楊惠死之。戊子，太陰犯房宿。

十九年春正月甲午朔，陳友諒兵陷信州路，守臣江東廉訪副使伯顏不花的斤力戰死之。大明兵取諸暨州。辛丑，太陰犯昴宿。乙巳，以朶兒只班爲中書平章政事。丙午，遼陽行省陷，懿州路總管呂震死之，贈震河南行省左丞，追封東平郡公。察罕帖木兒遣樞密院判官陳秉直、八不沙將兵二萬守冀寧。癸丑，流星如酒盃大，有聲如雷。

〔三〕〔二〕月辛巳，〔七〕樞密副使朶兒只以賊犯順寧，命張立將精銳由紫荊關出討，命鴉鶻由北口出迎敵。甲申，叛將梁炳攻辰州，守將和尚擊敗之。以和尚爲湖廣行省參知政事。賊由飛狐、靈丘犯蔚州。庚寅，御史臺臣言：「先是召募義兵，費用銀鈔一百四十萬錠，多近侍、權倖冒名關支，率爲虛數。乞令軍士，凡已領官錢者，立限出征。」詔從之，已而復止不行。是月，詔孛羅帖木兒移兵鎮大同，以爲京師捍蔽。置大都督兵農司，仍置分司十道，專督屯種，以孛羅帖木兒領之。所在侵奪民田，不勝其擾。太不花潰散之兵數萬鈔掠山西，察罕帖木兒遣陳秉直分兵駐楡次招撫之，其首領悉送河南屯種。

三月癸巳朔，陳友諒遣兵由信州略衢州，復遣兵陷襄陽路。辛丑，京城北兵馬司指揮周哈剌歹與林智和等謀叛，事覺，伏誅。庚戌，太陰犯房宿。壬戌，詔定科舉流寓人名額，蒙古、色目、南人各十五名，漢人二十名。

夏四月癸亥朔，汾水暴漲。賊陷金、復等州，司徒、知樞密院事佛家奴調兵平之。甲子，毛貴爲趙君用所殺。帝以天下多故，卻天壽節朝賀，詔羣臣曰：「朕方今宜敬天地，法祖宗，以自修省。朕初度之日，羣臣毋賀。」庚午，左丞相太平暨文武百官奏曰：「天壽節朝賀，乃臣子報本，實合禮典。今謙讓不受，固陛下盛德，然今軍旅征進，君臣名分，正宜舉行。」不允。壬申，皇太子復率羣臣上奏曰：「朝賀祝壽，是祖宗以來舊行典故，今不行，有乖於禮。」帝曰：「今盜賊未息，萬姓荼毒，正朕恐懼、修省、敬天之時，奈何受賀以自樂！」乙亥，御史大夫帖里帖木兒復奏曰：「天壽朝賀之禮，蓋出臣子之誠，伏望陛下曲徇所請。若朝賀之後，內庭燕集，特賜除免，亦古者人君減饍之意，仍乞宣示中書，使內外知聖天子憂勤惕厲至於如此。」帝曰：「爲朕缺於修省，以致萬姓塗炭，今復朝賀燕集，是重朕之不德。當俟天下安寧，行之未晚。卿等其毋復言。」卒不聽。己丑，賊陷寧夏路，遂略靈武等處。

五月壬辰朔，以陝西行臺御史大夫完者帖木兒爲陝西行省左丞相，便宜行事。丙申，熒惑犯鬼宿。丁酉，皇太子奏請巡北邊以撫綏軍民，御史臺臣上疏固留，詔從之。壬寅，察罕帖木兒請今歲八月鄉試河南舉人及避兵儒士，不拘籍貫，依河南省元定額數，就陝州置貢院應試，詔從之。丙午，太陰犯天江。丁未，太陰犯斗宿。是月，察罕帖木兒大發秦、晉諸軍討汴梁，圍其城。山東、河東、河南、關中等處，蝗飛蔽天，人馬不能行，所落溝塹盡平，民大饑。

六月辛巳，詔以宣徽使燕古兒爲御史大夫。

秋七月壬辰朔，出搠思監爲遼陽行省左丞相，便宜行事。丁酉，太白犯上將。庚子，詔以察罕腦兒宣慰司之地屬資正院，有司毋得差占。察罕腦兒之地，在世祖時隸忙哥歹太子四千戶，今從皇后奇氏請，故以屬之資正院。甲辰，太白犯右執法。戊申，命國王囊加歹、中書平章政事佛家奴、也先不花、知樞密院事黑驢等，統領探馬赤軍進征遼陽。己酉，太白犯左執法。丙辰，趙君用既殺毛貴，其黨續繼祖自遼陽入益都，殺君用，遂與其所部自相讎敵。是月，覇州及介休、靈石縣蝗。

八月辛酉朔，倪文俊餘黨陷歸州。戊寅，察罕帖木兒督諸將(闆)〔閻〕思孝、〔八〕李克彝、虎林赤、賽因赤、答忽、脫因不花、呂文、完哲、賀宗哲、孫翥等攻破汴梁城，劉福通奉其僞主遁，退據安豐。己卯，蝗自河北飛渡汴梁，食田禾一空。詔以察罕帖木兒爲河南行省平章政事，兼同知河南行樞密院事、〔九〕陝西行臺御史中丞，依前便宜行事，仍賜御衣、七寶腰帶，以旌其功。是月，大同路蝗。襄垣縣螟蝝。

九月癸巳，以中書平章政事帖里帖木兒爲陝西行省左丞相，便宜行事。乙巳，以湖南、北，江東、西四道廉訪司所治之地皆陷，詔任其所便之地置司。丙午，夜，白虹貫天。丁未，禁軍人不得私殺牛馬。甲寅，太白犯天江。是月，大明兵取衢州路。詔遣兵部尙書伯顏帖木兒、戶部尙書曹履亨，以御酒、龍衣賜張士誠，徵海運糧。

冬十月庚申朔，詔京師十一門皆築甕城，造吊橋。以方國珍爲江浙行省平章政事。壬申，太白犯斗宿。辛巳，流星大如桃。

十一月癸卯，大明兵取處州路。戊申，陳友諒兵陷杉關。

十二月戊辰，太白犯壘壁陣。是月，知樞密院事兀良哈台領太不花軍，其所部方脫脫與弟方伯帖木兒時保遼州，兀良哈台同唐琰、高脫因等屯孟州，與察罕帖木兒部將八不沙等交兵。已而兀良哈台獨引達達軍還京師，方脫脫等乃從孛羅帖木兒。皇太子㦖太平忤己，以中書左丞成遵、參知政事趙中皆太平所用，使監察御史誣成遵、趙中以贓罪，杖殺之。是歲以後，因上都宮闕盡廢，大駕不復時巡。陳友諒以江州爲都，迎僞主徐壽輝居之，自稱漢王。

二十年春正月己丑朔，察罕帖木兒請以鞏縣改立軍州萬戶府，招民屯種，從之。御史大夫老的沙、御史中丞咬住奏：「今後各處從宜行事官員，毋得陰挾私讎，明爲舉索，輒將風憲官吏擅自遷除，侵擾行事，沮壞臺綱。」從之。己亥，太陰犯井宿。癸卯，大寧路陷。壬子，以危素爲參知政事。乙卯，會試舉人，知貢舉平章政事八都麻失里、同知貢舉翰林學士承旨李好文、禮部尚書許從宗、考試官國子祭酒張翥、同考官太常博士傅亨等奏：「舊例，各處鄉試舉人，三年一次，取三百名，會試取一百名。今歲鄉試所取，比前數少，止有八十八名，會試三分內取一分，合取三十名，如於三十名外，添取五名爲宜。」從之。丙辰，五色雲見移時。

二月戊午朔，左丞相太平罷爲太保，守上都。

三月戊子朔，田豐陷保定路。彗星見東方。甲午，廷試進士三十五人，賜買住、魏元禮進士及第，其餘出身有差。乙巳，冀寧路陷。壬子，以搠思監爲中書右丞相。

夏四月庚申，命大司農司都事樂元臣招諭田豐，至其軍，爲豐所害。丁卯，太陰犯明堂。辛未，僉行樞密院事張居敬復興中州。癸酉，太陰犯東咸。

五月丁亥朔，日有食之。雨雹。陳友諒殺其僞主徐壽輝於太平路，遂稱皇帝，國號大漢，改元大義，已而回駐於江州。乙未，陳友諒遣羅忠顯陷辰州。己亥，以絆住馬爲中書平章政事。壬寅，太陰犯建星。是月，張士誠海運糧十一萬石至京師。

閏月己未，以太尉也〔先〕帖木兒知經筵事。〔一〇〕以甘肅行省左丞相阿吉剌爲太尉。乙亥，流星大如桃。

六月己丑，命孛羅帖木兒部將方脫脫守禦嵐、興、保德州等處。詔：「今後察罕帖木兒與孛羅帖木兒部將，毋得互相越境，侵犯所守信地，因而讐殺，方脫脫不得出嵐、興州境界，察罕帖木兒亦不得侵其地。」癸巳，太白犯井宿。戊戌，太陰犯建星。是月，大明兵取信州路。

秋七月辛酉，命遼陽行省參知政事張居敬討義州賊。孛羅帖木兒敗賊王士誠於臺州。乙丑，太陰犯井宿。乙亥，詔孛羅帖木兒總領達達、漢兒軍馬，爲總兵官，仍便宜行事。

八月戊子，命孛羅帖木兒守石嶺關以北，察罕帖木兒守石嶺關以南。辛卯，太陰犯天江。壬辰，加封福建鎭閩王爲護國英仁武烈忠正福德鎭閩尊王。乙未，永平路陷。壬〔辰〕〔寅〕，〔一一〕塡星犯太微。甲辰，太陰犯井宿。詔：「諸處所在權攝官員，專務漁獵百姓，今後非朝廷允許，不得之任。」庚戌，詔江浙行省左丞相達識帖睦邇加太尉兼知江浙行樞密院事，提調行宣政院事，便宜行事。

九月乙卯朔，詔遣參知政事也先不花往諭孛羅帖木兒、察罕帖木兒，令講和。時孛羅帖木兒調兵自石嶺關直抵冀寧，圍其城三日，復退屯交城。察罕帖木兒調參政閻奉先引兵與戰，已而各於石嶺關南北守禦。壬戌，賊陷孟州，又陷趙州，攻眞定路。癸未，賊復犯上都，右丞忙哥帖木兒引兵擊之，敗績。

冬十月甲申朔，甘露降于國子監大成殿前柏木。以張良弼爲湖廣行省參知政事，討南陽、襄樊。詔孛羅帖木兒守冀寧，孛羅帖木兒遣保保、殷興祖、高脫因倍道趨冀寧，守者不納。丙戌，命迭兒必失爲太尉，守衞大斡耳朶思。戊子，熒惑犯井宿。己亥，察罕帖木兒遣陳秉直、瑣住等，以兵攻孛羅帖木兒之軍于冀寧，與孛羅帖木兒部將脫列伯戰，敗之。時帝有旨以冀寧畀孛羅帖木兒，察罕帖木兒以爲用兵數年，惟藉冀、晉以給其軍，而致盛强，苟奉旨與之，則彼得以足其兵食。乃託言用師汴梁，尋渡河就屯澤、潞拒之，調延安軍交戰於東勝州等處，再遣八不沙以兵援之。八不沙謂彼軍奉旨而來，我何敢抗王命，察罕帖木兒怒，殺之。

十一月甲寅朔，黃河清，凡三日。孛羅帖木兒以兵侵汾州，察罕帖木兒以兵拒之。癸酉，賊犯易州。

十二月丙戌，詔：「太廟、影堂祭祀，乃子孫報本重事。近兵興歲歉，品物不能豐備，累朝四祭，減爲春秋二祭，今宜復四祭。」後竟不行。辛卯，廣平路陷。

是歲，陽翟王阿魯輝帖木兒擁兵數十萬，屯于木兒古徹兀之地，將犯京畿，使來言曰：

「祖宗以天下付汝，汝已失其太半；若以國璽付我，我當自爲之。」帝遣報之曰：「天命有在，汝欲爲則爲之。」命〔知〕樞密院事禿堅帖木兒等將兵擊之，〔一三〕不克，軍士皆潰，禿堅帖木兒走上都。

校勘記

〔一〕（楮）〔褚〕不華　據本書卷一九四本傳改。續通鑑已校。

〔二〕知樞密院使　按元制無「知樞密院使」，續通鑑「使」作「事」。

〔三〕（路）〔潞〕州　按元無「路州」，此「路州」隣冀寧，指晉寧路之潞州，今改。類編已校。

〔四〕庚子　按至正十七年十二月庚午朔，無庚子日，庚子爲次年正月朔日。蒙史改作「十八年正月庚子朔」。

〔五〕淮南（行知）〔知行〕樞密院事脫脫　按淮南行樞密院立於至正十五年十月，其長稱「知行樞密院事」，此處倒誤，今改正。

〔六〕甲申　按是月己巳朔，甲申爲十六日。此「甲申」在壬午十四日前，錯簡。新元史移甲申於癸未十五日後，與明太祖實錄卷六所載符。

〔七〕（三）〔二〕月辛巳　按是年二月甲子朔，辛巳十八日、甲申二十一日、庚寅二十七日均在二月，且下文復書三月而無二月，此處顯誤。今改。道光本已校。

〔八〕（閏）〔閭〕思孝　從北監本改。

〔九〕兼同知河南行樞密院事　按本書卷九二百官志作「兼河南山東等處行樞密院知院」，卷一四一察罕帖木兒傳作「兼知河南行樞密院事」。蒙史刪「同」字，疑是。

〔一〇〕也〔先〕帖木兒　據上文至正十六年十月條補。汪輝祖三史同名錄已校。

〔一一〕壬（辰）〔寅〕　按是月壬辰初八日重出，此「壬辰」在乙未十一日、甲辰二十日間，爲壬寅十八日之誤，本書卷四九天文志作「壬寅」，據改。道光本已校。

〔一二〕〔知〕樞密院事禿堅帖木兒　據下文至正二十二年二月條及本書卷二〇六阿魯輝帖木兒傳補。續通鑑已校。

元史卷四十六

本紀第四十六

順帝九

二十一年春正月癸丑朔，詔赦天下。命中書參知政事七十往諭孛羅帖木兒罷兵還鎮；復遣使往諭察罕帖木兒，亦令罷兵。孛羅帖木兒縱兵掠冀寧等處，察罕帖木兒以兵拒之，故有是命。庚申，太陰犯歲星。乙丑，河南賊犯杞縣，察罕帖木兒討平之。丁卯，李思齊進兵平伏羌縣等處。癸酉，石州大風拔木，六畜俱鳴，民所持槍，忽生火焰，抹之卽無，搖之卽有。

二月癸未朔，塡星退犯太微垣。甲申，同僉樞密院事迭里帖木兒復永平、灤州等處。己丑，察罕帖木兒駐兵霍州，攻孛羅帖木兒。壬寅，太陰犯天江。是月，江南行臺侍御史八撒剌不花殺廣東廉訪使完者篤、副使李思誠、僉事迭麥赤，以兵自衞，據廣州。時八撒剌不花以廉訪使久居廣東，專恣自用，詔乃以完者篤等爲廉訪司官，而除八撒剌不花侍御史。八撒剌不花不受命，怒完者篤等代己，卽誣以罪，盡殺之，惟廉訪使董鑰哀請得免。

三月丙辰，太陰犯井宿。癸酉，察罕帖木兒調兵討永城縣，又駐兵宿州，擒賊將梁綿住。庚辰，熒惑犯鬼宿。是月，張士誠海運糧一十一萬石至京師。孛羅帖木兒罷兵還，遣脫列伯等引兵據延安，以謀入陝。張良弼出南山義谷，駐藍田，受節制於察罕帖木兒。良弼又陰結陝西行省平章政事定住，聽丞相帖里帖木兒調遣，營于鹿臺。

夏四月辛巳朔，日有食之。是月，以張良弼爲陝西行省參知政事。察罕帖木兒遣其子副詹事擴廓帖木兒貢糧至京師，皇太子親與定約，遂不復疑。

五月癸丑，四川明玉珍陷嘉定等路，李思齊遣兵擊敗之。壬戌，太陰犯房宿。癸酉，太白犯軒轅。甲戌，熒惑犯太白。乙亥，察罕帖木兒以兵侵孛羅帖木兒所守之地。是月，李思齊受李武、崔德等降。

六月乙未，熒惑、歲星、太白聚于翼宿。丙申，察罕帖木兒總兵討山東，發晉軍，下井陘，出邯鄲，過磁、相、懷、衞，踰白馬津，發其軍之在汴梁者繼之，水陸並進。戊戌，太陰犯雲雨。甲辰，太白晝見。

秋七月辛亥，察罕帖木兒平東昌。己巳，沂州西北有赤氣蔽天如血。是月，察罕帖木兒進兵復冠州。

八月乙酉，大同路北方夜有赤氣蔽天，移時方散。庚子，以福建行省平章政事普化帖木兒爲江南行臺御史大夫。癸卯，大明兵取江州路。時僞漢陳友諒據江州爲都，至是退都武昌。是月，察罕帖木兒遣其子擴廓帖木兒、閻思孝等，會關保、虎林赤等，將兵由東河造浮橋以濟，〔一〕賊以二萬餘衆奪之，關保、虎林赤且戰且渡，拔長清，討東平，東平僞丞相田豐遣崔世英等出戰，大破之。乃遣使招諭田豐，豐降，東平平，令豐爲前鋒，從大軍東討。棣州俞寶降，東平王士誠、東昌楊誠等皆降，魯地悉定。進兵濟南，劉珪降，遂圍益都。

九月戊午，陽翟王阿魯輝帖木兒伏誅。阿魯輝帖木兒以宗親，見天下盜賊並起，遂乘間隙，肆爲異圖，詔少保、知樞密院事老章率諸軍討之。老章遂敗其衆，尋爲部將同知太常禮儀院事脫驩所擒，送闕下，詔誅之。於是詔加老章太傅、和寧王，以阿魯輝帖木兒之弟忽都帖木兒襲封陽翟王。宗王囊加、玉樞虎兒吐華與脫驩悉議加封。壬戌，四川賊兵陷東川郡縣，李思齊調兵擊之。壬申，命孛羅帖木兒於保定以東，河間以南，從便屯種。是月，命兵部尚書徹徹不花、侍郎韓祺徵海運糧于張士誠。大明取建昌、饒州二路。

冬十月癸巳，絳州有赤氣見北方如火。以察罕帖木兒爲中書平章政事，兼知河南、山東等處行樞密院事、陝西行御史臺中丞。察罕帖木兒調參知政事陳秉直、劉珪等守禦河南。

十一月戊申朔，溫州樂清縣雷。庚戌，太陰犯建星。癸亥，太陰犯井宿。戊辰，黃河自平陸三門磧下至孟津，五百餘里皆清，凡七日。命祕書少監程徐祀之。壬申，太陰犯氐宿。是月，察罕帖木兒、李思齊遣兵圍鹿臺，攻張良弼，詔和解之，俾各還信地，兵乃解。是歲，京師大饑，屯田成，收糧四十萬石。賜司農丞胡秉彝尙尊、金幣，以旌其功。

二十二年春正月戊申朔，太白犯建星。甲寅，詔李思齊討四川，張良弼平襄漢。時兩軍不和，故有是命。乙卯，塡星退犯左執法。庚申，大明取江西龍興諸路。時江西諸路皆陳友諒所據。丁卯，詔以太尉完者帖木兒爲陝西行省左丞相。仍命察罕帖木兒屯種于陝西。申諭李思齊、張良弼等各以兵自效。以也先不花爲中書右丞。

二月丁丑朔，盜殺陝西行省右丞塔不歹。己卯，太白犯壘壁陣。乙酉，彗星見于危宿，光芒長丈餘，色青白。丁酉，彗星犯離宮西星，至二月終，光芒長二丈餘。是月，知樞密院事禿堅帖木兒奉詔諭李思齊討四川。時思齊退保鳳翔，使至，思齊進兵益門鎭；使還，思齊復歸鳳翔。

三月戊申，彗星不見星形，惟有白氣，形曲竟天，西指掃大角。壬子，彗星行過太陽前，惟有星形，無芒，在昴宿，至戊午始滅。甲寅，四川明玉珍陷雲南省治，屯金馬山，陝西行省參知政事車力帖木兒等擊敗之，擒明玉珍弟明二。己未，御史大夫老的沙辭職，不許。是月，命孛羅帖木兒爲中書平章政事，位第一，加太尉。張良弼受節制於孛羅帖木兒。李思齊遣兵攻良弼，至于武功，良弼以伏兵大破之。

夏四月丙子朔，長星見，其形如練，長數十丈，在虛、危之間，後四十餘日乃滅。丁亥，熒惑離太陽三十九度，不見，當出不出。己丑，詔諸王、駙馬、御史臺各衙門，不許占匿人民不當差役。乙未，賊新橋張陷安州，孛羅帖木兒來請援兵。是月，紹興路大疫。

五月乙巳朔，泉州賽甫丁據福州路，福建行省平章政事燕只不花擊敗之，餘衆航海還據泉州。福建行省參知政事陳有定復汀州路。己未，中書參知政事陳祖仁上章，乞罷修上都宮闕。辛酉，太陰犯建星。辛未，明玉珍據成都，自稱隴蜀王，遣僞將楊尙書守重慶，分兵寇龍州、青州、〔三〕犯興元、鞏昌等路。是月，張士誠海運糧一十三萬石至京師。

六月辛巳，彗星見紫微垣，光芒長尺餘，東南指，西南行。戊子，彗星光芒掃上宰。田豐及王士誠刺殺察罕帖木兒，遂走入益都城，衆乃推察罕帖木兒之子擴廓帖木兒爲總兵官，復圜益都。詔贈察罕帖木兒推誠定遠宣忠亮節功臣、開府儀同三司、上柱國、河南行省左丞相，追封忠襄王，謚獻武，食邑沈丘縣；令河南、山東等處立廟，長吏歲時致祭。其父司徒阿都溫賜良田二百頃；其子擴廓帖木兒授光祿大夫、中書平章政事，兼知河南山東等處行樞密院事、同知詹事院事，一應軍馬，並聽節制。仍詔諭其將士曰：「凡爾將佐，久爲察罕帖木兒從事，惟恩與義，實同骨肉，視彼逆黨，不共戴天，當力圖報復，以伸大義。」己亥，益都賊兵出戰，擴廓帖木兒生擒六百餘人，斬首八百餘級。

秋七月乙卯，彗星滅跡。丙辰，熒惑見西方，須臾，成白氣如長蛇，光炯有文，橫亘中天，移時乃滅。是月，河決范陽縣，漂民居。

八月己亥，〔三〕擴廓帖木兒言：「孛羅帖木兒、張良弼據延安，掠黃河上下，欲東渡以奪晉寧，乞賜詔諭。」癸巳，太（自）〔陰〕犯畢宿。〔四〕

九月癸卯朔，劉福通以兵援田豐，至火星埠，擴廓帖木兒遣關保邀擊，大破之。甲辰，以山北廉訪司權置于惠州。丁未，太白犯亢宿。己酉，太陰犯斗宿。癸亥，歲星犯軒轅。丙寅，熒惑犯鬼宿。戊辰，以也速爲遼陽行省左丞相，依前總兵，撫安迤東郡縣。己巳，有流星如酒盃，色青白，光明燭地。熒惑犯鬼宿積尸氣。

冬十月壬申朔，江西行省平章朶列不花移檄討八撒剌不花。時朶列不花分省廣州，適邵宗愚陷廣州，執八撒剌不花，殺之。甲戌，孛羅帖木兒南侵擴廓帖木兒所守之地，遂據眞定路。己卯，太陰犯牛宿。丁亥，辰星犯亢宿。戊子，太陰犯畢宿。

十一月乙巳，擴廓帖木兒復益都，田豐等伏誅。自擴廓帖木兒旣襲父職，身率將士，誓必復讎，人心亦思自奮，圍城益急。賊悉力拒守，乃以壯士穴地通道而入，遂克之，盡誅其黨，取田豐、王士誠之心以祭察罕帖木兒。庚戌，擴廓帖木兒遣關保復莒州，山東悉平。庚申，詔授擴廓帖木兒太尉、銀青榮祿大夫、中書平章政事、知樞密院事、太子詹事，便宜行事，襲總其父兵；將校、士卒，論賞有差；察罕帖木兒父阿魯溫進封汝陽王，察罕帖木兒改贈宣忠興運弘仁效節功臣，追封潁川王，改謚忠襄。癸亥，四川賊兵陷清州。〔三〕

十二月壬辰，太陰犯角宿。庚子，以中書平章政事佛家奴爲御史大夫。

是歲，樞密副使李士瞻上疏極言時政，凡二十條：一曰悔己過，以詔天下；二曰罷造作，以快人心；三曰御經筵，以講聖學；四曰延老成，以詢治道；五曰去姑息，以振乾剛；六曰開言路，以求得失；七曰明賞罰，以厲百司；八曰公選舉，以息奔競；九曰察近倖，以杜奸弊；十曰嚴宿衞，以備非常；十一曰省佛事，以節浮費；十二曰絕濫賞，以足國用；十三曰罷各宮屯種，俾有司經理；十四曰減常歲計置，爲諸宮用度；十五曰招集散亡，以實八衞之兵；十六曰廣給牛具，以備屯田之用；十七曰獎勵守令，以勸農務本；十八曰開誠布公，以禮待藩鎭；十九日分遣大將，急保山東；二十日依唐廣寧故事，分道進取。先是薊國公脫火赤上言乞罷三宮造作，帝爲減軍匠之半，還隸宿衞，而造作如故，故士瞻疏首及之。皇太子嘗坐淸寧殿，分布長席，列坐西番、高麗諸僧。皇太子曰：「李好文先生敎我儒書多年，尙不省其義。今聽佛法，一夜卽能曉焉。」於是頗崇尙佛學。帝以讒廢高麗王伯顏帖木兒，立塔思帖木兒爲王。國人上書言舊王不當廢、新王不當立之故。初，皇后奇氏宗族在高麗，恃寵驕橫，伯顏帖木兒屢戒飭不悛，高麗王遂盡殺奇氏族。皇后謂太子曰：「爾年已長，何不爲我報讎！」時高麗王昆弟有留京師者，乃議立塔思帖木兒爲王，而以奇族子三寶奴爲元子，以將作同知崔帖木兒爲丞相，以兵萬人送之國，至鴨綠江，爲高麗兵所敗，僅餘十七騎還京師。詔加封唐撫州刺史南庭王危全諷爲南庭忠烈靈惠王。

二十三年春正月壬寅朔，四川明玉珍僭稱皇帝，建國號曰大夏，紀元曰天統。乙巳，大寧陷。庚戌，歲星犯軒轅。

二月戊戌，太白晝見。庚子，亦如之。是月，擴廓帖木兒自益都領兵還河南，留鎖住以兵守益都，以山東州縣立屯田萬戶府。

三月辛丑朔，彗星見東方，經月乃滅。詔中書平章政事愛不花分省冀寧，擴廓帖木兒遣兵據之。丙午，大赦天下。丁未，親試進士六十二人，賜寶寶、楊輗進士及第，餘出身有差。丙辰，太（白）〔陰〕犯氐宿。〔六〕壬戌，大同路夜有赤氣亘天，中侵北斗。是月，立廣西行中書省，以廉訪使也兒吉尼爲平章政事。時南方郡縣多陷沒，惟也兒吉尼獨保廣西者十五年。立膠東行中書省及行樞密院，總制東方事。以袁宏爲參知政事。

是春，關先生餘黨復自高麗還寇上都，孛羅帖木兒擊降之。

夏四月辛丑，熒惑犯歲星。孛羅帖木兒、李思齊互相交兵。庚申，歲星犯軒轅。是月，擴廓帖木兒遣貊高等以兵擊張良弼。

五月己巳朔，張士誠海運糧十三萬石至京師。壬午，太白晝見。甲午，亦如之。乙未，熒惑犯右執法。是月，爪哇遣使淡濛加加殿進金表，貢方物。

六月戊戌朔，孛羅帖木兒遣方脫脫迎匡福於彰德，擴廓帖木兒遣兵追之，敗還。匡福遂據保定路。己亥，擴廓帖木兒部將歹驢等駐兵藍田、七盤，李思齊攻圍興平，遂據盩厔。孛羅帖木兒時奉詔進討襄漢，而歹驢阻道於前，思齊躡襲於後，乃請催督擴廓帖木兒東出潼關，道路旣通，卽便南討。戊申，孛羅帖木兒遣竹貞等入陝西，據其省治。時陝西行省右丞答失鐵木兒與行臺有隙，且恐陝西爲擴廓帖木兒所據，陰結於孛羅帖木兒，請竹貞入城，劫御史大夫完者帖木兒及監察御史張可遵等印。其後屢使召完者帖木兒，貞拘留不遣。

擴廓帖木兒遣部將貊高與李思齊合兵攻之，竹貞出降，遂從擴廓帖木兒。庚戌，星隕于濟南龍山，入地五尺。甲寅，詔授江南下第及後期舉人爲路、府、州儒學教授。乙卯，太白犯井宿。丁巳，絳州有白虹二道，衝斗牛間。庚申，平陽路有白氣三道，一貫北極，一貫北斗，一貫天漢，至夜分乃滅。壬戌，太白晝見，夜犯井宿。

秋七月戊辰朔，京師大雹，傷禾稼。丁丑，以馬良爲中書參知政事。乙酉，太白晝見。有星墜于慶元路西北，聲如雷，光芒數十丈，久之乃滅。

八月丁酉朔，倭人寇蓬州，守將劉暹擊敗之。自十八年以來，倭人連寇瀕海郡縣，至是海隅遂安。辛丑，擴廓帖木兒遣兵侵孛羅帖木兒所守之境。壬寅，太白犯軒轅。乙巳，太陰犯建星。丁未，太白犯軒轅。己酉，太白晝見。丙辰，太陰犯畢宿。沂州有赤氣亘天，中有白色如蛇形，徐徐西行，至夜分乃滅。戊午，孛羅帖木兒言：「擴廓帖木兒踵襲父惡，有不臣之罪，乞賜處置。」己未，太白晝見。辛酉，太白犯歲星。乙丑，太白犯右執法。是月，大明兵與僞漢兵大戰于鄱陽湖，陳友諒敗績而死。其子理自立，仍據武昌爲都，改元德壽，大明兵遂進圍武昌。

九月丁卯朔，遣爪哇使淡濛加加殿還國，詔賜其國主三珠金虎符及織金紋幣。辛未，太白犯左執法。乙亥，歲星犯右執法。丁丑，辰星犯填星。丁亥，太白犯填星。辰星犯亢宿。是月，張士誠自稱吳王，來請命，不報。遣戶部侍郎博羅帖木兒等徵海運于張士誠，士誠不與。

冬十月丙申朔，青齊一方赤氣千里。癸卯，太白犯氐宿。甲辰，湖廣僞姚平章、張知院陰遣人言於擴廓帖木兒，設計擒殺僞漢主陳理及僞夏主明玉珍，不果。己酉，監察御史米只兒海牙劾奏太傅太平罪狀，詔安置太平于陝西之西，仍拘收宣命并御賜等物。戊午，太白犯房宿。是月，擴廓帖木兒遣僉樞密院事任亮復安陸府。孛羅帖木兒遣兵攻冀寧，至石嶺關，擴廓帖木兒大破走之，擒其將烏馬兒、殷興祖。孛羅帖木兒軍由是不振。

十一月壬申，御史臺臣言：「故右丞相脫脫有大臣之體。向在中書，政務修舉，深懼滿盈，自求引退，加封鄭王，固辭不受。再秉鈞軸，克濟艱危，統軍進征，平徐州，收六合，大功垂成，浮言搆難，奉詔謝兵，就貶以沒。已蒙錄用其子，還所籍田宅，更乞憫其勳舊，還其所授宣命。」從之。癸未，太陰犯軒轅。歲星犯左執法。

是歲，御史大夫老的沙與知樞密院事禿堅帖木兒，得罪於皇太子，皆奔大同，孛羅帖木兒匿之營中。

二十四年春正月戊寅，太（白）〔陰〕犯軒轅。〔七〕庚辰，保德州民家產猪一頭兩身。

二月壬子，歲星犯（左）〔右〕執法。〔八〕癸丑，太陰犯西咸池。是月，大明滅僞漢，其所據湖南北、江西諸郡皆降于大明。

三月乙亥，監察御史王朶列禿、崔卜顏帖木兒等諫皇太子勿親征。辛卯，詔以孛羅帖木兒匿老的沙，謀爲悖逆，解其兵權，削其官爵，候道路開通，許還四川田里。孛羅帖木兒拒命不受。

夏四月甲午朔，命擴廓帖木兒討孛羅帖木兒。乙未，太陰犯西咸池。孛羅帖木兒悉知詔令調遣之事非出帝意，皆右丞相搠思監所爲，遂令禿堅帖木兒舉兵向闕。壬寅，禿堅帖木兒兵入居庸關。癸卯，知樞密院事也速、詹事不蘭奚迎戰于皇后店。不蘭奚力戰，也速不援而退，不蘭奚幾爲所獲，脫身東走。甲辰，皇太子率侍衞兵出光熙門，東走古北口，趨興、松。乙巳，禿堅帖木兒兵至清河列營。時都城無備，城中大震，令百官吏卒分守京城，使達達國師至其軍問故，以必得搠思監及宦官朴不花爲對，詔慰解之，不聽。丁未，詔屏搠思監于嶺北，竄朴不花于甘肅，執而與之。復孛羅帖木兒前官，仍總兵。以也速爲左丞相。庚戌，禿堅帖木兒陳兵自健德門入，覲帝于延春閣，慟哭請罪，帝就宴賚之。加孛羅帖木兒太保，依前守禦大同，禿堅帖木兒爲中書平章政事。辛亥，禿堅帖木兒軍還。皇太子至路兒嶺，詔追及之，還宮。癸丑，太白犯井宿。

〔五月〕甲子〔朔〕，〔九〕黃河清。戊辰，擴廓帖木兒奉命討孛羅帖木兒，屯兵冀寧，其東道以白鎖住領兵三萬，守禦京師，中道以貊高、竹貞領兵四萬，西道以關保領軍五萬，合擊之。關保等兵逼大同，孛羅帖木兒留兵守大同，而自率兵與禿堅帖木兒、老的沙復大舉向闕。甲戌，太白犯鬼宿。乙亥，又犯積尸氣。歲星犯〔左〕〔右〕執法。〔一〇〕

六月癸卯，三星晝見，白氣橫突其中。甲辰，河南府有大星夜見南方，光如晝。丁未，大星隕，照夜如晝，及旦，黑氣晦暗如夜。甲寅，白鎖住以兵至京師，請皇太子西行。丁巳，太白犯右執法。是月，保德州黃龍見井中。

秋七月癸亥，太白與歲星合于翼宿。甲子，歲星犯左執法。丙戌，孛羅帖木兒前鋒軍入居庸關，皇太子親率軍禦于清河，也速軍于昌平，軍士皆無鬬志。皇太子馳還都城，白鎖住引兵入平則門。丁亥，白鎖住扈從皇太子出順承門，由雄、霸、河間，取道往冀寧。戊子，孛羅帖木兒駐兵健德門外，與禿堅帖木兒、老的沙入見帝于宣文閣，訴其非罪，皆泣，帝亦泣，乃賜宴。孛羅帖木兒欲追襲皇太子，老的沙止之。庚寅，詔以孛羅帖木兒爲中書左丞相，老的沙爲中書平章政事，禿堅帖木兒爲御史大夫，其部屬布列省臺百司。以也速知樞密院事。詔諭：「孛羅帖木兒、擴廓帖木兒俱朕股肱，視同心膂，自今各棄宿忿，弼成大勳。」是月，大明兵取廬州路。

八月壬辰朔，日有食之。乙未，熒惑犯鬼宿。壬寅，詔以孛羅帖木兒爲中書右丞相、監修國史，節制天下軍馬。乙巳，皇太子至冀寧。乙卯，張士誠自以其弟士信代達識帖睦邇爲江浙行省左丞相。是月，孛羅帖木兒請誅狎臣禿魯帖木兒、波迪哇兒禡，罷三宮不急造作，沙汰宦官，減省錢糧，禁止西番僧人好事。

九月辛酉朔，宦官思龍宜潛送宮女伯忽都出自順承門，以達于皇太子。乙丑，太白晝見。癸酉，夜，天西北有紅光，至東而散。甲申，太陰犯軒轅。是月，大明兵取中興及歸、峽、澧、衡等路。

冬十月丙午，太陰犯畢宿。己酉，太陰犯井宿。己未，詔皇太子還京師。命也速、老的沙分道總兵。

十二月乙卯，太陰犯太白。

二十五年春正月癸亥，封李思齊爲許國公。丙寅，太白晝見。戊辰，亦如之。己巳，大明兵取寶慶路，守將唐隆道遁走。僞漢守將熊天瑞以贛州及韶州、南雄降于大明。甲戌，太白犯建星。壬午，監察御史孛羅帖木兒、賈彬等辯明哈麻、雪雪之罪。

二月辛丑，汴梁路見日傍有一月一星。丙午，太陰犯塡星。戊午，皇太子在冀寧，命甘肅行省平章政事朶兒只班以岐王阿剌乞兒軍馬，〔二〕會平章政事臧卜、李思齊，各以兵守寧夏。

三月庚申，皇太子下令于擴廓帖木兒軍中曰：「孛羅帖木兒襲據京師，余旣受命總督天下諸軍，恭行顯罰，少保、中書平章政事擴廓帖木兒，躬勒將士，分道進兵，諸王、駙馬及陝西平章政事李思齊等，各統軍馬，尙其奮義戮力，剋期恢復。」丙寅，孛羅帖木兒幽置皇后奇氏于諸色總管府。丁卯，命老的沙、別帖木兒並爲御史大夫。戊辰，太白犯壘壁陣。

夏四月庚寅，孛羅帖木兒至諸色總管府見皇后奇氏，令還宮取印章，作書遺皇太子，遣內侍官完者禿持往冀寧，復出皇后，幽之。乙巳，關保等兵進圍大同。壬子，熒惑犯靈臺。乙卯，關保入大同。

五月辛酉，熒惑犯太微垣。甲子，京師天雨氂，長尺許，或言於帝曰：「龍絲也。」命拾而祀之。乙亥，大明兵破安陸府，守將任亮迎戰，被執。己卯，大明兵破襄陽路。是月，侯卜延答失奉威順王自雲南經蜀轉戰而出，至成州，欲之京師，李思齊俾屯田于成州。

六月戊子〔朔〕，以黎安道爲中書參知政事。辛丑，湖廣行省左丞周文貴復寶慶路。乙巳，皇后奇氏自幽所還宮。乙卯，以太尉火你赤爲御史大夫。是月，皇太子加李思齊銀青榮祿大夫、邪國公、中書平章政事、皇太子詹事，兼四川行樞密院事、虎符招討使。分中書四部。

秋七月丁丑，塡星、歲星、熒惑聚于角、亢。(太陰犯畢宿)己卯，太陰犯畢宿。〔一二〕乙酉，孛羅帖木兒伏誅，秃堅帖木兒、老的沙皆遁走。丙戌，遣使函孛羅帖木兒首往冀寧，召皇太子還京師。大赦天下。黎安道、方脫脫、雷一聲皆伏誅。是月，京師大水。河決小流口，達于淸河。

八月丁亥朔，京城門至是不開者三日。竹貞、貊高軍至城外，命軍士緣城而上，碎平則門鍵，悉以軍入，占民居，奪民財。乙未，太陰犯建星。己亥，太(白)〔陰〕犯壘壁陣。〔一三〕癸卯，詔命皇太子分調將帥，戡定未復郡邑，卽還京師，行事之際，承制用人，並准正授。丁未，皇后弘吉剌氏崩。壬子，以洪寶寶、帖古思不花、揑烈秃並爲中書平章政事。

九月，擴廓帖木兒扈從皇太子至京師。丁丑，太陰犯井宿。壬午，詔以伯撒里爲太師、中書右丞相、監修國史；擴廓帖木兒爲太尉、〔一四〕中書左丞相、錄軍國重事、同監修國史、知樞密院事，兼太子詹事。是月，以方國珍爲淮南行省左丞相，分省慶元。

冬十月辛卯，熒惑犯天江。壬寅，以哈剌章爲知樞密院事。丁未，益王渾都帖木兒、樞密副使觀音奴擒老的沙，誅之。秃堅帖木兒以餘兵往八兒思之地，命嶺北行省左丞相山僧及知樞密院事魏賽因不花同討之。戊申，以資政院使秃魯爲御史大夫。己酉，熒惑犯斗宿。太陰犯右執法。庚戌，太陰犯太微垣。

閏月庚申，以賓國公五十八爲知樞密院事。詔張良弼、俞寶、孔興等悉聽調於擴廓帖木兒。戊辰，太白、辰星、熒惑聚于斗宿。太陰犯畢宿。辛未，詔封擴廓帖木兒河南王，代皇太子親征，總制關陝、晉冀、山東等處幷迤南一應軍馬，諸王各愛馬應該總兵、統兵、領兵等官，凡軍民一切機務、錢糧、名爵、黜陟、予奪，悉聽便宜行事。壬申，太白犯辰星。辛巳，以脫脫木兒爲中書右丞，達識帖木兒爲參知政事。

〔十一月〕己丑，〔一五〕太白犯熒惑。太陰犯壘壁陣。丙申，太陰犯畢宿。癸卯，太陰犯太微垣。是月，大明兵取泰州。時泰州、通州、高郵、淮安、徐州、宿州、泗州、濠州、安豐諸郡，皆張士誠所據。

十二月乙卯，詔立次皇后奇氏爲皇后，改奇氏爲肅良合氏，詔天下，仍封奇氏父以上三世皆爲王爵。癸亥，太陰犯畢宿。以帖林沙爲中書參知政事。庚（子）〔午〕，〔一六〕歲星掩房宿。辛未，太陰犯右執法。是月，禿堅帖木兒伏誅。

校勘記

〔一〕東河　按本書卷一四一察罕帖木兒傳有「八月，師至鹽河，遣其子擴廓帖木兒及諸將等以精卒五萬擣東平」。鹽河卽大清河，流經東阿縣西。續編改「河」爲「阿」，作「由東阿造橋以濟」，疑是。

〔二〕青州 按本書卷六〇地理志，至元二十二年以江油、清川二縣併入龍州，川、陝之交別無名「青州」之地，續通鑑改「青州」爲「清川」，疑是。

〔三〕己亥 按是月癸酉朔，己亥爲二十七日。此「己亥」在癸巳二十一日前，史文舛誤。

〔四〕太（白）〔陰〕犯畢宿 本書卷四九天文志作「太陰犯畢宿右股第二星」，據改。按是日畢宿四黃經五六度半，金星黃經一九一度，不合；月黃經五六度，合。

〔五〕清州 見本卷校勘記〔二〕。

〔六〕太（白）〔陰〕犯氐宿 本書卷四九天文志作「太陰犯氐宿距星」，據改。按是日氐宿距星黃經二一六度，金星黃經五四度，不合；月黃經二一四度半，合。

〔七〕太（白）〔陰〕犯軒轅 本書卷四九天文志作「太陰犯軒轅右角」，據改。按是日軒轅右角黃經一三二度半，金星黃經三三五度，不合；月黃經一三三度，合。

〔八〕歲星犯（左）〔右〕執法 本書卷四九天文志有「歲星自去年九月九日東行入右掖門，犯右執法，出端門，留守三十餘日，犯左執法。今逆行入端門，西出右掖門，又犯右執法」，據改。按是日木星黃經一六八度，左執法黃經一七五度半，不合；右執法黃經一六八度，合。

〔九〕〔五月〕甲子〔朔〕　按以上文夏四月甲午朔順推之，甲子爲五月朔日，今補。續編已校。

〔一〇〕歲星犯（左）〔右〕執法　本書卷四九天文志作「歲星入犯右執法」，據改。按是日木星黃經一六七度半，左執法黃經一七五度半，不合；右執法黃經一六八度，合。

〔一一〕岐王阿剌乞兒　按上文至正十二年七月庚寅作「阿剌乞巴」，疑此處「兒」當作「巴」。

〔一二〕丁丑塡星歲星熒惑聚于角亢（太陰犯畢宿）己卯太陰犯畢宿　本書卷四九天文志作「丁丑，塡星、歲星、熒惑聚于角、亢。己卯，太陰犯畢宿左股北第二星」，此處丁丑日「太陰犯畢宿」五字涉下而衍，今刪。按畢宿四黃經五六度半，丁丑七月二十一日月黃經三三度，不合；己卯七月二十三日月黃經五七度，合。

〔一三〕太（白）〔陰〕犯壘壁陣　本書卷四九天文志作「太陰犯壘壁陣東方第六星」，據改。按是日壘壁陣八黃經三三八度，金星黃經一六一度，不合；月黃經三四二度，近。

〔一四〕太尉　按下文至正二十七年十月壬子條、本書卷一一三公表、卷一四一察罕帖木兒傳及庚申外史均作「太傅」，蒙史改「尉」爲「傅」，疑是。

〔一五〕〔十一月〕己丑　按以上文閏十月乙卯朔順推之，己丑爲十一月初六日，此處失書「十一月」，今據本書卷四九天文志補。道光本已校。

〔一六〕庚（子）〔午〕　據本書卷四九天文志改。按是月甲寅朔，無庚子日。本證已校。

元史卷四十七

本紀第四十七

順帝十

二十六年春正月己酉，以崇政院使孛羅沙爲御史大夫。壬子，以完者木知樞密院事。是月，以沙藍答里爲中書左丞相。命燕南、河南、山東、陝西、河東等處舉人會試者，增其額數，進士及第以下遞陞官一級。

二月癸丑朔，立河淮水軍元帥府於孟津縣。甲戌，詔天下，以比者逆臣孛羅帖木兒、秃堅帖木兒、老的沙等干紀亂倫，內外之民經值軍馬，致使困乏，與免一切雜泛差徭。是月，擴廓帖木兒還河南，分立省部以自隨，尋居懷慶，又居彰德，調度各處軍馬，陝西張良弼拒命。

三月癸未朔，罷洛陽嵩縣宣慰司。丁亥，白虹五道亘天，其第三道貫日，又有氣橫貫東南，良久始滅。甲午，擴廓帖木兒遣關保、虎林赤以兵西攻張良弼于鹿臺。李思齊、脫烈伯、孔興等兵皆與良弼合。以蠻子、脫脫木兒知樞密院事。乙未，廷試進士七十二人，賜赫德溥化、張棟進士及第，餘出身有差。監察御史玉倫普建言八事：一曰用賢，二曰申嚴宿衞，三曰保全臣子，四曰八衞屯田，五曰禁止奏請，六曰培養人才，七曰罪人不孥，八曰重惜名爵。帝嘉納之。是月，大明兵取高郵府。

夏四月辛酉，詔立皇太子妃瓦只剌孫答里氏。是月，大明兵取淮安路、徐州、宿州、濠州、泗州、潁州、安豐路。

五月壬午朔，洛陽瑞麥生，一莖四穗。甲辰，以脫脫不花爲御史大夫。

六月壬子朔，汾州介休縣地震。平遙縣大雨雹。紹興路山陰縣臥龍山裂。己未，命知樞密院事買閭以兵守直沽，命河間鹽運使拜住、曹履亨撫諭沿海竈戶，俾出丁夫從買閭征討。丙寅，詔：「英宗時謀爲不軌之臣，其子孫或成丁者，可安置舊地，幼者隨母居草地，終身不得入京城及不得授官，止許於本愛馬應役。」皇后肅良合氏生日，百官進箋，皇后諭沙藍答里等曰：「自世祖以來，正宮皇后壽日，不曾進箋，近年雖行，不合典故。」却之。

秋七月辛巳朔，日有食之。徐溝縣地震。介休縣大水。石州大星如斗自西南而落。甲申，以李思齊爲太尉。甲午，太白經天。丙申，擴廓帖木兒遣朱珍、盧旺屯兵河中，遣關保、虎林赤合兵渡河，會竹貞、商暠，且約李思齊以攻張良弼。良弼遣子弟質于思齊，與良弼拒守。〔一〕關保等不利，思齊請詔和解之。丙午，太白經天。

八月戊寅，以李國鳳爲中書左丞，陳有定爲福建行省平章政事。

九月甲申，李思齊兵下鹽井，獲川賊余繼隆，誅之。禮部侍郎滿尙賓、吏部侍郎掩篤刺哈自鳳翔還京師。先是，尙賓等持詔諭思齊開通川蜀道路，思齊方兵爭，不奉詔，尙賓等留鳳翔一年，至是始還。丙戌，以方國珍爲江浙行省左丞相，弟國瑛、國珉，姪明善，並爲江浙行省平章政事。己亥，以中書平章政事失列門爲御史大夫。辛丑，孛星見東北方。

冬十月甲子，擴廓帖木兒遣其弟脫因帖木兒及貊高、完哲等駐兵濟南，以控制山東。

十一月甲申，大明兵取湖州路。丙申，大明兵取杭州路及紹興路。辛丑，大明兵取嘉興路。時湖州、杭州、紹興、嘉興、松江、平江諸路及無錫州皆張士誠所據。

十二月庚午，蒲城洛水和順崖崩。

二十七年春正月乙未，絳州夜聞天鼓鳴，將旦復鳴，其聲如空中戰鬭者。庚子，大明兵取松江府。癸卯，大明兵取沅州路。是月，李思齊、張良弼、脫列伯自會于含元殿基，推李思齊爲盟主，同拒擴廓帖木兒。

二月庚申，以買住爲雲國公，七十爲中書平章政事，月魯不花爲御史大夫。乙丑，以詹事月魯帖木兒爲御史大夫。

三月丁丑朔，萊州大風，有大鳥至，其翅如席。擴廓帖木兒遣兵屯滕州以禦王信。庚子，京師大風自西北起，飛砂揚礫，白日昏暗。

夏五月丙子朔，白氣二道亘天。以去歲水潦霜災，嚴酒禁。戊寅，以空名宣敕遣付福建行省，命平章政事曲出、陳有定同驗有功者給之。辛巳，大同隕霜殺麥。癸未，福建行宣政院以廢寺錢糧由海道送京師。乙酉，以完者帖木兒爲中書右丞相，辭以老病，不許。辛卯，以知樞密院事失列門爲嶺北行省左丞相，提調分通政院。己亥，以俺普爲中書平章政事。辛丑，擴廓帖木兒定擬其所屬官員二千六百一十人，從之。是月，山東地震，雨白氂。李思齊遣張良弼部將郭謙等守黃連寨，擴廓帖木兒部將關保、虎林赤、商暠、竹貞引兵拔其寨，郭謙走；會貊高等爲變，關保、虎林赤夜遁，李思齊遂解而西。

六月丙午朔，日有食之，晝晦。丁巳，皇太子寢殿後新甃井中有龍出，光焰爍人，宮人震懾仆地。又長慶寺有龍纏繞槐樹飛去，樹皮皆剝。丁卯，沂州山崩。是月，知樞密院事壽安，奉空名宣敕與侯伯顏達世，令其以兵援擴郭帖木兒。時李思齊據長安，與商暠拒戰，侯伯顏達世進兵攻李思齊，秦州守將蕭公達降思齊。思齊知關保等兵退，遣蔡琳等破其營，侯伯顏達世奔潰。

秋七月甲申，命也速提調武備寺。丁酉，絳州星隕，光耀如晝。是月，李思齊遣許國佐、薛穆飛會張良弼、脫列伯兵屯于華陰。〔三〕時命禿魯爲陝西行省左丞相，思齊不悅，遣其部將鄭應祥守陝西，而自還鳳翔。龍見於臨朐龍山，大石起立。

八月丙午，詔命皇太子總天下兵馬，其略曰：「元良重任，職在撫軍，稽古徵今，卓有成憲。曩者障塞決河，本以拯民昏墊，豈期妖盜横造訛言，簧鼓愚頑，塗炭郡邑，殆遍海內，玆逾一紀。故察罕帖木兒仗義興師，獻功敵愾，汛掃汴洛，克平青齊，爲國捐軀，深可哀悼。其子擴廓帖木兒克繼先志，用成駿功。爰畀識理達臘計安宗社，累請出師。朕以國本至重，詎宜輕出，遂授擴廓帖木兒總戎重寄，畀以王爵，俾代其行。李思齊、張良弼等，各懷異見，搆兵不已，以致盜賊愈熾，深遺朕憂。況全齊密邇輦轂，儻失早計，恐生異圖，詢諸衆謀，僉謂皇太子聰明仁孝，文武兼資，聿遵舊典，爰命以中書令、樞密使，悉總天下兵馬，諸王、駙馬、各道總兵、將吏，一應軍機政務，生殺予奪，事無輕重，如出朕裁。其擴廓帖木兒，總領本部軍馬，自潼關以東，肅清江淮；李思齊總統本部軍馬，自鳳翔以西，與侯伯顏達世進取川蜀；以少保禿魯爲陝西行中書省左丞相，本省駐札，總本部及張良弼、孔興、脫列伯各枝軍馬，進取襄樊；王信本部軍馬，固守信地，別聽調遣。詔書到日，汝等悉宜洗心滌慮，同濟時艱。」庚戌，貊高殺衞輝守禦官余仁輔、彰德守禦官范國英，引軍至淸化，聞懷慶有備，遂還彰德，上疏言：「人臣以尊君爲本，以盡忠爲心，以愛民爲務。今總兵官擴廓帖木兒，歲與官軍讎殺，臣等乃朝廷培養之人，素知忠義，焉能俛首聽命。乞降明詔，別選重臣，以總大兵。」詔以擴廓帖木兒不遵君命，宜黜其兵權，就命貊高討之。辛亥，帖木兒不花進封淮王，賜金印，設王傅等官。壬子，爲皇太子立大撫軍院，秩從一品，知院四員，同知二員，副使、同僉各一員，經歷、都事各二員，管勾一員。癸丑，封太師伯撒里永平王。甲寅，以右丞相完者帖木兒、翰林承旨答爾麻、平章政事完者帖木兒並知大撫軍院事。丙辰，完者帖木兒言：「大撫軍院專掌軍機，今後迤北軍務，仍舊制樞密院管，其餘內外諸王、駙馬、各處總兵、統兵、行省、行院、宣慰司一應軍情，不許隔越，徑行移大撫軍院。」詹事院同知李國鳳同知大撫軍院事，參政完者帖木兒爲副使，左司員外郎咬住、樞密參議王弘遠爲經歷。庚申，完者帖木兒言：「諸軍將士有能用命效力建立奇功者，請所賞宣敕依常制外，加以忠義功臣之號。」從之。辛酉，以完者帖木兒仍前少師、知樞密院事，也速仍前太保、中書右丞相，帖里帖木兒以太尉、添設中書左丞相。丙寅，立行樞密院于阿難答察罕腦兒，命陝西行省左丞相禿魯仍前少保兼知行樞密院事。壬申，命帖里帖木兒仍前太尉、左丞相，爲知大撫軍院事；中書右丞陳敬伯爲中書平章政事。

九月甲戌朔，義士戴晉生上皇太子書，言治亂之由。命右丞相也速以兵往山東，命參知政事法都忽剌分戶部官，一同供給。丁亥，〔三〕以兵興，瀕南百姓供給繁重，其眞定、河南、陝西、山東、冀寧等處，除軍人自耕自食外，與免民間今年田租之半，其餘雜泛一切住罷。辛巳，大明兵取平江路，執張士誠。乙酉，大明兵取通州。丁亥，大明兵取無錫州。己丑，詔也速以中書右丞相分省山東，沙藍答里以中書左丞相分省大同。丙申，太師汪家奴追封兗王，諡忠靖。己亥，命帖里帖木兒提調端本堂及領經筵事。辛丑，大明兵取台州路。時台州、溫州、慶元三路皆方國珍所據。

冬十月甲辰朔，貊高以兵入山西，定孟州、忻州，下滹州，遂攻眞定。〔四〕詔也速自河間以兵會貊高取眞定，已而不克，命也速還河間，貊高還彰德。乙巳，皇太子奏以淮南行省平章政事王信爲山東行省平章政事兼知行樞密院事。立中書分省于眞定路。丙午，加司徒、淮南行省平章政事王宣爲沂國公。丁未，享于太廟。壬子，詔擴廓帖木兒落太傅、中書左丞相幷諸兼領職事，仍前河南王，錫以汝州爲其食邑；其弟脫因帖木兒以集賢學士同擴廓帖木兒於河南府居。其帳前諸軍，命琐住、虎林赤一同統之。其河南諸軍，命中書平章政事、內史李克彝統之。關保本部諸軍仍舊統之。山東諸軍，命太保、中書右丞相也速統之。山西諸軍，命少保、中書左丞相沙藍答里統之。河北諸軍，命知樞密院事貊高統之。赦天下。甲寅，以火里赤爲中書平章政事。乙丑，命集賢大學士丁好禮爲中書添設平章政事。丙寅，平章、內史闊保封許國公。己巳，大明兵取溫州。

十一月壬午，大明兵取沂州，守臣王信遁，其父宣被執。癸未，大明兵取慶元路。丙戌，以平章政事月魯帖木兒，知樞密院事完者帖木兒，平章政事伯顏帖木兒、帖林沙並知撫軍院事。戊子，大明兵取嶧州。乙未，以知樞密院事貊高爲中書平章政事。命太尉、中書左丞相帖里帖木兒爲撫軍院使。丁酉，命帖里帖木兒同監修國史。命闊保分省于晉寧。辛丑，大明兵取益都路，平章政事保保降，宣慰使普顏不花、總管胡濬、知院張俊皆死之。

十二月癸卯朔，日有食之。丁未，大明兵取般陽路。戊申，大明兵取濟寧路，陳秉直遁。己酉，大明兵取萊州，遂取濟南及東平路。丁巳，大明兵入杉關，取邵武路。時邵武、建寧、延平、福州、興化、泉、漳、汀、潮諸路，皆陳友定所據。庚申，以楊誠、陳秉直並爲國公，中書平章政事。甲子，命右丞相也速，太尉知院脫火赤，中書平章政事忽林台，平章政事貊高，知樞密院事小章、典堅帖木兒、江文清、驢兒等會楊誠、陳秉直、伯顏不花、俞勝各部諸軍同守禦山東，又命闊保往援山東。丙寅，以莊家爲中書參知政事。庚午，大明兵由海道取福州，守臣平章政事曲出遁，行宣政院使朶耳死之。是月，方國珍歸于大明。詔命陝西行省左丞相禿魯總統張良弼、脫列伯、孔興各枝軍馬，以李思齊爲副總統，禦關中，撫安軍民，脫列伯、孔興等出潼關，及取順便山路，渡黄河，合勢東行，共勤王事。思齊等皆不奉命。

是歲，詔分潼關以西屬李思齊，以東屬擴廓帖木兒，各罷兵還鎭。於是關保退屯潞州，商暠留屯潼關。

二十八年春正月壬申朔，皇太子命關保固守晉寧，總統諸軍，如擴廓帖木兒拒命，當以大義相裁，就便擒擊。以中書平章政事不顏帖木兒爲御史大夫。辛巳，詔諭擴廓帖木兒曰：「比者也速上奏，卿以書陳情，深自悔悟，及省來意，良用惻然。朕視卿猶子，卿何惑於憸言，不體朕心，隳其先業！卿今能自悔，固朕所望。卿其思昔委任肅淸江淮之意，卽將冀寧、眞定諸軍，就行統制渡河，直擣徐沂，以康靖齊魯，則職任之隆，當悉還汝。衞輝、彰德、順德，皆爲王城，卿無以貊高爲名，縱軍侵暴。其晉寧諸軍，已命關保總制策應，戡定山東，將帥各宜悉心。」庚寅，彗星見于昴、畢之間。是月，大明兵取建寧、延平二路，陳有定被執。

二月壬寅朔，詔削擴廓帖木兒爵邑，命禿魯、李思齊等討之，詔曰：「擴廓帖木兒本非察罕帖木兒之宗，俾嗣職任，冀承遺烈，畀以相位，陟以師垣，崇以王爵，授以兵柄，顧乃憑藉寵靈，遂肆跋扈，搆兵關陝，專事吞併。貊高倡明大義，首發姦謀，關保弗信邪言，乃心王室，陳其罪惡，請正邦典。今禿魯、李思齊，其率兵東下，共行天討。」癸卯，武庫災。癸丑，大明兵取東昌路，守將申榮、王輔元死之。丙辰，擴廓帖木兒自澤州退守晉寧，關保守澤、潞二州，與貊高軍合。己未，大明兵取寶慶路。甲子，汀州路總管陳谷珍以城降于大明。丙寅，大明兵取棣州。是月，大明兵至河南。李思齊、張良弼等解兵西還。詔命知樞密院事脫火赤、平章政事魏賽因不花進兵攻晉寧。李思齊次渭南，張良弼次櫟陽。興化、泉州、漳州、潮州四路皆降于大明。

三月庚寅，彗星見于西北。壬辰，翰林學士承旨王時、太常院使陳祖仁上章，乞撫諭擴廓帖木兒，以兵勤王赴難。是月，有星流于東北，衆小星隨之，其聲大震。大明兵取河南。李思齊、張良弼會兵駐潼關，火焚良弼營，思齊移軍葫蘆灘，調其所部張德欽、穆薛飛守潼關。大明兵入潼關，攻李思齊營，思齊棄輜重，奔于鳳翔。是月，大明兵取永州路，又取惠州路。

夏四月辛丑朔，大明兵取英德州。丙午，隕霜殺菽。戊申，大明兵取廣州路，又取嵩、陝、汝等州。

五月庚午朔，大明兵取道州。李克彝棄河南城，奔陝西，推李思齊爲總兵，駐兵岐山。是月，李思齊部將忽林赤、脫脫、張意據盩厔，商暠據武功，李克彝據岐山，任從政據隴州。

六月庚子朔，徐溝縣地震。癸丑，大明兵取全州、郴州、梧州、藤州、(尋)〔潯〕州、〔五〕貴、象、鬱林等郡。甲寅，雷雨中有火自天墜，焚大聖壽萬安寺。壬戌，臨州、保德州地震，五日不止。大明兵取靜江路。是月，廣西諸郡縣皆附于大明。

秋七月癸酉，京城紅氣滿空，如火照人，自旦至辰方息。乙亥，京城黑氣起，百步內不見人，從寅至巳方消。貊高、關保以兵攻晉寧。是月，李思齊會李克彝、商暠、張意、脫列伯等於鳳翔。海南、海北諸郡縣皆降于大明。

閏月己亥朔，擴廓帖木兒與貊高、關保戰，敗之，擒關保、貊高，遣其斷事官以聞。詔：「關保、貊高，間諜搆兵，可依軍法處治。」關保、貊高皆被殺。辛丑，大明兵取衞輝路。癸卯，大明兵取彰德路。乙巳，左江、右江諸路皆降于大明。丁未，大明兵取廣平路。丁巳，詔罷大撫軍院，誅知大撫軍院事伯顏帖木兒等。詔復命擴廓帖木兒仍前河南王、太傅、中書左丞相，統領見部軍馬，由中道直抵彰德、衞輝；太保、中書右丞相也速統率大軍，經由東道，水陸並進；少保、陝西行省左丞相禿魯統率關陝諸軍，東出潼關，攻取河洛；太尉、平章政事李思齊統率軍馬，南出七盤、金、商，克復汴洛。四道進兵，掎角勦捕，毋分彼此。秦國公、平章、知院俺普，平章瑣住等軍，東西布列，乘機掃殄。太尉、遼陽左丞相也先不花，郡王、知院厚孫等軍，捍禦海口，藩屏畿輔。皇太子愛猷識理達臘悉總天下兵馬，裁決庶務，具如前詔。壬戌，白虹貫日。癸亥，罷內府河役。甲子，擴廓帖木兒自晉寧退守冀寧。大明兵至通州。知樞密院事卜顏帖木兒力戰，被擒死之。左丞相失列門傳旨，令太常禮儀院使阿魯渾等，奉太廟列室神主與皇太子同北行。阿魯渾等卽至太廟，與署令王嗣宗、太祝哈剌不華襲護神主畢，仍留室內。乙丑，白虹貫日。罷內府興造。詔淮王帖木兒不花監國，慶童爲中書左丞相，同守京城。丙寅，帝御淸寧殿，集三宮后妃、皇太子、皇太子妃，同議避兵北行。失列門及知樞密院事黑厮、宦者趙伯顏不花等諫，以爲不可行，不聽。伯顏不花慟哭諫曰：「天下者，世祖之天下，陛下當以死守，奈何棄之！臣等願率軍民及諸怯薛歹出城拒戰，願陛下固守京城。」卒不聽。至夜半，開健德門北奔。

八月庚(申)〔午〕，大明兵入京城，〔六〕國亡。

後一年，帝駐于應昌府。又一年，四月丙戌，帝因痢疾殂於應昌，壽五十一，在位三十六年。太尉完者、院使觀音奴奉梓宮北葬。五月癸卯，大明兵襲應昌府，皇孫買的里八剌及后妃幷寶玉皆被獲，皇太子愛猷識禮達臘從十數騎遁。大明皇帝以帝知順天命，退避而去，特加其號曰順帝，而封買的里八剌爲崇禮侯。

校勘記

〔一〕良弼遣子弟質于思齊與良弼拒守　此處「思齊」下當有脫文。續通鑑作「良弼遣子弟質于思齊，思齊與良弼拒守」。

〔二〕薛穆飛　按下文至正二十八年三月條及明太祖實錄卷三一洪武元年四月甲子條均作「穆薛飛」，疑此處有倒誤。

〔三〕丁亥　按是月甲戌朔，丁亥爲十四日，本月前後兩見。此初見之「丁亥」在朔日與辛巳初八日間，當係乙亥初二日或丁丑初四日之誤。

〔四〕貊高以兵入山西定孟州忻州下滹州　按元之孟州屬懷慶路，滹州則大興府屬邑，皆去山西甚遠。冀寧路下屬有忻州、崞州、盂州，續通鑑改「孟州」爲「盂州」，「滹州」爲「崞州」，疑是。

〔五〕（尋）〔潯〕州　按元無「尋州」。明太祖實錄卷三二洪武元年五月己卯條有「兵至梧州境」，「駐兵藤州」，「潯、貴等郡依次皆降」，據改。道光本已校。

〔六〕庚（申）〔午〕大明兵入京城　據明太祖實錄卷三四洪武元年八月庚午條改。按是月己巳朔，無庚申日。本證已校。

元史卷四十八

志第一

天文一

司天之說尚矣，易曰「天垂象，見吉凶，聖人象之」。又曰「觀乎天文以察時變」。自古有國家者，未有不致謹於斯者也。是故堯命羲、和，曆象日月星辰，舜在璿璣、玉衡，以齊七政，天文於是有測驗之器焉。然古之爲其法者三家：曰周髀，曰宣夜，曰渾天。周髀、宣夜先絕，而渾天之學至秦亦無傳，漢洛下閎始得其術，作渾儀以測天。厥後歷世遞相沿襲，其有得有失，則由乎其人智術之淺深，未易遽數也。

宋自靖康之亂，儀象之器盡歸于金。元興，定鼎于燕，其初襲用金舊，而規環不協，難復施用。於是太史郭守敬者，出其所創簡儀、仰儀及諸儀表，皆臻於精妙，卓見絕識，蓋有古人所未及者。其說以謂：昔人以管窺天，宿度餘分約爲太半少，未得其的。乃用二線推測，於餘分纖微皆有可考。而又當時四海測景之所凡二十有七，東極高麗，西至滇池，南踰朱崖，北盡鐵勒，是亦古人之所未及爲者也。自是八十年間，司天之官遵而用之，靡有差忒。而凡日月薄食、五緯凌犯、彗孛飛流、暈珥虹霓、精祲雲氣等事，其係於天文占候者，具有簡册存焉。

若昔司馬遷作天官書，班固、范曄作天文志，其於星辰名號、分野次舍、推步候驗之際詳矣。及晉、隋二志，實唐李淳風撰，於夫二十八宿之躔度，二曜五緯之次舍，時日災祥之應，分野休咎之別，號極詳備，後有作者，無以尚之矣。是以歐陽修志唐書天文，先述法象之具，次紀日月食、五星凌犯及星變之異；而凡前史所已載者，皆略不復道。而近代史官志宋天文者，則首載儀象諸篇；志金天文者，則唯錄日月五星之變。誠以璣衡之制載於書，日星、風雨、霜雹、雷霆之災異載於春秋，愼而書之，非史氏之法當然，固所以求合於聖人之經者也。今故據其事例，作元天文志。

簡儀

簡儀之制，四方爲趺，縱一丈八尺，三分去一以爲廣。趺面上廣六寸，下廣八寸，厚如上廣。中布橫輄三、縱輄三。南二，北抵南輄；北一，南抵中輄。趺面四周爲水渠，深一寸，廣加五分。四隅爲礎，出趺面內外各二寸。繞礎爲渠，深廣皆一寸，與四周渠相灌通。又爲礎於卯酉位，廣加四維，長加廣三之二，水渠亦如之。北極雲架柱二，徑四寸，長一丈二尺八寸。下爲龍雲，植於乾艮二隅礎上，左右內向，其勢斜準赤道，合貫上規。規環徑二尺四寸，廣一寸五分，厚倍之。中爲距，相交爲斜十字，廣厚如規。中心爲竅，上廣五分，方一寸有半，下二寸五分，方一寸，以受北極樞軸。自雲架柱斜上，去趺面七尺二寸，爲橫輄。自輄心上至竅心六尺八寸。又爲龍柱二，植於卯酉礎中分之北，皆飾以龍，下爲山形，北向斜植，以柱北架。南極雲架柱二，植於卯酉礎中分之南，廣厚形制，一如北架。斜向坤巽二隅，相交爲十字，其上與百刻環邊齊，在辰巳、未申之間，南傾之勢準赤道，各長一丈一尺五寸。自趺面斜上三尺八寸爲橫輄，以承百刻環。下邊又爲龍柱二，植於坤巽二隅礎上，北向斜柱，其端形制，一如北柱。

四游雙環，徑六尺，廣二寸，厚一寸，中間相離一寸，相連於子午卯酉。當子午爲圓竅，以受南北極樞軸。兩面皆列周天度分，起南極，抵北極，餘分附于北極。去南北樞竅兩旁四寸，各爲直距，廣厚如環。距中心各爲橫關，東西與兩距相連，廣厚亦如之。關中心相連，厚三寸，爲竅方八分，以受窺衡樞軸。窺衡長五尺九寸四分，廣厚皆如環，中腰爲圓竅，徑五分，以受樞軸。衡兩端爲圭首，以取中縮。去圭首五分，各爲側立橫耳，高二寸二分，廣如衡面，厚三分，中爲圓竅，徑六分。其中心，上下一線界之，以知度分。

百刻環，徑六尺四寸，面廣二寸，周布十二時、百刻，每刻作三十六分，厚二寸，自半已上廣三寸。又爲十字距，皆所以承赤道環也。百刻環內廣面臥施圓軸四，使赤道環旋轉無澀滯之患。其環陷入南極架一寸，仍釘之。赤道環徑廣厚皆如四游，環面細刻列舍、周天度分。中爲十字距，廣三寸，中空一寸，厚一寸。當心爲竅，竅徑一寸，以受南極樞軸。界衡二，各長五尺九寸四分，廣三寸。衡首斜刻五分，刻度分以對環面。中腰爲竅，重置赤道環、南極樞軸。其上衡兩端，自長竅外邊至衡首底，厚倍之，取二衡運轉，皆着環面，而無低昂之失，且易得度分也。二極樞軸皆以鋼鐵爲之，長六寸，半爲本，半爲軸。本之分寸一如上規距心，適取能容軸徑一寸。北極軸中心爲孔，孔底橫穿，通兩旁，中出一線，曲其本，出橫孔兩旁結之。孔中線留三分，亦結之。上下各穿一線，貫界衡兩端，中心爲孔，下洞衡底，順衡中心爲渠以受線，直入內界長竅中。至衡中腰，復爲孔，自衡底上出結之。

定極環，廣半寸，厚倍之，皆勢穹窿，中徑六度，度約一寸許。極星去不動處三度，僅容轉周。中爲斜十字距，廣厚如環，連於上規。環距中心爲孔，徑五釐。下至北極軸心六寸五分，又置銅板，連於南極雲架之十字，方二寸，厚五分。北面刻其中心，存一釐以爲厚，中爲圜孔，徑一分，孔心下至南極軸心亦六寸五分。又爲環二：其一陰緯環，面刻方位，取趺面縱横轨北十字爲中心，臥置之。其一曰立運環，面刻度分，施於北極雲架柱下，當臥環中心，上屬架之横軌，下抵趺軌之十字，上下各施樞軸，令可旋轉。中爲直距，當心爲竅，以施窺衡，令可俯仰，用窺日月星辰出地度分。右四游環，東西運轉，南北低昂，凡七政、列舍、中外官去極度分皆測之。赤道環旋轉，與列舍距星相當，卽轉界衡使兩線相對，凡日月五星、中外官入宿度分皆測之。百刻環，轉界衡令兩線與日相對，其下直時刻，則晝刻也，夜則以星定之。比舊儀測日月五星出沒，而無陽經陰緯雲柱之映。

其渾象之制，圜如彈丸，徑六尺，縱横各畫周天度分。赤道居中，去二極，各周天四之一。黃道出入赤道內外，各二十四度弱。月行白道，出入不常，用竹篾均分天度，考驗黃道所交，隨時遷徙。先用簡儀測到入宿去極度數，按於其上，校驗出入黃赤二道遠近疏密，了然易辨，仍參以算數爲準。其象置於方匱之上，南北極出入匱面各四十度太强，半見半隱，機運輪牙隱於匱中。

仰儀

仰儀之制，以銅爲之，形若釜，置於甎臺。內畫周天度，唇列十二辰位。蓋俯視驗天者也。其銘辭云：「不可體形，莫天大也。無競維人，仰釜載也。六尺爲深，廣自倍也。兼深廣倍，絜釜兌也。環鑿爲沼，準以溉也。辨方正位，曰子卦也。衡縮度中，平斜再也。斜起南極，平釜鐓也。小大必周，入地畫也。始周浸斷，浸極外也。極入地深，四十太也。北九十一，赤道齗也。列刻五十，六時配也。衡竿加卦，巽坤內也。以負縮竿，(本)〔子〕午對也。〔一〕首旋璣板，窾納芥也。上下懸直，與鐓會也。視日透光，何度在也。暘谷朝賓，夕餞昧也。寒暑發斂，驗進退也。薄蝕起自，鑒生殺也。以避赫曦，奪目害也。南北之偏，亦可概也。極淺十五，林邑界也。黃道夏高，人所載也。夏永冬短，猶少差也。深五十奇，鐵勒塞也。黃道浸平，冬晝晦也。夏則不沒，永短最也。安渾宣夜，昕穹蓋也。六天之書，言殊話也。一儀一揆，孰善悖也。以指爲告，無煩喙也。闇資以明，疑者沛也。智者是之，膠者怪也。古今巧曆，不億輩也。非讓不爲，思不逮也。將窺天眹，造化愛也。其有俊明，昭聖代也。泰山礪乎，河如帶也。黃金不磨，悠久賴也。鬼神禁訶，勿銘壞也。」

大明殿燈漏

燈漏之制，高丈有七尺，架以金爲之。其曲梁之上，中設雲珠，左日右月。雲珠之下，復懸一珠。梁之兩端，飾以龍首，張吻轉目，可以審平水之緩急。中梁之上，有戲珠龍二，隨珠俛仰，又可察準水之均調。凡此皆非徒設也。燈毬雜以金寶爲之，內分四層，上環布四神，旋當日月參辰之所在，左轉日一週。次爲龍虎鳥龜之象，各居其方，依刻跳躍，鐃鳴以應於內。又次週分百刻，上列十二神，各執時牌，至其時，四門通報。又一人當門內，常以手指其刻數。下四隅，鐘鼓鉦鐃各一人，一刻鳴鐘，二刻鼓，三鉦，四鐃，初正皆如是。其機發隱於櫃中，以水激之。

正方案

正方案，方四尺，厚一寸。四周去邊五分爲水渠。先定中心，畫爲十字，外抵水渠。去心一寸，畫爲圓規，自外寸規之，凡十九規。外規內三分，畫爲重規，徧布周天度。中爲圓，徑二寸，高亦如之。中心洞底植臬，高一尺五寸，南至則減五寸，北至則倍之。

凡欲正四方，置案平地，注水于渠，眡平，乃植臬於中。自臬景西入外規，卽識以墨影，少移輒識之，每規皆然，至東出外規而止。凡出入一規之交，皆度以線，屈其半以爲中，卽所識與臬相當，且其景最短，則南北正矣。復徧閱每規之識，以審定南北。南北旣正，則東西從而正。然二至前後，日軌東西行，南北差少，卽外規出入之景以爲東西，允得其正。當二分前後，日軌東西行，南北差多，朝夕有不同者，外規出入之景或未可憑，必取近內規景爲定，仍校以累日則愈眞。

又測用之法，先測定所在北極出地度，卽自案地平以上度，如其數下對南極入地度，以墨斜經中心界之，又橫截中心斜界爲十字，卽天腹赤道斜勢也。乃以案側立，懸繩取正。凡置儀象，皆以此爲準。

圭表

圭表以石爲之，長一百二十八尺，廣四尺五寸，厚一尺四寸。座高二尺六寸。南北兩端爲池，圓徑一尺五寸，深二寸，自表北一尺，與表梁中心上下相直。外一百二十尺，中心廣四寸，兩旁各一寸，畫爲尺寸分，以達北端。兩旁相去一寸爲水渠，深廣各一寸，與南北兩池相灌通以取平。表長五十尺，廣二尺四寸，厚減廣之半，植於圭之南端圭石座中，入地及座中一丈四尺，上高三十六尺。其端兩旁爲二龍，半身附表上擎橫梁，自梁心至表顚四尺，下屬圭面，共爲四十尺。梁長六尺，徑三寸，上爲水渠以取平。兩端及中腰各爲橫竅，徑二分，橫貫以鐵，長五寸，繫線合於中，懸錘取正，且防傾墊。

按表短則分寸短促，尺寸之下所謂分秒太半少之數，未易分別；表長則分寸稍長，所不便者景虛而淡，難得實影。前人欲就虛景之中考求眞實，或設望筩，或置小表，或以木爲規，皆取端日光，下徹表面。今以銅爲表，高三十六尺，端挾以二龍，舉一橫梁，下至圭面共四十尺，是爲八尺之表五。圭表刻爲尺寸，舊一寸，今申而爲五，釐毫差易分別。

景符

景符之制，以銅葉，博二寸，長加博之二，中穿一竅，若針芥然。以方闑爲趺，一端設爲機軸，令可開闔，榰其一端，使其勢斜倚，北高南下，往來遷就於虛梁之中。竅達日光，僅如米許，隱然見橫梁於其中。舊法一表端測晷，所得者日體上邊之景。今以橫梁取之，實得中景，不容有毫末之差。至元十六年己卯夏至晷景，四月十九日乙未景一丈二尺三寸六分九釐五毫。至元十六年己卯冬至晷景，十月二十四日戊戌景七丈六尺七寸四分。

闚几

闚几之制，長六尺，廣二尺，高倍之。下爲趺，廣三寸，厚二寸，上闑廣四寸，厚如趺。以板爲面，厚及寸，四隅爲足，撐以斜木，務取正方。面中開明竅，長四尺，廣二寸。近竅兩旁一寸分畫爲尺，內三寸刻爲細分，下應圭面。几面上至梁心二十六尺，取以爲準。闚限各長二尺四寸，廣二寸，脊厚五分，兩刃斜殺，取其於几面相符，着限兩端，厚廣各存二寸，衡入几闆。俟星月正中，從几下仰望，視表梁南北以爲識，折取分寸中數，用爲直景。又於遠方同日閼測取景數，以推星月高下也。

西域儀象

世祖至元四年，扎馬魯丁造西域儀象：

咱秃哈剌吉，漢言混天儀也。其制以銅爲之，平設單環，刻周天度，畫十二辰位，以準地面。側立雙環而結於平環之子午，半入地下，以分天度。內第一雙環，亦刻周天度，而參差相交，以結于側雙環，去地平三十六度以爲南北極，可以旋轉，以象天運爲日行之道。內第三、第四環，皆結於第二環，又去南北極二十四度，亦可以運轉。凡可運三環，各對綴銅方釘，皆有竅以代衡簫之仰窺焉。

咱秃朔八台，漢言測驗周天星曜之器也。外周圓牆，而東面啓門，中有小臺，立銅表高七尺五寸，上設機軸，懸銅尺，長五尺五寸，復加窺測之簫二，其長如之，下置横尺，刻度數其上，以準掛尺。下本開圖之遠近，可以左右轉而周窺，可以高低舉而偏測。

魯哈麻亦渺凹只，漢言春秋分晷影堂。爲屋二間，脊開東西横罅，以斜通日晷。中有臺，隨晷影南高北下，上仰置銅半環，刻天度一百八十，以準地上之半天，斜倚銳首銅尺，長六尺，闊一寸六分，上結半環之中，下加半環之上，可以往來窺運，側望漏屋晷影，驗度數，以定春秋二分。

魯哈麻亦木思塔餘，漢言冬夏至晷影堂也。爲屋五間，屋下爲坎，深二丈二尺，脊開南北一罅，以直通日晷。隨罅立壁，附壁懸銅尺，長一丈六寸。壁仰畫天度半規，其尺亦可往來規運，直望漏屋晷影，以定冬夏二至。

苦來亦撒麻，漢言渾天圖也。其制以銅爲丸，斜刻日道交環度數于其腹，刻二十八宿形於其上。外平置銅單環，刻周天度數，列于十二辰位以準地。而側立單環二，一結于平環之子午，以銅丁象南北極，一結于平環之卯酉，皆刻天度。卽渾天儀而不可運轉窺測者也。

苦來亦阿兒子，漢言地理志也。其制以木爲圓毬，七分爲水，其色綠，三分爲土地，其色白。畫江河湖海，脈絡貫串於其中。畫作小方井，以計幅圓之廣袤、道里之遠近。

兀速都兒剌不，定漢言，晝夜時刻之器。其制以銅如圓鏡而可掛，面刻十二辰位、晝夜時刻，上加銅條綴其中，可以圓轉。銅條兩端，各屈其首爲二竅以對望，晝則視日影，夜則窺星辰，以定時刻，以測休咎。背嵌鏡片，三面刻其圖凡七，以辨東西南北日影長短之不同、星辰向背之有異，故各異其圖，以畫天地之變焉。

四海測驗

南海，北極出地一十五度，夏至景在表南，長一尺一寸六分，晝五十四刻，夜四十六刻。

衡嶽，北極出地二十五度，夏至日在表端，無景，晝五十六刻，夜四十四刻。

嶽臺，北極出地三十五度，夏至晷景長一尺四寸八分，晝六十刻，夜四十刻。

和林，北極出地四十五度，夏至晷景長三尺二寸四分，晝六十四刻，夜三十六刻。

鐵勒，北極出地五十五度，夏至晷景長五尺一分，晝七十刻，夜三十刻。

北海，北極出地六十五度，夏至晷景長六尺七寸八分，晝八十二刻，夜一十八刻。

大都，北極出地四十度太强，夏至晷景長一丈二尺三寸六分，晝六十二刻，夜三十八刻。

上都，北極出地四十三度少。

北京，北極出地四十二度强。

益都，北極出地三十七度少。

登州，北極出地三十八度少。

高麗，北極出地三十八度少。

西京，北極出地四十度少。
太原，北極出地三十八度少。
安西府，北極出地三十四度半强。
興元，北極出地三十三度半强。
成都，北極出地三十一度半强。
西涼州，北極出地四十度强。
東平，北極出地三十五度太。
大名，北極出地三十六度。
南京，北極出地三十四度太强。
河南府陽城，北極出地三十四度太弱。
揚州，北極出地三十三度。
鄂州，北極出地三十一度半。
吉州，北極出地二十六度半。
雷州，北極出地二十度太。
瓊州，北極出地一十九度太。

日薄食暈珥及日變

世祖中統二年三月壬戌朔，日有食之。三年十一月辛丑，日有背氣，重暈三珥。至元二年正月辛未朔，日有食之。四年五月丁亥朔，日有食之。五年十月戊寅朔，日有食之。七年三月庚子朔，日有食之。八年八月壬辰朔，日有食之。九年八月丙戌朔，日有食之。十二年六月庚子朔，日有食之。十四年十月丙辰朔，日有食之。十九年六月己丑朔，日有食之。〔二〕七月戊午朔，日有食之。二十四年七月癸丑，日暈連環，白虹貫之。十月戊午朔，日有食之。二十六年三月庚辰朔，日有食之。二十七年八月辛未朔，日有食之。二十九年正月甲午朔，日有食之。有物漸侵入日中，不能旣，日體如金環然，左右有珥，上有抱氣。三十一年六月庚辰朔，日食。

成宗大德三年八月己酉朔，日食。四年二月丁未朔，日食。六年六月癸亥朔，日食。七年閏五月戊午朔，日食。八年五月（癸未）〔壬子〕朔，〔三〕日食。

武宗至大三年正月丁亥，白虹貫日。八月甲寅，白虹貫日。四年正月壬辰，日赤如赭。

仁宗皇慶元年六月乙丑朔，日有食之。延祐元年三月己亥，白暈亘天，連環貫日。二年四月戊寅朔，日有食之。五月甲戌，日赤如赭。乙亥，亦如之。九月甲寅，日赤如赭。戊午，亦如之。三年五月戊申，日赤如赭。五年二月癸巳朔，日有食之。六年二月丁亥朔，日有食之。七年正月辛巳朔，日有食之。三月乙未，日有暈若連環然。

英宗至治元年三月己丑，交暈如連環貫日。六月癸卯朔，日有食之。二年十一月甲午朔，日有食之。

泰定帝泰定四年二月辛卯，白虹貫日。九月丙申朔，日食。

文宗天曆二年七月丙辰朔，日有食之。至順元年九月癸巳，白虹貫日。二年正月己酉，〔四〕白虹貫日。八月甲辰朔，日有食之。十一月壬申朔，日有食之。三年五月丁酉，白虹並日出，長竟天。

〔順帝〕元統元年三月癸巳，〔五〕日赤如赭。閏三月丙申、癸丑、甲寅，皆如之。二年四月戊午朔，日有食之。至元元年十二月戊午，日赤如赭。閏十二月丁亥、戊子、己丑，皆如之。二年二月壬辰，日赤如赭。乙未、丙申，亦如之。三月庚申、壬戌、癸亥，四月丁丑〔朔〕，皆如之。八月甲戌朔，日有食之。十二月甲戌，日赤如赭。三年正月丁巳，日有交暈，左右珥上有白虹貫之。二月壬申朔，日有食之。八月癸未，日有交暈，左右珥上有白虹貫之。十月癸酉，日赤如赭。四年閏八月戊戌，日赤如赭。己亥、壬寅，亦如之。九月庚寅，皆如之。五年正月丙寅，日有交暈，左右珥上有白虹貫之。二月辛亥，日赤如赭。三月庚申、辛酉，四月丁未，皆如之。至正元年三月壬申，日赤如赭。三年四月丙申朔，日有食之。四年九月丁亥朔，日有食之。十年十一月壬子朔，日有食之。十三年九月乙丑朔，日有食之。十四年三月癸亥朔，日有食之。十五年二月丙子，日赤如赭。十七年七月己丑，日有交暈，連環貫之。十八年六月戊辰朔，日有食之。十二月乙丑朔，日有食之。二十一年四月辛巳朔，日有食之。二十五年三月壬戌，日有暈，內赤外青，白虹如連環貫之。二十六年二月丁卯，日有暈，左珥上有背氣一道。七月辛巳朔，日有食之。二十七年十二月癸卯朔，日有食之。

月五星淩犯及星變上

憲宗六年六月，太白晝見，

世祖中統元年五月乙未，熒惑入南斗，留五十餘日。

二年二月丁酉，太陰掩昴。六月戊戌，太陰犯角。八月丙午，太白犯歲星。十一月庚午，太陰犯昴。十二月辛卯，熒惑犯房。壬寅，熒惑犯鉤鈐。

三年十一月乙酉，太白犯鉤鈐。

至元元年二月丁卯，太陰犯南斗。四月辛亥，太陰犯軒轅御女星。五月丙戌，太陰犯房。己亥，太陰犯昴。七月甲戌，彗星出輿鬼，昏見西北，貫上台，掃紫微、文昌及北斗，且見東北，凡四十餘日。十二月甲子，太陰犯房。

二年六月丙子，太陰犯心宿大星。

四年八月庚申，塡星犯天罇距星。壬午，太白犯軒轅大星。甲子，歲星犯軒轅大星。十一月乙巳，塡星犯天罇距星。

五年正月甲午，太陰犯井。二月戊子，太陰犯天關。己丑，太陰犯井。

六年十月庚子，太陰犯辰星。

七年正月己酉，太陰犯畢。九月丁巳，太陰犯井。十月庚午，太白犯右執法。十一月壬寅，熒惑犯太微西垣上將。

八年正月辛未，太陰犯畢。三月丁亥，熒惑犯太微西垣上將。九月丙子，太陰犯畢。

九年五月乙酉，太白犯畢距星。九月戊寅，太陰犯御女。十月戊戌，熒惑犯塡星。十一月丁卯，太陰犯畢。

十年三月癸酉，客星青白如粉絮，起畢，度五車北，復自文昌貫斗杓，歷梗河，至左攝提，凡二十一日。

十一年二月甲寅，太陰犯井宿。十月壬戌，歲星犯壘壁陣。

十二年七月癸酉，太白犯井。辛卯，太陰犯畢。九月己巳，太白犯少民。己卯，太白犯太微西垣上將。十月癸丑，太陰犯畢。十一月丙戌，太陰犯軒轅大星。十二月戊戌，填星犯亢。戊申，太陰犯畢。

十三年九月辛亥，太白犯南斗。甲寅，太白入南斗。十〔二〕〔一〕月乙卯，太陰犯填星。〔十二月〕辛酉〔朔〕，熒惑掩鈎鈐。〔六〕

十四年二月癸亥，彗出東北，長四尺餘。

十五年二月丁丑，熒惑犯天街。三月丁亥，太陰犯太白。戊子，太陰犯熒惑。〔閏〕十一月辛亥，〔七〕太白、熒惑、填星聚于房。

十六年四月癸卯，填星犯鍵閉。七月丙寅，填星犯鍵閉。八月庚辰，太陰犯房宿距星。庚子，歲星犯軒轅大星。十月丙申，太陰犯太微西垣上將。十一月癸丑，太陰犯熒惑。

十七年四月庚子，歲星犯軒轅大星。七月戊申，太陰掩房宿距星。己酉，太陰犯南斗。

十八年七月癸卯，太陰犯房宿距星。閏八月癸巳朔，熒惑犯司怪南第二星。庚戌，太陰犯昴。九月甲申，太陰犯軒轅大星。十一月甲戌，太陰犯五車次南星。丁丑，太陰犯鬼。八月丙子，太陰犯心宿東星。〔九月〕甲子，〔八〕太陰犯右執法幷犯歲星。丁亥，太陰掩心。十二月丙午，太陰犯軒轅大星。

二十年正月己巳，太陰犯軒轅御女。庚辰，太陰入南斗，犯距星。二月庚寅，太陰掩昴。庚子，太白犯昴。壬寅，太白犯昴。乙巳，太陰犯心。三月己未，歲星犯鍵閉。庚申，太陰犯井。壬戌，太陰犯鬼。(乙)〔己〕巳，〔九〕歲星犯房。癸酉，歲星掩房。四月己亥，太陰犯房。壬寅，太陰犯南斗。五月丙寅，太陰掩心。七月丙辰，太白犯井。癸亥，太陰犯南斗。乙丑，太白犯井。庚午，熒惑犯司怪。八月丙午，太白犯軒轅。丁未，歲星犯鈎鈐。九月壬子，太白犯軒轅少女。戊午，太陰犯斗。己巳，太白犯右執法。壬申，太陰掩井。癸酉，熒惑犯鬼。甲戌，太陰犯鬼。熒惑犯積尸氣。太白犯左執法。十月丙申，太陰犯昴。十一月戊寅，太白、歲星相犯。十二月甲辰，太陰掩熒惑。

二十一年閏五月戊寅朔，塡星犯斗。七月甲申，太白犯熒惑。九月癸巳，太白犯南斗第四星。乙未，太陰犯井。十月己酉，太陰犯軫。十一月丙戌，太陰犯昴。己丑，太陰掩輿鬼。庚子，太陰犯心。

二十二年二月辛亥，太陰犯東井。癸丑，太陰犯鬼。壬戌，太陰犯心。八月癸丑，太陰入東井。十二月己亥，歲星犯塡星。

二十三年正月壬午，太陰犯軒轅太民。乙酉，太陰犯氐。二月丙午，太陰犯井。三月己巳，太陰犯婁。五月己巳，熒惑犯太微西垣上將。庚辰，歲星犯壘壁陣。乙酉，熒惑犯太微右執法。六月丙申朔，太白犯御女。八月乙卯，太白犯軒轅右角星。九月甲申，太陰犯天關。十月甲午朔，太白犯右執法。戊戌，太陰犯建星。辛亥，太陰犯東井。甲寅，太白犯進賢。十一月戊辰，太白犯亢。己卯，太陰犯東井。辛巳，歲星犯壘壁陣。十二月戊戌，太白犯東咸。丁未，太陰犯東井。丁巳，太陰犯氐。

二十四年正月甲戌，太陰犯東井。乙酉，太陰犯房。二月庚子，太陰犯天關。辛丑，太陰犯東井。閏二月癸亥，太陰犯辰星。甲申，太陰犯牽牛。三月丙申，太陰犯東井。四月癸酉，太陰犯氐。甲戌，太陰犯房。七月戊戌，太陰犯南斗。辛丑，太陰犯牽牛。壬寅，熒惑犯輿鬼積尸氣。甲辰，熒惑犯輿鬼。壬子，太陰犯司怪。八月癸亥，太白犯亢。丙子，塡星南犯壘壁陣。己卯，太陰犯天關。辛巳，太陰犯東井。甲申，太白犯房。九月丁酉，熒惑犯長垣。庚子，太白犯天江。乙巳，太陰犯畢。辛亥，熒惑犯太微西垣上將。壬子，太白犯南斗。十月壬戌，太陰犯牽牛大星。乙酉，熒惑犯左執法。十一月壬辰，太白犯壘壁陣。太陰暈太白、塡星。丙申，熒惑犯太微東垣上將。庚子，太白晝見。丙辰，熒惑犯進賢。十二月丙寅，太陰犯畢。太白晝見。

二十五年正月乙巳，太陰犯角。戊申，太陰犯房。三月丁亥，熒惑犯太微東垣上相。戊子，太陰犯畢。己亥，太陰掩角。四月戊午，太陰犯井。五月戊申，太白犯畢。六月甲戊，太白犯井。丁丑，太陰犯歲星。七月己亥，熒惑犯氐。庚子，太白犯鬼。乙巳，太陰掩畢。八月丙辰，熒惑犯房。己未，太白犯軒轅大星。九月癸未朔，熒惑犯天江。庚子，太陰犯畢。癸卯，熒惑犯南斗。十二月辛酉，太陰犯畢。甲子，太陰犯井。甲戌，太陰犯亢。熒惑犯壘壁陣。

二十六年正月辛丑，太陰犯氐。三月甲午，太陰犯亢。五月壬辰，太白犯鬼。七月戊子，太白經天四十五日。辛卯，太陰犯牛。乙未，太陰犯歲星。八月辛未，歲星晝見。九月戊寅，歲星犯井。乙未，太陰犯畢。丙申，熒惑犯太微西垣上將。十月癸丑，太陰犯牛宿距星。甲寅，熒惑犯右執法。閏十月丁亥，辰星犯房。己丑，太陰犯畢。熒惑犯進賢。太陰犯井。十一月丁巳，熒惑犯亢。戊辰，太陰犯亢。

二十七年正月庚戌，太白犯牛。癸丑，太陰犯井。丁卯，熒惑犯房。壬申，熒惑犯鍵閉。二月戊寅，太陰犯畢。庚寅，太陰犯亢。三月壬子，熒惑犯鈎鈐。四月丙子，太陰犯井。壬辰，熒惑守氐十餘日。五月乙丑，太陰犯填星。六月己丑，熒惑犯房。七月辛酉，熒惑犯天江。九月癸卯，歲星犯鬼。十月辛巳，太白犯斗。十一月戊申，太陰掩填星。辛酉，太陰掩左執法。十二月辛卯，太陰犯亢。

二十八年正月壬寅，太白、熒惑、填星聚奎。二月癸未，太陰犯左執法。甲申，太白犯昂。三月丁未，太陰犯御女。己酉，太陰犯右執法。庚戌，太陰犯太微東垣上相。乙卯，太白犯五車。四月乙未，歲星犯輿鬼積尸氣。五月壬寅，太陰犯少民。甲寅，太陰犯牛。六月辛卯，太陰犯畢。七月己亥，太白犯井。八月丙寅，太白犯輿鬼。丙子，太陰犯牽牛。癸未，歲星犯軒轅大星。戊子，太白犯軒轅大星，并犯歲星。癸巳，太陰掩熒惑。九月丙辰，熒惑犯左執法。戊午，太白犯熒惑。辛酉，歲星犯少民。十月丙戌，太陰犯軒轅大星并御女。己丑，太陰犯太微東垣上相。十一月甲辰，太（陰）〔白〕犯房。〔一〇〕丙午，熒惑犯亢。丁未，太陰犯畢。庚申，熒惑犯氐。十二月庚辰，太陰犯御女。癸未，太陰犯東垣上相。己丑，熒惑犯房。庚寅，熒惑犯鈎鈐。

二十九年正月戊申，太陰犯歲星及軒轅左角。二月己巳，太陰犯畢。四月丙子，太陰犯氐。六月己丑，太白犯歲星。閏六月戊申，熒惑犯狗國。七月辛未，太陰犯牛。八月丁酉，辰星犯右執法。己亥，太白犯房。乙巳，歲星犯右執法。九月壬戌，熒惑犯壘壁陣。辛巳，太白犯南斗。十月乙巳，太陰犯井。丁未，太陰犯鬼。乙卯，太陰犯氐。十一月壬戌，太陰犯壘壁陣。己卯，太陰犯太微東垣上將。十二月庚子，太陰犯井。甲辰，太陰犯太微西垣上將。

三十年正月丙寅，太陰犯畢。丁丑，太陰犯氐。庚辰，歲星犯左執法。二月壬辰，太陰犯畢。乙巳，熒惑犯天街。庚戌，太陰犯牛。癸丑，太白犯壘壁陣。三月辛未，太陰犯氐。四月癸丑，太白犯填星。六月己丑，歲星犯左執法。丙申，太陰犯斗。七月甲子，太陰犯建星。辛(丑)〔巳〕，〔二〕太陰犯鬼。九月丁卯，太陰犯畢。八月甲午，辰星犯太微西垣上將。甲辰，太陰犯畢。戊申，太陰犯鬼。九月丁卯，太陰犯畢。十月庚寅，彗星入紫微垣，抵斗魁，光芒尺許，凡一月乃滅。丙申，熒惑犯亢。己亥，太陰犯天關。辛丑，太陰犯井。十一月乙丑，太陰犯畢。丁卯，太陰犯井。庚(子)〔午〕，〔三〕太陰犯鬼。丙子，熒惑犯鈎鈐。戊寅，歲星犯亢。十二月乙未，太陰犯井。

三十一年四月戊申，太白晝見，又犯鬼。五月庚戌朔，太白犯輿鬼。六月丙午，太陰犯井。八月庚辰，太白晝見。戊戌，太陰犯畢。太白犯軒轅。九月丁巳，太白經天。丙寅，太陰掩填星。辛未，太陰犯軒轅。乙亥，太白犯右執法。太陰犯平道。十月壬午，太白犯左執法。癸巳，太陰掩填星。乙未，太陰犯井。十一月己酉，太陰犯亢。庚申，太陰犯畢。癸酉，太白犯房。十二月癸未，歲星犯房。丁亥，歲星犯鈎鈐。壬辰，太陰犯鬼。庚子，太陰犯房，又犯歲星。

成宗元貞元年正月乙卯，太陰犯填星，又犯畢。癸酉，歲星犯東咸。二月癸未，熒惑犯太陰。壬辰，太陰犯平道。癸卯，太陰犯歲星。三月庚戌，太陰犯填星。壬戌，太陰犯房。

四月庚寅，太陰犯東咸。閏四月癸丑，歲星犯房。甲寅，太陰犯平道。乙卯，太陰犯亢。丁巳，太陰掩房。五月丁亥，太陰犯南斗。七月丁丑，太陰犯亢。甲申，歲星犯房。八月乙酉，太陰犯牛。壬子，太陰犯壘壁陣。九月甲午，太陰犯軒轅。戊戌，太陰犯平道。十月辛酉，辰星犯房。壬戌，辰星犯鍵閉。戊辰，太白晝見。太陰犯房。十一月甲戌，太白經天及犯壘壁陣。乙酉，太陰犯井。丁亥，太陰犯鬼。十二月丙辰，太陰犯軒轅。甲子，太陰犯天江。

二年正月壬午，太陰犯輿鬼。丙戌，太白晝見。丁亥，太陰犯平道。庚寅，太陰犯鉤鈐。二月丁未，太陰犯井。三月乙酉，太陰犯鉤鈐。五月丁丑，太陰犯平道。六月乙巳，太白犯天關。丁巳，太白犯塡星。癸亥，太陰犯井。七月壬午，塡星犯井。太白犯輿鬼。八月庚子，太陰犯亢。太白犯軒轅。癸卯，太陰犯天江。乙卯，太陰犯天街。太白犯上將。九月戊辰，太白犯左執法。壬申，太陰掩南斗。丁丑，太陰犯壘壁陣。己丑，太陰犯軒轅。十一月丁丑，太陰犯月星，又犯天街。庚辰，太陰犯井。丁亥，太陰犯上相。戊子，太陰犯平道。壬辰，太陰犯天江。十二月丁未，太陰犯井。乙卯，太陰犯進賢。

大德元年三月戊辰，熒惑犯井。癸酉，太陰掩軒轅大星。五月癸酉，太白犯鬼積尸氣。乙亥，太陰犯房。六月乙未，太白晝見。七月庚午，太陰犯房。八月丁巳，祆星出奎。九月辛酉朔，祆星復犯奎。十月戊午，太白經天。十一月戊子，太白經天。十二月甲辰，太白經天，又犯東咸。丙午，太陰犯軒轅。甲寅，太陰犯心。閏十二月癸酉，太白犯建星。丙子，太白犯建星。

二年二月辛酉，歲星、熒惑、太白聚危。熒惑犯歲星。辛未，太陰犯左執法。丙子，太陰犯心。五月戊戌，太陰犯心。六月壬戌，太陰犯角。七月癸巳，太陰犯心。八月壬戌，太陰犯箕。九月辛丑，太陰犯五車南星。癸卯，太陰犯五諸侯。己酉，太陰犯左執法。十月壬戌，太白犯牽牛。戊寅，太陰犯角宿距星。十一月己亥，太陰犯輿鬼。辛丑，辰星犯牽牛。壬寅，太陰犯右執法。十二月戊午，太白經天。己未，塡星犯輿鬼。乙丑，太白犯歲星。太陰犯熒惑。庚午，塡星入輿鬼。太陰犯上將。甲戌，彗出子孫星下。己卯，太陰犯南斗。

三年正月丙戌，太陰犯太白。丁酉，太陰犯西垣上將。戊戌，太陰犯右執法。乙巳，太白經天。三月乙巳，熒惑犯五諸侯。戊戌，熒惑犯輿鬼。〔一三〕四月己未，太陰犯上將。丙寅，塡星犯輿鬼。太陰犯心。五月丙申，太陰犯南斗。己亥，太白犯畢。六月庚申，太陰掩房。丁卯，熒惑犯右執法。壬申，歲星晝見。七月己卯朔，太白犯井。丁未，太陰犯輿鬼。八月丁巳，太陰犯箕。戊辰，太白犯軒轅大星。己巳，太陰犯五車星。九月壬辰，流星色赤，尾長尺餘，其光燭地，起自河鼓，沒於牽牛之西，有聲如雷。乙未，太陰犯昴宿距星。丁酉，太白犯左執法。十月丙子，太陰犯房。十一月乙酉，太白犯房。

四年二月戊午，太陰犯軒轅。五月甲午，太陰犯壘壁陣。辛丑，太白犯輿鬼，太陰犯昴。六月丁巳，太白犯填星。七月辛卯，熒惑犯井。八月癸丑，太陰犯井。甲子，辰星犯靈臺上星。閏八月庚辰，熒惑犯輿鬼。九月戊午，太白犯斗。壬戌，太陰犯輿鬼。甲子，太白犯斗。十二月庚寅，熒惑犯軒轅。癸巳，太陰犯房宿距星。

五年正月己酉，太陰犯五車。壬子，太陰犯輿鬼積尸氣。辛酉，太陰犯心。二月己卯，太陰犯輿鬼。三月戊申，太陰犯御女。丁卯，熒惑犯填星。己巳，熒惑、填星相合。四月壬申，太陰犯東井。五月癸丑，太陰犯南斗。乙卯，熒惑犯右執法。丁卯，太白犯井。六月甲申，歲星犯司怪。己酉，太白犯輿鬼。〔四〕歲星犯井。甲午，太白犯輿鬼。七月丙午，歲星犯井。辛亥，太陰犯壘壁陣。庚申，辰星犯太白。八月壬辰，太陰犯軒轅御女。乙未，填星犯太微上將。九月乙丑，自八月庚辰，彗出井二十四度四十分，如南河大星，色白，長五尺，直西北，後經文昌斗魁，南掃太陽，又掃北斗、天機、紫微垣、三公、貫索，星長丈餘，至天市垣巴蜀之東、梁楚之南、宋星上，長盈尺，凡四十六日而滅。十月癸未，太陰犯東井。辛卯，夜有流星，大如杯，色赤，尾長丈餘，光燭地，自北起，近東徐徐而行，分爲二星，前大後小，相離尺餘，沒於危宿。十一月己亥，歲星犯東井。戊申，太陰犯昴。十二月甲戌，歲星犯司怪。辛卯，太陰犯南斗。

六年正月壬戌，塡星犯太微西垣上將。二月庚午，太陰犯昴。三月壬寅，太陰犯輿鬼。癸卯，歲星犯井。甲寅，太陰犯鉤鈐。四月乙丑朔，太白犯東井。戊寅，太陰犯心。庚寅，太白犯輿鬼。六月癸亥朔，塡星犯太微西垣上將。乙亥，太陰犯斗。七月癸巳朔，熒惑、塡星、辰星聚井。庚子，太陰犯心。戊午，太陰犯熒惑。八月乙丑，熒惑犯歲星。己巳，熒惑犯輿鬼。辛巳，太陰犯昴。壬午，太白犯軒轅。九月丙午，熒惑犯軒轅。癸丑，太陰犯輿鬼。丁巳，太白犯右執法。十月壬午，熒惑犯太微西垣上將。十一月辛(亥)〔卯〕，塡星犯左執法。〔一五〕乙未，辰星犯房。癸卯，太陰犯昴。己酉，太陰犯軒轅。十二月庚申朔，熒惑犯塡星。乙丑，歲星犯輿鬼。乙亥，太陰犯輿鬼。庚辰，熒惑犯太微東垣上相。癸未，太陰犯房。

七年正月戊戌，太陰犯昴。甲辰，太陰犯軒轅。二月戊寅，太陰犯心。四月癸亥，太陰犯東井。丙寅，太陰犯軒轅。乙亥，歲星犯輿鬼。太陰犯南斗。甲申，熒惑犯太微垣右執法。丁亥，歲星犯輿鬼。五月壬辰，辰星犯東井。閏五月戊辰，太陰犯心。七月戊寅，歲星犯軒轅。己卯，太陰犯井。乙酉，熒惑犯房。八月癸巳，太白犯氐。甲午，熒惑犯東咸。太陰犯牽牛。乙巳，歲星犯軒轅。辛亥，熒惑犯天江。九月丙寅，太白晝見。辛未，熒惑犯南斗。甲戌，太陰犯東井。乙亥，太白犯南斗。壬午，辰星犯氐。十月丁亥，太白經天。辛丑，太陰犯東井。十一月己未，太白經天。丙寅，塡星犯進賢。戊辰，太陰犯東井。己卯，太陰犯東咸。十二月丙戌，太白經天。夜，熒惑犯壘壁陣。丙申，太陰犯東井。辛丑，太陰犯明堂。丁未，太陰犯天江。

八年三月乙丑，自去歲十二月庚戌，彗星見，約盈尺，指東南，色白，測在室十一度，漸長尺餘，復指西北，掃騰蛇，入紫微垣，至是滅，凡七十四日。

九年正月丁巳，太陰犯天關。甲子，太陰犯明堂。己巳，太陰犯東咸。三月甲寅，熒惑犯氐。戊午，歲星犯左執法。四月庚辰，太陰犯井。壬辰，太白犯井。五月癸亥，歲星掩左執法。七月丙午，熒惑犯氐。甲寅，太白經天。丁卯，熒惑犯房。八月辛巳，太陰犯東咸。乙未，熒惑犯天江。九月丁巳，熒惑犯斗。十月丙戌，太白經天。十一月庚戌，歲星、太白、塡星聚於亢。癸丑，歲星犯亢。丙寅，歲星晝見。(十二月)壬申，太白經天。〔十二月〕丙子，太(陰)〔白〕犯西咸。〔二六〕庚寅，熒惑犯壘壁陣。己亥，辰星犯建星。

十年正月丁巳，太白犯建星。閏正月癸酉，太白犯牽牛。己丑，太白犯壘壁陣。二月戊午，太陰犯氐。三月戊寅，歲星犯亢。四月辛酉，塡星犯亢。六月癸丑，太陰犯羅堰上星。己未，歲星犯亢。七月庚辰，太陰犯牽牛。八月壬寅，歲星犯氐。熒惑犯太微垣上將。

九月己巳，熒惑犯太微垣右執法。壬午，熒惑犯太微垣左執法。十月甲辰，太白犯斗。辛亥，太陰犯畢。甲寅，太陰犯井。十一月辛未，歲星犯房。壬申，太陰犯虛。甲戌，熒惑犯亢。戊子，熒惑犯氐。辛卯，太陰犯熒惑。十二月壬寅，太白晝見。乙巳，歲星犯東咸。戊午，太陰犯氐。

十一年六月丙午，太陰犯南斗杓星。〔七月〕己巳，太陰犯亢。（七月）壬午，〔一七〕熒惑犯南斗。九月癸酉，太白犯右執法。己卯，太白犯左執法。十月乙巳，太白犯亢。己酉，熒惑犯壘壁陣。甲寅，太陰犯明堂。己未，太陰犯太白。十一月丁卯，太白犯房。丙子，太陰犯東井。乙酉，太陰犯亢。辛卯，辰星犯歲星。十二月丁巳，塡星犯鍵閉。

武宗至大元年正月辛未，太陰犯井。甲申，太陰犯塡星。二月丁未，太陰犯亢。甲寅，太陰犯牛距星。三月乙丑，太陰犯井。五月癸未，太白犯輿鬼。七月庚申，流星起自勾陳，南至於大角傍，尾跡約三尺，化爲白氣，聚於七公，南行，圓若車輪，微有鋭，經貫索滅。壬申，太白犯左執法。八月壬子，太陰犯軒轅太民。九月壬申，塡星犯房。丙子，太陰犯井。癸未，太陰犯熒惑。十月辛丑，太白犯南斗。十一月庚申，太白晝見。癸亥，熒惑犯亢。己巳，太陰掩畢。甲戌，熒惑犯氐。乙亥，辰星犯塡星。閏十一月壬寅，熒惑犯房。丁未，太陰犯亢。十二月甲子，太陰犯畢。丙子，太陰犯氐。戊寅，太白掩建星。

二年二月己巳，太陰犯亢。辛未，太陰犯氐。庚辰，太陰犯太白。三月戊戌，太陰犯氐。己亥，熒惑犯歲星。丙午，熒惑犯壘壁陣。五月辛卯，太陰犯亢。六月乙卯，太白犯井。癸酉，辰星犯輿鬼。乙亥，太陰掩畢。八月乙亥，太陰犯軒轅。丁丑，太陰犯右執法。九月丙午，太陰犯進賢。十月壬申，太陰犯左執法。十一月己亥，太陰犯右執法。庚子，太陰犯上相。辛丑，熒惑犯外屏。十二月庚申，太陰犯參。癸亥，辰星犯歲星。辛未，太白犯壘壁陣。

三年正月壬辰，太陰犯軒轅御女。甲午，太陰犯右執法。丙申，太陰犯平道。二月辛亥，熒惑犯月星。庚申，熒惑犯天街。太陰犯軒轅少民。壬戌，太陰犯左執法。甲戌，太白犯月星。三月甲申，太陰犯井。庚寅，太陰犯氐。丙申，太陰犯南斗。丁未，太白犯井。甲寅，太陰犯軒轅御女。戊辰，太白晝見。〔一八〕五月乙酉，太陰犯平道。癸巳，熒惑犯輿鬼。六月乙卯，太陰犯氐。七月戊寅，太陰犯右執法。己卯，太陰犯上相。八月甲子，太白犯軒轅太民。乙丑，太陰掩畢大星。〔九月〕辛巳，太陰犯建星。〔一九〕辛卯，太陰犯天廩。十月甲辰朔，太白經天。丙午，太白犯左執法。癸丑，熒惑犯亢。十一月甲戌朔，太白犯亢。丁亥，太陰犯畢。十二月甲辰朔，太陰犯羅堰。庚申，太陰犯軒轅大星。辛酉，太白犯填星。丙寅，太白犯氐。

四年二月甲子，太陰犯填星。三月丙戌，太陰犯太微上將。四月甲寅，太陰犯亢。熒惑犯壘壁陣。〔五月〕癸未，太陰犯氐。(五月)乙未，〔一〇〕太陰犯太微東垣上相。〔六月〕庚戌，太陰犯氐。〔一一〕七月癸巳，太陰掩畢。丁酉，太陰犯鬼宿距星。閏七月丙寅，太陰犯軒轅。九月乙卯，太陰犯畢。十月丙申，太白犯壘壁陣。十一月甲寅，太陰犯輿鬼。十二月庚辰，太白經天。癸未，亦如之。甲申，太陰犯太微西垣上將。壬辰，太白經天。

仁宗皇慶元年正月癸丑，太陰犯太微東垣上相。二月壬午，太陰犯亢。三月丁酉朔，熒惑犯東井。壬寅，太陰犯東井。四月丙子，太白晝見。壬午，熒惑犯輿鬼。癸未，熒惑犯積尸氣。庚寅，太白經天。六月己巳，太陰犯天關。七月戊午，太陰犯東井。八月戊辰，太白犯軒轅。辛未，太陰犯填星。壬午，辰星犯右執法。乙酉，太白犯右執法。丁亥，辰星犯左執法。九月丁巳，太白犯亢。十月丁亥，太陰犯平道。戊子，太陰犯亢。十一月己亥，太陰掩壘壁陣。十二月甲申，熒惑、填星、辰星聚(井)〔斗〕。〔一二〕戊子，太陰犯熒惑。

二年正月戊申，太陰犯三公。三月庚子，熒惑犯壘壁陣。丁未，彗出東井。七月己丑朔，歲星犯東井。辛卯，太白晝見。乙未、丙辰，皆如之。丁巳，太白經天。八月戊午朔，太白晝見。壬戌，歲星犯東井。壬午，太陰犯輿鬼。

延祐元年二月癸酉，熒惑犯東井。三月壬辰，太陰掩熒惑。閏三月辛酉，太陰犯輿鬼。

丙寅，太陰犯太微東垣。五月戊午，辰星犯輿鬼。六月乙未，熒惑犯右執法。十月庚戌，辰星犯東咸。十二月甲午，太陰犯輿鬼。癸卯，太陰犯房。甲辰，太陰犯天江。

二年正月乙卯，歲星犯輿鬼。己未，太白晝見。癸亥，太陰犯軒轅。丁卯，太陰犯進賢。二月戊子，太白晝見。癸巳，太白經天。丙午，亦如之。三月丙辰，太陰色赤如赭。四月庚子，太陰犯壘壁陣。五月辛酉，太陰犯天江。庚午，太白晝見。六月甲申，太白晝見。是夜，太陰犯平道。癸卯，太白犯東井。丙午，辰星犯輿鬼。九月己酉，太陰犯房。辛酉，太白犯左執法。十月丙子朔，客星見太微垣。十一月丙午，客星變爲彗，犯紫微垣，歷軫至壁十五宿，明年二月庚寅乃滅。

三年九月癸丑，太白晝見。丙寅，太白經天。十月甲申，太白犯斗。

四年三月乙酉，太陰犯箕。六月乙巳，太陰犯心。八月丙申，熒惑犯輿鬼。壬子，太陰犯昴。九月庚午，太陰犯斗。

六年正月戊寅，太陰犯心。二月己亥，太陰犯靈臺。三月己巳，太陰犯明堂。癸酉，太陰犯日星。甲戌，太陰犯心。五月辛酉，太陰犯靈臺。丁卯，太陰犯房。丙子，太陰犯壘壁陣。六月己亥，歲星犯東咸。七月壬戌，太陰犯心。丙子，太白犯太微垣右執法。八月乙酉，熒惑犯輿鬼。閏八月丙辰，辰星犯太微垣右執法。丁巳，太陰犯心。癸亥，熒惑犯軒轅。甲子，太陰犯壘壁陣。乙亥，太白犯東咸。十月癸亥，熒惑犯太微垣左執法。乙丑，太陰犯昴。戊辰，太陰犯東井。庚午，太白晝見。辛未，太陰犯軒轅。辛卯，熒惑犯進賢。庚子，太陰犯明堂。十二月丙寅，太陰犯軒轅。

七年正月乙未，太陰犯明堂上星。癸卯，太陰犯斗宿東星。二月辛酉，太陰犯軒轅御女。壬戌，太陰犯靈臺。丁卯，太陰犯日星。庚午，太陰犯斗宿距星。三月戊子，太陰犯酒旗上星。熒惑犯進賢。庚寅，太陰犯明堂上星。四月甲寅，太白犯填星。壬戌，太陰犯房宿距星。五月庚寅，太陰犯心宿東星。癸巳，太陰犯狗宿東星。〔三〕丙申，太白犯畢宿距星。六月庚申，太陰犯斗宿東星。癸亥，太陰犯壘壁陣西二星。丁卯，太白犯井宿東扇第三星。辛未，太陰犯昴宿。七月丁亥，太陰犯斗宿東三星。戊戌，熒惑犯房宿上星。己亥，太陰犯昴宿距星。八月丙辰，太白犯靈臺上星。乙丑，熒惑犯天江。丁卯，太白犯太微垣右執法。壬申，太陰犯軒轅御女。九月乙酉，太陰犯壘壁陣西二星。丙戌，熒惑犯斗宿。癸巳，太陰犯昴宿東星。己亥，太白犯亢星。十月庚戌，太陰犯熒惑于斗。癸亥，太陰犯井宿。十一月癸卯，熒惑犯壘壁陣。乙卯，太陰掩昴宿。戊午，太陰犯井宿東星。庚申，太陰犯鬼宿。

英宗至治元年正月乙未，太陰掩房宿距星。甲辰，辰星犯外屏西第一星。辰星、太白、熒惑、填星聚於奎宿。二月壬子，太白、熒惑、填星聚於奎宿。辛酉，太白犯熒惑。癸亥，太陰犯心宿大星，又犯心宿東星。三月丁丑，太陰掩昴宿。四月戊午，太陰犯心宿大星。庚申，太陰犯斗宿東第三星。五月戊寅，太白犯鬼宿積尸氣。太陰犯軒轅右角。庚辰，太陰犯明堂中星。六月己未，太陰犯虛梁東第二星。辛酉，太白經天。七月癸巳，太陰犯昴宿。八月丁未，太陰犯心宿前星。己酉，太陰犯斗宿西第二星。壬子，熒惑犯軒轅大星。九月乙亥，熒惑犯靈臺東北星。壬午，熒惑犯太微西垣上將。丁酉，熒惑犯太微垣右執法。十月甲辰，太白經天。戊申，熒惑犯太微垣左執法。十一月辛未，熒惑犯進賢。丙子，太陰犯虛梁東第一星。戊寅，辰星犯房宿上星。丙戌，太陰犯井宿東扇北第二星。己丑，太陰犯酒旗西星，又犯軒轅右角。辛卯，太陰犯明堂中星。己亥，太白犯西咸南第一星。十二月甲辰，熒惑犯亢宿南第一星。庚戌，太陰犯昴宿東第一星。辛酉，熒惑入氐宿。

二年正月丁丑，太陰犯昴宿距星。庚辰，太白犯建星西第二星。辛巳，太白犯建星西第三星。辛卯，太陰犯心宿大星。甲午，熒惑犯房宿上星。丁酉，太白犯牛宿南第一星。二月己亥朔，熒惑犯鍵閉星。丙午，熒惑犯罰星南一星。戊申，太陰犯井宿東扇北第二星。庚戌，熒惑犯東咸北第二星。辛亥，太陰犯酒旗西第一星及軒轅右角星。壬子，太白犯壘壁陣西方第二星。癸丑，太陰犯明堂中星。己未，太陰犯天江南第一星。壬戌，太白犯壘壁陣第六星。五月丙子，熒惑退犯東咸南第一星。六月壬申，熒惑犯心宿距星。七月己亥，熒惑犯天江南第一星。戊午，太陰犯井宿(越)〔鉞〕星。〔二四〕九月己未，太陰犯明堂中星。十月庚辰，太陰犯井宿距星。辛巳，太陰犯井宿東扇北第二星及第三星。己丑，熒惑犯壘壁陣西第六星。十一月甲辰，太白犯壘壁陣第一星。乙巳，熒惑犯壘壁陣西第八星。戊申，太陰掩井宿東扇北第二星。己未，太陰犯東咸南第一星。庚申，太陰犯天江上第一星。辛酉，熒惑犯歲星。十二月乙丑，太白、歲星、熒惑聚于室。太白犯壘壁陣西第八星。乙亥，太陰掩井宿距星。戊寅，太白犯歲星。己丑，熒惑犯外屏西第三星。太陰犯建星西第二星。

三年正月壬寅，太陰犯鉞星，又犯井宿距星。癸卯，太陰犯井宿東扇南第二星。二月癸亥朔，熒惑、太白、塡星聚於胃宿。癸酉，太白犯昴宿。辛巳，太陰犯東咸南第一星、第二星。五月戊戌，太白經天。癸卯，太陰犯房宿第二星。庚戌，太白犯畢宿右股第三星。六月癸未，塡星犯畢宿距星。九月辛卯，塡星退犯畢。十月己巳，太白犯亢。丙子，太白犯氐。十一月己丑朔，熒惑犯亢。庚寅，太白犯鉤鈐。乙未，太白犯東咸。壬寅，熒惑犯氐。十二月己巳，辰星犯壘壁陣。辛未，熒惑犯房。辛巳，熒惑犯東咸。

泰定帝泰定元年五月丙午，太白犯鬼宿。丁未，太白又犯鬼宿積尸氣。十月丙寅，太白犯斗宿距星。己巳，太白入斗宿魁。太陰犯塡星。庚午，太白犯斗。壬午，熒惑犯壘壁陣。十二月庚午，熒惑犯外屏。乙亥，太白經天。

二年正月丙戌，辰星犯天鷄。壬寅，太白犯建星。二月庚寅，熒惑、歲星、塡星聚于畢宿。六月丙戌，塡星犯井宿鉞星。丙午，塡星犯井宿。八月癸巳，歲星犯天罇。十月壬辰，熒惑犯氐宿。癸巳，塡星退犯井宿。十一月戊午，塡星退犯井宿鉞星。十二月乙酉，熒惑犯天江。辰星犯建星。甲午，太白犯壘壁陣。

三年正月辛酉，太白犯外屏。三月丙午，塡星犯井宿鉞星。戊辰，熒惑犯壘壁陣。塡星犯井宿。庚午，塡星、太白、歲星聚于井。四月戊戌，太白犯鬼宿。壬寅，熒惑犯壘壁陣。七月戊辰，太白經天，至于十二月。九月壬戌，太白犯太微垣右執法。十月辛巳，太白犯進賢。

四年正月己酉，太白犯牛宿。三月丁卯，熒惑犯井宿。九月壬子，太白犯房宿。閏九月己巳，太白經天，至十二月。十月乙巳，晝有流星。戊午，辰星犯東咸。十一月癸酉，太白犯壘壁陣。熒惑犯天江。十二月己未，歲星退犯太微西垣上將。

致和元年二月壬戌，太白晝見。五月庚辰，流星如缶大，光明燭地。七月丙戌，太白犯軒轅大星。

文宗天曆元年九月庚辰，太白犯亢宿。

二年正月甲子，太白犯壘壁陣。二月己酉，熒惑犯井宿。五月庚申，太白犯鬼宿積尸氣。六月丁未，太白晝見。七月癸亥，太白經天。十一月癸酉，太陰犯填星。

至順元年七月庚午，歲星犯氐宿。八月戊辰，太白犯氐宿。九月己丑，熒惑犯鬼宿。甲午，熒惑犯鬼宿。十一月甲申，熒惑退犯鬼宿。丙戌，太白犯壘壁陣。

二年二月壬子，太白晝見。三月丙子朔，熒惑犯鬼宿。己卯，熒惑犯鬼宿積尸氣。五月丁丑，熒惑犯軒轅左角。甲午，太白犯畢宿。庚子，太陰犯太白。辛丑，太白經天。六月丁未，太白晝見。丁卯，太陰犯畢。太白犯井。八月乙卯，太白犯軒轅大星。庚申，太白犯軒轅左角。九月丙子，太白犯填星。十一月壬申朔，太白犯鈎鈐。

三年五月癸酉，熒惑犯東井。

校勘記

〔一〕（本）〔子〕午對也　據元文類卷一七仰儀銘改。按「子午」與上文「巽坤」相應。新元史已校。

〔二〕十九年六月己丑朔日有食之　見卷一二校勘記〔三〕。

〔三〕五月（癸未）〔壬子〕朔　見卷二一校勘記〔一〕。

〔四〕正月己酉　按是年正月丁丑朔，無己酉日。己酉疑爲乙酉初九日之誤。

〔五〕〔順帝〕元統元年　原墨釘，從北監本補。

〔六〕十〔二〕〔一〕月乙卯太陰犯填星〔十二月〕辛酉〔朔〕熒惑掩鉤鈐　按至元十三年十二月辛酉朔，無乙卯日。十一月二十五日乙卯，月黃經二一七度，土星黃經二一六度，合。「十二月」爲「十一月」之誤，今改。十二月辛酉朔，火星、鉤鈐皆在黃經二三四度，合。今補「十二月」及「朔」字。

〔七〕〔閏〕十一月辛亥　據本書卷一〇世祖紀至元十五年閏十一月辛亥條補。按十一月庚辰朔，無辛亥日；閏十一月庚戌朔，辛亥爲初二日。

〔八〕〔九月〕甲子　道光本與本書卷一一世祖紀至元十七年九月甲子條合，從補。按是年八月庚午朔，無甲子日；九月庚子朔，甲子爲二十五日。

〔九〕（乙）〔己〕巳　見卷一二校勘記〔三〇〕。

〔一〇〕太（陰）〔白〕犯房　據本書卷一六世祖紀至元二十八年十一月甲辰條改。按是日房宿一黃經二三三度，房宿東咸一黃經二三八度半，月黃經一五八度半，不合；金星黃經二四六度，近。

〔一一〕辛（丑）〔巳〕　道光本與本書卷一七世祖紀至元三十年七月辛巳條合，從改。按是月乙卯朔，無辛丑日，辛巳爲二十七日。

〔一二〕庚（子）〔午〕　道光本與本書卷一七世祖紀至元三十年十一月庚午條合，從改。按是月壬子朔，無庚子日，庚午爲十九日。

〔一三〕戊戌熒惑犯輿鬼　是月壬午朔，戊戌爲十七日，此條應在乙巳二十四日之前。

〔一四〕己酉太白犯輿鬼　本書卷二〇成宗紀大德五年六月癸巳條有「太白犯輿鬼」。按是年六月己巳朔，無己酉日，癸巳爲二十五日。「己酉」誤。

〔一五〕辛(亥)〔卯〕塡星犯左執法　道光本與本書卷二〇成宗紀大德六年十一月辛卯條合，從改。按是月庚寅朔，辛卯爲初二日，辛亥爲二十二日。初二日土星黃經一七四度，右執法黃經一七四度半，合。

〔一六〕(十二月)壬申太白經天〔十二月〕丙子太(陰)〔白〕犯西咸　據本書卷二一成宗紀大德九年十一月壬申條、十二月丙子條改正、改。按是年十一月癸卯朔，壬申爲三十日；十二月癸酉朔，丙子爲初四日。丙子日西咸三黃經二三〇度，月黃經三二六度，不合；金星黃經二二九度半，合。

〔一七〕〔七月〕己巳太陰犯亢(七月)　道光本與本書卷二二武宗紀大德十一年七月己巳條合，從改正。按是年六月癸巳朔，無己巳日，己巳爲七月初七日。

〔一八〕甲寅太陰犯軒轅御女戊辰太白晝見　按至大三年三月己卯朔，無甲寅、戊辰日。四月戊申朔，初七日甲寅，二十一日戊辰。本書卷二三武宗紀至大三年四月戊辰條有「太白晝見」。道光本「甲寅」上有「四月」，是。

〔一九〕〔九月〕辛巳太陰犯建星　道光本與本書卷二三武宗紀至大三年九月辛巳條合，從補。按是年八月乙巳朔，無辛巳日；九月乙亥朔，辛巳爲初七日。

〔二〇〕〔五月〕癸未太陰犯氐（五月）　道光本與本書卷二四仁宗紀至大四年五月癸未條合，從改正。按是年四月壬寅朔，無癸未日；五月壬申朔，癸未爲十二日。

〔二一〕〔六月〕庚戌太陰犯氐　據本書卷二四仁宗紀至大四年六月庚戌條補。按是年五月壬申朔，無庚戌日，六月辛丑朔，庚戌爲初十日。

〔二二〕十二月甲申熒惑塡星辰星聚（井）〔斗〕　據本書卷二四仁宗紀皇慶元年十二月甲申條改。按是日火星黃經二七九度半，土星黃經二八五度半，水星黃經二八五度。井宿黃經在八五度至九〇度間，不合；斗宿黃經在二七〇度至二八〇度間，合。

〔二三〕太陰犯狗宿東星　按本書卷二七英宗紀延祐七年五月癸巳條作「太陰犯天狗」，星無「狗宿」，有「天狗」隸鬼宿，此處史文有誤。

〔二四〕太陰犯井宿（越）〔鉞〕星　從殿本改。

元史卷四十九

志第一

天文二

月五星凌犯及星變下

順帝元統元年正月癸酉，太白晝見。二月戊戌，亦如之。己亥，塡星退犯太微東垣上相。丙辰，太陰犯天江下星。三月戊寅，太陰犯太微東垣上相。五月丁酉，熒惑犯太微垣右執法。六月丁丑，太陰犯壘壁陣西第二星。七月己亥，太陰犯房宿北第一星。九月甲午，太陰犯東咸西第一星。塡星犯進賢。乙未，太陰犯天江下星。丁巳，太陰犯塡星。己未，太陰犯氐宿距星。十月甲子，太陰入犯斗宿魁東北星。十一月甲午，太陰犯壘壁陣西方第二星。辛亥，太陰犯太微東垣上相。壬子，太陰犯塡星。癸丑，太陰犯亢宿南第一星。〔十二月〕癸酉，太陰犯鬼宿東北星。〔一〕乙亥，太白犯壘壁陣西第八星。太陰犯軒轅夫人星。己卯，太陰犯進賢。癸未，太陰犯東咸西第二星。

二年正月壬寅，太陰犯軒轅夫人星。庚戌，太陰犯房宿北第二星。二月癸酉，太陰犯太微東垣上相。丁亥，太白經天。三月辛丑，太陰犯進賢，又犯填星。四月丁丑，太白經天。戊寅，太白晝見。辛巳、壬午，皆如之。壬午夜，太白犯鬼宿積尸氣。七月己亥，太白經天。甲辰，亦如之。丙午，復如之。己酉，太白晝見。夜，流星如酒盃大，色赤，尾跡約長五尺餘，光明燭地，起自天津之側，沒于離宮之南。庚戌，太白經天。壬子，熒惑入犯鬼宿積尸氣。癸丑，太白經天。甲寅，亦如之。八月丙辰朔，太白經天。丁巳、戊午、己未，亦如之。癸亥、丙寅、戊辰、辛未、壬申、癸酉、甲戌、丁丑、己卯，皆如之。己卯夜，太白犯軒轅御女星。庚辰，太白經天。壬午，亦如之。九月庚寅，太白經天。壬辰，太陰入南斗魁。癸巳，太陰犯狗國東星。太白犯靈臺中星。甲午，太白經天。乙未，亦如之。己亥、壬寅，皆如之。乙巳，太白犯太微垣右執法。壬子，太白犯太微垣左執法。十月癸亥，熒惑犯太微西垣上將。太白犯進賢。乙亥，太陰犯軒轅夫人星。太白犯填星。十一月乙未，填星犯亢宿距星。庚戌，熒惑犯太微東垣上相。

仍改至元元年二月甲戌，熒惑逆行入太微垣。四月壬戌，太陰犯太微垣左執法。五月癸卯，太陰犯壘壁陣東方第四星。六月壬戌，太陰犯心宿大星。七月乙未，太陰犯壘壁陣西方第二星。八月辛亥，熒惑犯氐宿東南星。九月丁亥，太陰入魁，犯斗宿東南星。庚寅，太陰犯壘壁陣西方第二星。十月甲寅，熒惑犯斗宿西第二星。庚申，太陰犯壘壁陣東方東第二星。甲子，太陰犯昴宿西第二星。丁卯，太白犯斗宿魁第三星。戊辰，太白晝見。十一月甲申，太白經天。丙戌，亦如之。己丑，辰星犯房宿上星及鈎鈐星。丙申，太陰犯鬼宿東北星。己亥，太陰犯太微西垣上將。庚子，太陰犯太微垣左執法。十二月壬子，太陰犯壘壁陣西方第二星。辛酉，太白犯壘壁陣東方第六星。甲子，太白經天。乙丑，太陰犯軒轅夫人星。丙寅，太白經天。丁卯，亦如之。太陰犯太微垣右執法。庚午，太白經天。壬申，亦如之。癸酉，歲星晝見。乙亥，太白、歲星皆晝見。戊寅，太白經天。歲星晝見。閏十二月乙酉，熒惑犯壘壁陣西第八星。庚子，太陰犯心宿大星。壬寅，太陰犯箕宿距星。癸卯，太陰犯斗宿魁東南星。

二年正月壬戌，太陰犯太微垣右執法。甲子，太陰犯角宿距星。丁卯，太陰犯房宿距星。二月辛巳，太陰犯昴宿距星。甲申，太白經天。己丑，太陰犯太微西垣右執法。三月壬戌，太陰犯心宿距星。甲子，太陰犯箕宿距星。乙丑，太陰犯斗宿東南星。四月丙戌，太陰犯角宿距星。五月庚戌，太陰犯靈臺西第一星。（五月）丙辰，〔三〕太白晝見。丁巳，亦如之。六月戊子，太白犯井宿東扇北第二星。七月己酉，太白犯鬼宿東南星。乙卯，太白犯熒惑。八月己卯，太陰犯心宿東第一星。辛巳，太陰犯箕宿東北星。九月庚戌，熒惑犯太微西垣上將。十月丙子，熒惑犯太微垣左執法。丁亥，太陰犯昴宿。己亥，熒惑犯進賢。十一月己酉，太陰犯壘壁陣西第八星。己未，太陰犯鬼宿積尸氣。丁卯，太陰犯房宿距星。

三年三月辛亥，太陰犯靈臺上星。四月辛卯，太陰犯壘壁陣西方第五星。庚子，太白晝見。五月壬寅，太白犯鬼宿東北星。乙巳，太陰犯軒轅左角。戊申，太白晝見。壬子，太陰犯心宿後星。戊午，太白晝見。己未，太陰犯壘壁陣西方第六星。辛酉，太白晝見。丁卯，彗星見於東北，如天船星大，色白，約長尺餘，彗指西南，測在昴五度。六月庚午，太白經天。辛未，亦如之。甲戌，復如之。乙亥，太白犯靈臺上星。己卯，太白經天。夜，太白犯太微西垣上將。壬午，太白晝見。太陰犯斗宿魁尖星。丁亥，太白犯太微垣右執法。己丑，太白晝見。庚寅，亦如之。七月癸卯，太白經天。乙巳，亦如之。丙午，復如之。庚戌，太白晝見。甲寅，太白經天。辛酉，太白晝見。壬戌，太白經天。癸亥、甲子，皆如之。八月庚午，彗星不見。其星自五月丁卯始見，戊辰往西南行，日益漸速，至六月辛未，芒彗愈長，約二尺餘，丁丑掃上丞，己卯光芒愈甚，約長三尺餘，入圜衞，壬午掃華蓋、杠星，乙酉掃鈎陳大星及天皇大帝，丙戌貫四輔，經樞心，甲午出圜衞，丁酉出紫微垣，戊戌犯貫索，掃天紀，七月庚子掃河間，癸卯經鄭晉，入天市垣，丙午掃列肆，己酉太陰光盛，微辨芒彗，出天市垣，掃梁星，至辛酉，光芒微小，瞻在房宿鍵閉之上、罰星中星正西，難測，日漸南行，至是凡見六十有三日，自昴至房，凡歷一十五宿而滅。甲戌，太陰犯心宿後星。九月己亥，熒惑犯斗宿西第二星。甲辰，太陰犯斗宿魁第二星。丁未，太陰犯壘壁陣西第一星。己酉，太陰犯壘壁陣西第八星。辛酉，太陰犯軒轅大星。十月庚午，太白晝見。丙子，太陰犯壘壁陣西方第七星。壬午，太陰犯昴宿上行星。丁亥，太白晝見。太陰犯鬼宿積尸氣。庚寅，太白晝見。辛卯，亦如之。丙申，復如之。十一月丁酉，太白經天。戊戌，太白犯亢宿距星。己亥，太白經天。壬寅，太陰犯熒惑。癸卯，太陰犯壘壁陣西第六星。丁未，填星犯鍵閉。辛亥，太陰犯五車東南星。甲寅，太陰犯鬼宿西北星。丙辰，太陰犯軒轅左角。丁巳，太白經天。太陰犯太微垣三公東南星。戊午，太白經天。癸亥，亦如之。甲子、乙丑，皆如之。十二月己巳，歲星退犯天罇東北星。填星犯罰星南第一星。甲戌，熒惑犯壘壁陣東第五星。太白犯東咸上星。

四年正月癸卯，太白犯建星西第二星。甲辰，太白犯建星西第三星。丙午，太陰犯五車東南星。辛亥，太陰犯軒轅左角。己未，填星犯東咸上星。庚申，太陰入斗魁。太白犯牛宿。二月戊寅，太陰犯軒轅大星。己卯，太陰犯靈臺中星。三月戊申，填星退犯東咸上星。六月辛巳，填星退犯鍵閉星。閏八月己亥，填星犯罰星南第一星。太陰犯斗宿南第二星。

庚戌，太陰犯昴宿南第二星。乙卯，太陰犯鬼宿東南星。九月丙寅，太陰犯斗宿距星。戊辰，太白犯東咸上第二星。癸酉，奔星如酒盃大，色白，起自右旗之下，西南行，沒於近濁。甲申，太陰犯軒轅御女。乙酉，太陰犯靈臺南第一星。庚寅，太白犯斗宿北第二星。十月辛亥，太陰犯酒旗上星。十一月辛未，熒惑犯氐宿距星。丁丑，太陰犯鬼宿東南星。戊寅，太白犯壘壁陣西第六星。十二月庚子，熒惑犯房宿上星。癸卯，太白經天。己酉、庚戌、辛亥，皆如之。壬子，熒惑犯東咸上第二星。乙卯，太白犯外屏西第二星。太陰犯斗宿距星。丙辰，太白經天。

五年正月庚午，太陰犯井宿東扇上星。乙亥，熒惑犯天江上星。二月甲午，太陰犯昴宿上西第一星。壬寅，太陰犯靈臺下星。四月壬寅，太陰犯日星及犯房宿距星。五月庚午，太陰犯心宿後星。壬申，太陰犯斗宿西第四星。丙子，太白犯畢宿右股西第三星。六月甲辰，熒惑退入南斗魁內。七月辛酉，熒惑犯南斗魁尖星。壬戌，亦如之。甲子，復如之。太陰犯房宿距星。甲戌，太白經天。乙亥、丙子，亦如之。戊寅、乙酉、丙戌，皆如之。八月戊子，太白經天。己丑、庚寅、辛卯，皆如之。甲午，太陰犯斗宿西第四星。丁酉，太白犯軒轅大星。戊戌，太白經天。己亥，亦如之。壬寅、甲辰，皆如之。乙巳，太陰犯昴宿上行西第三星。九月戊午，太白經天。己未，亦如之。十月己亥，熒惑犯壘壁陣西方第六星。

十一月丁巳，熒惑犯壘壁陣東方第五星。十二月甲午，太陰犯昴宿距星。癸卯，熒惑犯外屏西第三星。

六年正月丁卯，太陰犯鬼宿距星。乙亥，太陰犯房宿距星。二月己丑，太陰犯昴宿。丙申，太陰犯太微西垣上將。癸卯，太陰犯心宿大星。丁未，太陰犯羅堰南第一星。戊申，熒惑犯月星。己酉，彗星如房星大，色白，狀如粉絮，尾跡約長五寸餘，彗指西南，測在房七度，漸往西北行。太陰犯虛梁南第二星。三月癸亥，太陰犯軒轅右角。庚午，太陰犯房宿距星。壬申，太陰犯南斗杓第二星。丙子，太陰犯虛梁南第一星。戊寅，太白犯月星。辛巳，是夜彗星不見。自二月己酉至三月庚辰，凡見三十二日。四月乙巳，太陰犯雲雨西北星。五月丁卯，太陰犯斗宿西第二星。辛未，太陰犯虛梁西第二星。六月癸卯，太白晝見。己酉，亦如之。辛亥，復如之。辛亥夜，太白犯歲星。又，太白、歲星皆犯右執法。七月甲寅，太白晝見。丁巳，亦如之。庚申，太陰犯心宿距星，又犯心中央大星。壬戌，太白晝見。癸亥，亦如之。甲子，太陰犯羅堰。乙丑，太白晝見。丙寅，亦如之。癸酉，復如之。九月辛酉，太陰犯虛梁北第一星。丁卯，太陰犯昴宿距星。熒惑犯歲星。甲戌，太陰犯軒轅右角。十月丁酉，太白入南斗魁。己亥，太白犯斗宿中央東星。十一月乙卯，太陰犯虛梁西第一星。戊午，熒惑犯氐宿距星。丙寅，辰星犯東咸上第一星。戊寅，辰星犯天江北第一星。十二月癸未，太陰犯虛梁北第一星。乙酉，太陰犯土公東星。丁亥，熒惑犯鈎鈐南星。乙未，熒惑犯東咸北第二星。戊戌，太陰犯明堂星。

至正元年正月甲寅，熒惑犯天江上星。庚申，太陰犯井宿東扇北第二星。辛未，太陰犯心宿距星。癸酉，太陰犯斗宿北第二星。甲戌，太白晝見。乙亥、丙子、丁丑，皆如之。二月己卯，太白晝見。庚辰，亦如之。丙戌，復如之。癸巳，太陰犯明堂東南星。三月癸酉，太陰犯雲雨西北星。六月庚午，太陰犯井宿距星。七月乙酉，太陰犯填星。庚寅，太陰犯雲雨西北星。九月庚辰，太陰犯建星南第二星。壬辰，太陰犯鉞星，又犯井宿距星。十月(己)〔乙〕卯，歲星犯氐宿距星。〔三〕丁巳，太陰犯月星。十一月己亥，太陰犯東咸南第一星。庚子，太陰犯天江北第二星。十二月丁巳，太白犯壘壁陣東方第五星。

二年正月戊子，太陰犯明堂北第二星。甲午，熒惑犯月星。三月戊子，太陰犯房宿北第二星。四月庚申，太陰犯羅堰上星。五月甲申，太白經天。七月乙未，太陰掩太白。丁酉，太白晝見。八月丙午，太白晝見。九月丁丑，太陰犯羅堰北第一星。戊子，太陰犯井宿東扇南第一星。十月癸卯，太陰犯建星北第三星。甲寅，太陰犯天關。十一月辛卯，歲星、熒惑、太白聚於尾宿。

三年二月甲辰，太陰犯井宿西扇北第二星。填星犯牛宿南第一星。熒惑犯羅堰南第一星。乙卯，太陰犯氐宿東南星。三月壬午，太陰犯氐宿東南星。七月庚辰，太白犯右執法。

四年十二月壬戌，太陰犯外屏西第二星。

七年七月丙辰，太陰犯壘壁陣東第四星。十一月庚戌，太陰犯天廩西北星。

八年二月庚辰，太陰犯軒轅左角。癸未，太陰犯平道東星。三月丙辰，太陰犯建星西第一星。八月丙子，太陰犯壘壁陣西方第五星。九月己未，太陰犯靈臺東北星。

九年正月庚戌，太白犯建星東第三星。辛亥，太陰犯平道西星。二月甲申，太陰犯建星西第二星。三月己亥，太白犯壘壁陣東方第六星。七月丙午，太陰犯壘壁陣東方南第一星。癸丑，太陰犯天關。九月丙戌，熒惑犯靈臺上星。十一月戊辰，太陰犯畢宿左股北第三星。庚辰，太白犯壘壁陣西方第二星。十二月戊戌，太白犯壘壁陣東方第五星。

十年正月壬申，太陰犯熒惑。二月辛丑，太陰犯平道東星。甲辰，太陰犯鍵閉。三月己卯，熒惑犯太微西垣上將。四月丙午，太白犯鬼宿西北星。七月辛酉，太陰犯房宿北第一星。辛未，太白晝見。壬申、丁丑、壬午，皆如之。八月癸未朔，太白晝見。丁酉，亦如之。九月癸丑朔，太白晝見。壬戌，熒惑犯天江南第二星。十月癸巳，歲星犯軒轅大星。丙申，太陰犯昴宿右股東第二星。十一月戊辰，太陰犯鬼宿東北星。十二月乙未，太陰犯鬼宿西北星。

十一年正月丙(戌)〔辰〕，辰星犯牛宿西南星。〔四〕二月庚寅，太陰犯鬼宿東北星。乙未，太陰犯太微東垣上相。丁酉，太陰犯亢宿距星。三月丁卯，太陰犯東咸第二星。戊辰，太陰犯天江西第一星。七月己未，太陰犯斗宿東第三星。壬戌，太白犯右執法。甲子，太陰犯壘壁陣東方第一星。己巳，太白犯太微垣左執法。熒惑入犯鬼宿積尸氣。八月乙酉，太陰犯天江南第二星。九月乙卯，辰星犯太微垣左執法。丁巳，太白犯房宿第二星。戊辰，太陰犯鬼宿東北星。十月戊寅，熒惑犯太微西垣上將。辛巳，太陰犯斗宿距星。乙酉，太白犯斗宿西第二星。己丑，太白晝見。熒惑犯歲星。辛卯，太白犯斗宿西第四星。癸巳，歲星犯右執法。丙午，熒惑犯太微垣左執法。十一月辛亥，孛星見於奎宿。癸丑，孛星見於婁宿。甲寅，孛星見於胃宿。乙卯，亦如之。丙辰，孛星見於昴宿。丁巳，太陰犯填星。孛星微見於畢宿。丁卯，太白晝見。庚午，歲星晝見。十二月丙子，太白晝見。丁丑，太白經天。庚辰，亦如之。夜，太白犯壘壁陣西第六星。甲申，太陰犯填星。丙戌，太白經天。夜，太白犯壘壁陣西第七星。辛卯，太白經天。壬辰，亦如之。甲午，復如之。丁酉，太白晝見。太陰犯熒惑。庚子，太白經天。辰星犯天江西第二星。辛丑，太白經天。壬寅，太白晝見。

十二年正月乙丑，太陰犯熒惑。己巳，歲星犯右執法。二月庚寅，太陰犯太微東垣上相。癸巳，太陰犯氐宿距星。三月戊午，太陰犯進賢。壬戌，太陰犯東咸西第一星。戊辰，太白晝見。五月癸酉，太白犯塡星。六月辛亥，太白犯井宿東第二星。七月丁酉，辰星犯靈臺北第二星。八月丁卯，太白犯歲星。九月壬辰，太陰犯軒轅南第三星。十月戊午，太陰犯鬼宿東北星。甲子，太陰犯歲星。乙丑，太陰犯亢宿南第一星。十一月庚寅，太陰犯太微東垣上相。

十三年正月乙酉，太陰犯太微東垣上相。戊戌，熒惑、太白、辰星聚於奎宿。二月己酉，太陰犯軒轅南第三星。庚戌，太白犯熒惑。壬子，太陰犯太微東垣上相。四月辛丑，太白犯井宿東扇北第一星。辛亥，太陰犯房宿北第二星。五月乙亥，太陰犯歲星。七月戊辰，太白晝見。九月庚寅，太陰犯熒惑。壬辰，太白經天。熒惑犯左執法。十月庚子，太白經天。甲辰，歲星犯氐宿距星。癸亥，太白犯亢宿距星。十一月壬申，太陰犯壘壁陣東方第四星。十二月丁酉，太白犯東咸北第一星。庚子，熒惑入氐宿。丁巳，太陰犯心宿距星。

十四年正月乙丑，熒惑犯歲星。丁卯，太白犯建星西第二星。癸酉，熒惑犯房宿北第一星。二月戊午，太白犯壘壁陣西第八星。六月甲辰，太陰入斗宿南第一星。七月乙丑，太陰犯角宿距星。壬午，太陰犯昴宿距星。十月壬子，太陰犯太微垣右執法。十一月丙子，太陰犯鬼宿東北星。十二月己亥，太陰掩昴宿。

十五年正月戊辰，太陰犯五車東南星。辛未，太陰犯鬼宿東北星。閏正月丁未，太陰犯心宿後星。丙辰，太白經天。三月庚寅，太陰犯五車東南星。五月丙申，太陰犯房宿距星。癸丑，太白經天。六月癸亥，太白經天。八月戊寅，太白晝見。九月(乙)〔己〕丑，太白晝見。〔三〕夜，太白入犯太微垣左執法。庚寅，太白晝見。十月己未，太陰犯壘壁陣西方第二星。癸酉，太陰犯軒轅大星。十一月乙酉，熒惑犯氐宿距星。庚寅，塡星退犯井宿東扇北第二星。己亥，太陰犯鬼宿東北星。十二月癸丑，熒惑犯房宿北第一星。

十六年正月己丑，太陰犯昴宿西第一星。四月癸亥，熒惑犯壘壁陣西方第四星。五月壬辰，太白犯鬼宿西北星。癸巳，太白犯鬼宿積尸氣。甲午，太陰入犯斗宿南第二星。丁酉，太陰犯壘壁陣西方第一星。八月丁卯，太陰犯昴宿西北星。甲戌，彗星見於正東，如軒轅左角大，色青白，彗指西南，約長尺餘，測在張宿十七度一十分，至十月戊午滅跡，西北行四十餘日。十一月丁亥，流星如酒盃大，色青白，尾跡約長五尺餘，光明燭地，起自西北，東南行，沒於近濁，有聲如雷。壬辰，太陰犯井宿東扇上星。

十七年二月癸丑，太陰犯五車東南星。三月甲申，太陰入犯鬼宿積尸氣，又犯東南星。壬辰，歲星犯壘壁陣西南第六星。七月癸未，太白入犯鬼宿積尸氣。甲申，太陰入犯斗宿距星。丁亥，塡星入犯鬼宿距星。八月癸卯，塡星犯鬼宿東南星。太白犯軒轅大星。己酉，歲星犯壘壁陣西方第六星。甲子，太陰犯五車尖星。閏九月癸卯，飛星如酒盂大，色青白，光明燭地，尾跡約長尺餘，起自王良，沒於勾陳之下。丙午，太陰犯斗宿南第三星。庚申，太陰犯井宿東扇北第一星。十月乙亥，熒惑犯氐宿距星。甲申，太陰掩昴宿。十二月庚午朔，熒惑犯天江北第一星。戊寅，太白犯歲星。庚辰，太白犯壘壁陣東方第五星。甲申，太陰犯鬼宿距星。丁亥，歲星犯壘壁陣東方第五星。癸巳，太陰犯心宿後星。己亥，申時流星如金星大，尾跡約長三尺餘，起自太陰近東，往南行，沒後化爲青白氣。

十八年正月辛丑，塡星退入犯鬼宿積尸氣。丙午，太陰犯昴宿。二月乙亥，塡星入守鬼宿積尸氣。三月丁卯，太白在井宿，失行於北，生芒角。熒惑犯壘壁陣東方第六星。四月辛卯，太白入犯鬼宿積尸氣。五月壬寅，太白犯塡星。壬子，太陰犯斗宿東第三星。七月丁未，太陰犯斗宿南第三星。戊申，太白晝見。八月壬申，太陰掩心宿大星。甲申，太陰掩昴宿距星。十月己卯，太陰犯昴宿距星。十一月丙午，太陰犯昴宿距星。太白犯房宿上第一星。辛酉，太陰掩心宿大星。十二月戊寅，太白生黑芒，環繞太白，乍東乍西，乍動乍靜。癸未，太白生黑芒，忽明忽暗，乍東乍西。戊子，太陰犯房宿南第二星。

十九年正月辛丑，太陰犯昴宿東第一星。癸丑，流星如酒盂大，色赤，尾跡約長五尺餘，起自南河，沒於騰蛇，其星將沒，迸散隨落處有聲如雷。三月庚戌，太陰犯房宿距星。

五月丙申，熒惑入犯鬼宿積尸氣。丙午，太陰犯天江南第一星。丁未，太陰犯斗宿北第二星。七月丁酉，太白犯上將。甲辰，太白犯右執法。己酉，太白犯左執法。九月甲寅，太白入犯天江南第一星。十月壬申，太白入犯斗宿南第三星。辛巳，流星如桃大，色黃潤，後離一尺又一小星相隨，色赤，尾跡通約長三尺餘，起自危宿之東，緩緩東行，沒於畢宿之西。十二月戊辰，太白犯壘壁陣西方第七星。

二十年正月己亥，太陰犯井宿東扇北第二星。丙辰，熒惑犯牛宿東角星。四月丁卯，太陰犯明堂中星。癸酉，太陰犯東咸西第一星。五月癸卯，太陰犯建星西第二星。閏五月乙亥，流星如桃大，色赤，尾跡約長丈餘，起自房宿之側，緩緩西行，沒於近濁。六月癸巳，太白犯井宿東扇北第二星。戊戌，太陰犯建星西第三星。七月丁丑，太陰犯井宿距星。八月辛卯，太陰犯天江北第二星。壬寅，塡星犯太微西垣上將。甲辰，太陰犯井宿鉞星。十月戊子，熒惑犯井宿東扇北第一星。

二十一年正月庚申，太陰犯歲星。二月癸未，塡星退犯太微西垣上將。壬寅，太陰犯天江北第一星。三月丙辰，太陰犯井宿西扇第二星。庚辰，熒惑入犯鬼宿西北星。五月壬戌，太陰犯房宿北第二星。癸酉，太白犯軒轅左角。甲戌，熒惑犯太白。六月乙未，熒惑、歲星、太白聚于翼宿。戊戌，太陰犯雲雨上二星。甲辰，太白晝見。七月丙辰，太陰犯氐宿東南星。十月甲申，太陰犯牛宿距星。十一月庚戌，太陰犯建星西第四星。癸亥，太陰犯井宿東扇北第四星。壬申，太陰犯氐宿東南星。

二十二年正月戊申朔，太白犯建星西第二星。乙卯，塡星退犯左執法。二月己卯，太白犯壘壁陣西方第二星。乙酉，彗星見，光芒約長尺餘，色青白，測在危七度二十分。丁酉，彗星犯離宮西星，至二月終，光芒約長二丈餘。三月戊申，彗星不見星形，惟有白氣，形曲竟天，西指，掃大角。壬子，彗星行過太陽前，惟有星形，無芒，如酒盃大，昏濛，色白，測在昴宿六度，至戊午始滅跡焉。四月丁亥，熒惑離太陽三十九度，不見，當出不出。五月辛酉，太陰犯建星西第四星。六月辛巳，彗星見於紫微垣，測在牛二度九十分，色白，光芒約長尺餘，東南指，西南行。戊子，彗星光芒掃上宰。七月乙卯，彗星滅跡。八月癸巳，太陰犯畢宿右股第二星。九月丁未，太白犯亢宿南第一星。己酉，太陰犯斗宿北第一星。癸亥，歲星犯軒轅大星。丙寅，熒惑犯鬼宿西北星。己巳，流星如酒盃大，色青白，光明燭地。熒惑入犯鬼宿積尸氣。十月己卯，太陰犯牛宿距星。丁亥，辰星犯亢宿南第一星。戊子，太陰犯畢宿距星。十二月壬辰，太陰犯角宿距星。

二十三年正月庚戌，歲星退犯軒轅大星。二月戊戌，太白晝見。庚子，亦如之。三月丙辰，太陰犯氐宿距星。四月辛丑，熒惑犯歲星。庚申，歲星犯軒轅大星。五月壬午，太白晝見。甲午，亦如之。乙未，熒惑犯右執法。六月乙卯，太白犯井宿西扇北第二星。壬戌，太白晝見。夜，太白入犯井宿東扇南第二星。七月乙酉，太白晝見。丙戌、辛卯，皆如之。八月壬寅，太白入犯軒轅大星。乙巳，太陰犯建星東第二星。丁未，太白犯軒轅左角。己酉，太白晝見。壬子，亦如之。丙辰，太陰犯畢宿右股北第二星。己未，太白晝見。辛酉，太白犯歲星。乙丑，太白入犯右執法。九月辛未，太白入犯左執法。乙亥，歲星入犯右執法。丁丑，辰星犯塡星。丁亥，太白犯塡星。辰星犯亢宿南第一星。十月癸卯，太白犯氐宿距星。戊午，太白犯房宿北第一星。十一月癸未，太陰犯軒轅右角。歲星犯太微垣左執法。

二十四年正月癸酉，太陰犯畢宿大星。戊寅，太陰犯軒轅右角。二月壬子，歲星自去年九月九日東行，入右掖門，犯右執法，出端門，留守三十餘日，犯左執法，今逆行入端門，西出右掖門，又犯右執法。太陰犯西咸南第一星。四月丁未，太陰犯西咸南第一星。癸丑，太白入犯井宿東扇北第一星。五月甲戌，太白犯鬼宿西北星。乙亥，又犯積尸氣。歲星入犯右執法。六月丁巳，太白犯右執法。七月癸亥，太白與歲星相合於翼宿，二星相去八寸餘。甲子，歲星犯左執法。八月丁未，熒惑入犯鬼宿積尸氣。九月乙丑，太白晝見。甲申，太陰犯軒轅右角。戊子，熒惑入犯軒轅大星。十月丙午，太陰犯畢宿大星。己酉，太陰犯井宿東扇南第一星。丙辰，太白犯斗宿西第二星。十二月乙卯，太陰犯太白。

二十五年正月丁卯，太白晝見。戊辰，亦如之。太陰犯畢宿右股東第四星。甲戌，太白犯建星西第四星。二月丙午，太陰犯壎星。三月戊辰，太白犯壘壁陣東方第五星。四月壬子，熒惑犯靈臺東北星。五月辛酉，熒惑犯太微西垣上將。流星如酒盃大，色青白，光明燭地，起自房宿之側，緩緩西行，沒於太微垣右執法之下。七月丁丑，壎星、歲星、熒惑聚於角、亢。己卯，太陰犯畢宿左股北第二星。八月乙未，太陰犯建星東第三星。己亥，太陰犯壘壁陣東方第六星。九月丁丑，太陰犯井宿東扇南第一星。十月辛卯，熒惑犯天江東第二星。己酉，熒惑犯斗宿杓星西第二星。太陰犯右執法。庚戌，太陰犯太微東垣上相。閏十月戊辰，太白、辰星、熒惑聚於斗宿。太陰犯畢宿右股北第四星，又犯左股北第三星。壬申，太白犯辰星。十一月己丑，太白犯熒惑。太陰犯壘壁陣東方第五星。丙申，太陰犯畢宿大星。癸卯，太陰犯太微西垣上將。十二月丙辰，太陰犯太白。癸亥，太陰犯畢宿右股第二星。庚午，歲星掩房宿北第一星。辛未，太陰犯太微垣右執法。

二十六年正月戊戌，太陰犯太微西垣上將。辛丑，太陰犯亢宿距星。二月戊午，太陰犯畢宿大星。丁丑，歲星退行，犯房宿北第一星。歲星守鈎鈐。三月甲午，太陰犯左執法。四月己未，太陰犯軒轅大星。乙丑，太陰犯西咸西第一星。丙子，太白入犯鬼宿積尸氣。六月癸酉，流星如酒盃大，色青白，尾跡約長尺餘，起自心宿之側，東南行，光明燭地，沒於近濁。七月丁酉，熒惑犯鬼宿積尸氣。甲辰，太白晝見。丙午、丁未、戊申，皆如之。八月辛亥，太白晝見。己未，太陰掩牛宿南三星。庚午，歲星犯鉤鈐。乙亥，太陰掩軒轅大星。九月壬辰，太白犯太微垣右執法。庚子，孛星見於紫微垣北斗權星之側，色如粉絮，約斗大，往東南行，過犯天棓星。辛丑，孛星測在尾十八度五十分。壬寅，孛星測在女二度五十分。癸卯，孛星測在女九度九十分。甲辰，孛星測在虛初度八十分。太陰犯太微西垣上將。乙巳，孛星出紫微垣北斗權星、玉衡之間，在於軫宿，東南行，過犯天棓，經漸臺、輦道，去虛宿、壘壁陣西方星，始消滅焉。丙午，熒惑犯太微西垣上將。十一月乙酉，太白犯填星。丁亥，太白犯房宿北第一星。戊子，熒惑犯太微東垣上相。太白犯鍵閉。己丑，流星如酒盃大，分爲三星，緊相隨，前星色青明，後二星色赤，尾跡約長二丈餘，起自東北，緩緩往西南行，沒於近濁。庚寅，太陰犯畢宿右股北第四星。丙申，太白、歲星、辰星聚於尾宿。庚子，太陰犯太微東垣上相。辛丑，塡星犯房宿北第一星。甲辰，太白犯歲星。十二月戊午，太陰犯畢宿大星。庚申，太陰犯井宿西扇北第二星。乙丑，太陰犯軒轅左角。丙寅，太陰犯太微西垣上將。辛未，太陰犯西咸西第一星。甲戌，太陰犯建星西第三星。

二十七年正月癸巳，太陰犯太微西垣上將。二月乙卯，太陰犯井宿西扇北第二星。三月辛巳，塡星退犯鍵閉星。四月丙寅，太陰犯壘壁陣西方第四星。六月乙卯，太陰犯氐宿東北星。辛未，太陰犯井宿西扇北第二星。七月壬辰，熒惑犯氐宿東南星。丙申，太陰犯畢宿大星。己亥，太陰犯井宿東扇南第二星。八月庚戌，熒惑犯房宿北第二星。癸丑，太陰犯建星西第二星。九月丁丑，塡星犯房宿北第一星。熒惑犯天江南第二星。乙酉，太陰犯壘壁陣東方第六星。辛卯，塡星犯鍵閉。太陰犯畢大星。癸巳，太陰犯井宿西扇北第二星。丁酉，熒惑犯斗宿西第二星。十月戊午，太陰犯畢宿右股西第二星。辛酉，太陰犯井宿東扇南第三星。癸亥，太陰犯鬼宿西南星。丁卯，歲星、太白、熒惑聚於斗宿。十一月戊寅，太白晝見。庚辰，太陰犯壘壁陣東方南東第一星。

餘見本紀。

校勘記

〔一〕〔十二月〕癸酉太陰犯鬼宿東北星　道光本與本書卷三八順帝紀元統元年十二月癸酉條合，從補。按是年十一月辛卯朔，無癸酉日；十二月庚申朔，癸酉爲十四日。

〔二〕（五月）丙辰　按此處「五月」重出，從道光本删。

〔三〕十月（己）〔乙〕卯歲星犯氐宿距星　道光本與本書卷四〇順帝紀至正元年十月乙卯條合，從改。按是月乙巳朔，無己卯日，乙卯爲十一日。

〔四〕正月丙(戊)〔辰〕辰星犯牛宿西南星　道光本與本書卷四二順帝紀至正十一年正月丙辰條合，從改。按是月辛亥朔，無丙戊日，丙辰爲初六日。

〔五〕九月(乙)〔己〕丑太白晝見　按是月癸未朔，無乙丑日，己丑爲初七日。「乙」誤，今改。

元史卷五十

志第三上

五行一

人與天地，參爲三極，災祥之興，各以類至。天之五運，地之五材，其用不窮，其初一陰陽耳，陰陽一太極耳。而人之生也，全付畀有之，具爲五性，著爲五事，又著爲五德。修之則吉，不修則凶，吉則致福焉，不吉則致極焉。徵之於天，吉則休徵之所應也，不吉則咎徵之所應也。天地之氣，無感不應，天地之氣應，亦無物不感，而況天子建中和之極，身爲神人之主，而心範圍天地之妙，其精神常與造化相流通，若桴鼓然。故軒轅氏治五氣，高陽氏建五官，夏后氏修六府，自身而推之於國，莫不有政焉。其後箕子因之，以衍九疇，其言天人之際備矣。漢儒不明其大要，如夏侯勝、劉向父子，競以災異言之，班固以來采爲五行志，又不考求向之論著本於伏生。生之大傳言：「六沴作見，若是共禦，五福乃降；若不共禦，六極其下。禹乃共辟厥德，爰用五事，建用王極。」後世君不建極，臣不加省，顧乃執其類而求之，惑矣。否則判而二焉，如宋儒王安石之論，亦過也。天人感應之機，豈易言哉！故無變而無不修省者，上也；因變而克自修省者，次之；災變既形，修之而莫知所以修，省之而莫知所以省，又次之；其下者，災變並至，敗亡隨之，訖莫修省者，刑戮之民是已。歷考往古存亡之故，不越是數者。

元起朔漠，方太祖西征，角端見于東印度，爲人語云「汝主宜早還」，意者天告之以止殺也。憲宗討八赤蠻于寬田吉思海，會大風，吹海水盡涸，濟師大捷，憲宗以爲「天導我也」。以此見五方不殊性，其於畏天，有不待教而能者。世祖兼有天下，方地既廣，郡邑災變，蓋不絕書，而妖孽禍眚，非有司言狀，則亦不得具見。

昔孔子作春秋，所紀災異多矣，然不著其事應；聖人之知猶天也，故不妄意天，欲人深自謹焉。乃本洪範，倣春秋之意，考次當時之災祥，作五行志。

五行，一曰水。潤下，水之性也。失其性爲沴，時則霧水暴出，百川逆溢，壞鄉邑，溺人民，及凡霜雹之變，是爲水不潤下。其徵恒寒，其色黑，是爲黑眚黑祥。

至元元年，眞定、順天、河間、順德、大名、東平、濟南等郡大水。四年五月，應州大水。五年八月，亳州大水。六年十二月，獻、莫、清、滄四州及豐州、渾源縣大水。九年九月，南陽、懷孟、衞輝、順天等郡，洺、磁、泰安、通、灤等州淫雨，河水並溢，圮田廬，害稼。十三年十二月，濟寧及高麗瀋州水。十四年六月，濟寧路雨水，平地丈餘，損稼。曹州定陶、武清二縣，濮州、堂邑縣雨水，沒禾稼。十二月，冠州、永年縣水。十六年十二月，保定等路水。十七年正月，磁州、永平縣水。八月，大都、北京、懷孟、保定、東平、濟寧等路水。十八年二月，遼陽懿州、蓋州水。十一月，保定清苑縣水。二十年六月，太原、懷孟、河南等路沁河水涌溢，壞民田一千六百七十餘頃。衞輝路淸河溢，損稼。南陽府唐、鄧、裕、嵩四州河水溢，損稼。十月，涿州巨馬河溢。二十一年六月，保定、河間、濱、棣大水。二十二年秋，南京、彰德、大名、河間、順德、濟南等路河水壞田三千餘頃。高郵、慶元大水，傷人民七百九十五戶，壞廬舍三千九十區。二十三年六月，安西路華州華陰縣大雨，潼谷水涌，平地三丈餘。杭州、平江二路屬縣水，壞民田一萬七千二百頃。大都涿、漷、檀、順、薊五州，汴梁、歸德七縣水。二十四年六月，霸州益津縣雨水。九月，東京（誼）〔義〕、靜、威遠、婆娑等處水。〔一〕二十五年七月，膠州大水，民采橡爲食。十二月，太原、汴梁二路河溢，害稼。二十六年二月，紹興大水。十月，平灤路水，壞田稼一千一百頃。二十七年正月，甘州、無爲路大水。五月，江陰州大水。六月，河溢太康縣，沒民田三十一萬九千畝。八月，沁水溢。廣州清遠縣大水。十一月，河決祥符義唐灣，太康、通許二縣，陳、潁二州，大被其患。二十八年二月，常德路水。八月，浙東婺州水。九月，平灤、保定、河間三路大水。二十九年五月，龍興路南昌、新建、進賢三縣水。六月，鎮江、常州、平江、嘉興、湖州、松江、紹興等路府水。揚州、寧國、太平三郡大水。岳州華容縣水。三十年五月，深州靜安縣大水。十月，平灤路水。三十一年八月，趙州寧晉縣水。十月，遼陽路水。

元貞元年五月，建康溧陽州，太平當塗縣，鎮江金壇、丹徒等縣，常州無錫州，平江長洲縣，湖州烏程縣，鄱陽餘干州，常德沅江、澧州安鄉等縣水。六月，泰安州奉符、曹州濟陰、兗州(磁)〔嵫〕陽等縣水。〔三〕歷城縣大清河水溢，壞民居。七月，遼東和州、大都武衛屯田水。九月，廬州、平江二郡大水。二年五月，太原平晉縣，獻州交河、樂壽二縣，莫州任丘、莫亭等縣，湖南醴陵州水。六月，大都路益津、保定、大興三縣水，損田稼七千餘頃。眞定(古)〔鼓〕城、獲鹿、藁城等縣，〔三〕保定葛城、歸信、新安、束鹿等縣，汝寧潁州，濟寧沛縣，揚、廬、岳、澧四郡，建康、太平、鎮江、常州、紹興五郡水。八月，棣州、曹州水。九月，河決河南杞、封丘、祥符、寧陵、襄邑五縣。十月，河決開封縣。十二月，江陵潛江縣，沔陽玉沙縣，淮安海寧朐山、鹽城等縣水。

大德元年三月，歸德徐州，邳州宿遷、(濉)〔睢〕寧，鹿邑三縣，〔四〕河南許州臨潁、郾城等縣，睢州襄邑，太康、扶溝、陳留、開封、杞等縣，河水大溢，漂沒田廬。五月，河決汴梁，發民夫三萬五千塞之。漳水溢，害稼。龍興、南康、澧州、南雄、饒州五郡水。六月，和州歷陽縣江水溢，漂廬舍一萬八千五百區。七月，郴州耒陽縣、衡州酃縣大水，溺死三百餘人。（七）〔九〕月，溫州平陽、瑞安二州水，〔五〕溺死六千八百餘人。十一月，常德武陵縣大水。二年六月，河決蒲口，凡九十六所，泛溢汴梁、歸德二郡。大名、東昌、平灤等路水。三年八月，河間郡水。四年五月，保定、眞定二郡，通、薊二州水。六月，歸德睢州大水。五年五月，宣德、保定、河間屬州水。寧海州水。六月，濟寧、般陽、益都、東平、濟南、襄陽、平江七郡水。七月，江水暴風大溢，高四五丈，連崇明、通、泰、眞州定江之地，漂沒廬舍，被災者三萬四千八百餘戶。遼陽大寧路水。八月，平灤郡雨，灤河溢。順德路水。六年四月，上都大水。五月，濟南路大水。歸德府徐州、邳州睢寧縣雨五十日，沂、武二河合流，水大溢。東安州渾河溢，壞民田一千八十餘頃。六月，廣平路大水。七年五月，濟南、河間等路水。六月，遼陽、大寧、平灤、昌國、瀋陽、開元六郡雨水，壞田廬，男女死者百十有九人。修武、河陽、新野、蘭陽等縣趙河、湍河、白河、七里河、沁河、潦河皆溢。台州風水大作，寧海、臨海二縣死者五百五十人。八年五月，太原陽武縣、〔六〕衞輝獲嘉縣、汴梁祥符縣河溢。大名滑州、濬州雨水，壞民田六百八十餘頃。八月，潮陽颶風海溢，漂民廬舍。九年六月，汴梁〔武陽〕〔陽武〕縣思齊口河決。〔七〕東昌博平、堂邑二縣雨水。潼川郪縣雨，綿江、中江溢，水決入城。龍興、撫州、臨川三郡水。七月，沔陽玉沙縣江溢。嶧州水。揚州泰興縣、淮安山陽縣水。八月，歸德府寧陵，陳留、通許、扶溝、太康、杞縣河溢。大名元城縣大水。十年五月，雄州、漷州水。平江、嘉興二郡水，害稼。六月，保定滿城、清苑二縣雨水。大名、益都、定興等路大水。七月，平江路大風，海溢。吳江州大水。十一年六月，靖海、容城、束鹿、隆平、新城等縣水。七月，冀寧文水縣汾水溢。十一月，盧龍、灤河、遷安、昌黎、撫寧等縣水。〔八〕

至大元年七月，濟寧路雨水，平地丈餘，暴決入城，漂廬舍，死者十有八人。眞定路淫雨，大水入南門，下注藁城，死者百七十人。彰德、衞輝二郡水，損稻田五千三百七十頃。二年七月，河決歸德府，又決汴梁封丘縣。三年六月，涓川、鄄城、汶上三縣水。峽州大雨，水溢，死者萬餘人。七月，循州、惠州大水，漂廬舍二百九十區。四年六月，大都三河縣、潞縣，河東祁縣、懷仁縣，永平豐盈屯雨水害稼。七月，東平、濟寧、般陽、保定等路大水。江陵松滋縣、桂陽臨武縣水。

皇慶元年五月，歸德睢陽縣河溢。六月，大寧、水達達路雨，宋瓦江溢，民避居亦母兒乞嶺。八月，松江府大風，海水溢。二年五月，辰州沅陵縣水。六月，涿州范陽縣，東安州，宛平縣，固安州，霸州益津、永清、永安等縣雨水，〔九〕壞田稼七千六百九十餘頃。河決陳、亳、睢三州，開封、陳留等縣。八月，崇明、嘉定二州大風，海溢。

延祐元年五月，常德路武陵縣雨水，壞廬舍，溺死者五百人。六月，涿州范陽、房山二縣渾河溢，壞民田四百九十餘頃。七月，沅陵、盧溪二縣水。八月，肇慶、武昌、建康、杭州、建德、南康、江州、臨江、袁州、建昌、贛州、安豐、撫州等路水。二年六月，河決鄭州，壞汜水縣治。七月，京師大雨。（鄭）〔漷〕州、昌平、香河、寶坻等縣水。〔一〇〕全州、永州江水溢，害稼。三年四月，潁州（泰）〔太〕和縣河溢。〔一一〕七月，婺源州雨水，溺死者五千三百餘人。四年正月，解州鹽池水。五年四月，廬州合肥縣大雨水。六年六月，河間路漳河水溢，壞民田二千七百餘頃。益都、般陽、濟南、東昌、東平、濟寧等路，曹、濮、泰安、高唐等州大雨水害稼。遼陽、廣寧、瀋陽、永平、開元等路水。大名路屬縣水，壞民田一萬八千頃。汴梁、歸德、汝寧、彰德、眞定、保定、衞輝、南陽等郡大雨水。七年四月，安豐、廬州淮水溢，損禾麥一萬頃。城父縣水。五月，江陵縣水。六月棣州、德州大雨水，壞田四千六百餘頃。七月，上蔡、汝陽、西平等縣水。八月，霸州文安、文成二縣滹沱河溢，〔一二〕害稼。汾州平遙縣水。是歲，河決汴梁原武縣。

至治元年六月，霸州大水，渾河溢，被災者三萬餘戶。七月，薊州平谷、漁陽二縣，順州邢臺、沙河二縣，大名魏縣，永平石城縣大水。彰德臨漳縣漳水溢。大都固安州，眞定元氏縣，東安，寶坻縣，淮安清河、山陽等縣水。東平、東昌二路，高唐、曹、濮等州雨水害稼。乞里吉思部江水溢。八月，安陸府雨七日，江水大溢，被災者三千五百戶。雷州海康、遂溪二縣海水溢，壞民田四千頃。九月，京山、長壽二縣漢水溢。十月，遼陽、肇慶等郡水。二年正月，儀封縣河溢。二月，濮州大水。閏五月，睢陽縣亳社屯大水。六月，奉元郿縣，邠州新平、上蔡二縣水。八月，廬州六安、舒城二縣水。十一月，平江路大水，損民田四萬九千六百頃。三年五月，東安州水，壞民田一千五百餘頃。眞定武邑縣水害稼。六月，大都永清縣雨水，損田四百頃。七月，潮州雨水害稼。九月，漳州、建昌、南康等郡水。

泰定元年五月，潮州、固安州水。隴西縣大雨水，漂死者五百餘家。龍慶路雨水傷稼。六月，益都、濟南、般陽、東昌、東平、濟寧等郡二十有二縣，曹、濮、高唐、德州等處十縣淫雨，水深丈餘，漂沒田廬。大同渾源河溢。陳、汾、順、晉、恩、深六州雨水害稼。眞定滹沱河溢，漂民廬舍。陝西大雨，渭水及黑水河溢，損民廬舍。渠州江水溢。七月，眞定、河間、保定、廣平等郡三十有七縣大雨水五十餘日，害稼。大都路固安州清河溢。順德路任縣沙、(澧)〔灃〕、洺水溢。〔三〕奉元朝邑縣、曹州楚丘縣、開州濮陽縣河溢。九月，延安路洛水溢。奉元長安縣大雨，(澧)〔灃〕水溢。〔四〕濮州館陶縣水。十二月，杭州鹽官州海水大溢，壞隄塹，侵城郭，有司以石囤木櫃捍之不止。二年正月，大都寶坻縣、肇慶高要縣雨水。鞏昌路水。閏正月，雄州歸信縣大水。二月，甘州路大雨水，漂沒行帳孳畜。三月，咸平府清、寇二河合流，失故道，隳堤堰。四月，涿州房山、范陽二縣水。岷、洮、文、階四州雨水。五月，檀州大水，平地深丈有五尺。高郵興化、江陵公安二縣水。河溢汴梁，被災者十有五縣。六月，冀寧路汾河溢。潼〔江〕〔川〕府綿江、中江水溢入城，〔三〕深丈餘。衞輝汲縣、歸德宿州雨水。濟寧路虞城、碭山、單父、豐、沛五縣水。七月，睢州河決。八月，霸州、涿州、永清、香河二縣大水，傷稼九千五十餘頃。九月，開元路三河溢，沒民田，壞廬舍。十月，寧夏鳴沙州大雨水。三年正月，恩州水。二月，歸德府河決。六月，大同縣大水。汝寧光州水。七月，河決鄭州，漂沒陽武等縣民一萬六千五百餘家。東安、檀、順、漷四州雨，渾河決，溫榆水溢，傷稼。延安路膚施縣水，漂民居九十餘戶。八月，鹽官州大風，海溢，捍海隄崩，廣三十餘里，袤二十里，徙居民千二百五十家以避之。眞定蠡州，奉元蒲城縣，無爲州，歷陽、含山等縣水。九月，平遙縣汾水溢。十一月，崇明州三沙鎭海溢，漂民居五百家。十二月，遼陽大水。大寧路瑞州大水，壞民田五千五百頃，廬舍八百九十所，溺死者百五十人。四年正月，鹽官州潮水大溢，捍海隄崩二千餘步。四月，復崩十九里，發丁夫二萬餘人，以木柵竹落磚石塞之，不止。六月，大都東安、固安、通、順、薊、檀、漷七州，永清、良鄉等縣雨水。七月，上都雲州大雨。北山黑水河溢。雲安縣水。八月，汴梁扶溝、蘭陽二縣河溢，漂民居一千九百餘家。濟寧虞城縣河溢，傷稼。十二月，夏邑縣河溢。汴梁中牟、開封、陳留三縣，歸德邳、宿二州雨水。

致和元年三月，鹽官州海隄崩，遣使禱祀，造浮圖二百十六，用西僧法壓之。河決碭山、虞城二縣。四月，鹽官州海溢，益發軍民塞之，置石囤二十九里。六月，南寧、開元、永平等路水。河間（林）〔臨〕邑縣雨水。〔一六〕益都、濟南、般陽、濟寧、東平等郡三十縣，濮、德、泰安等州九縣雨水害稼。七月，廣西兩江諸州水。

天曆元年八月，杭州、嘉興、平江、湖州、建德、鎮江、池州、太平、廣德九郡水，沒民田萬四千餘頃。二年六月，大都東安、通、薊、霸四州，河間靖海縣雨水害稼。永平昌國諸屯水。

至順元年六月，河決大名路長垣、東明二縣，沒民田五百八十餘頃。曹州、高唐州水。七月，海潮溢，漂沒河間運司鹽二萬六千七百引。閏七月，平江、嘉興、湖州、松江三路一州大水，壞民田三萬六千六百餘頃，被災者四十萬五千五百餘戶。杭州、常州、慶元、紹興、鎮江、寧國等路，望江、銅陵、長林、寶應、興化等縣水，沒民田一萬三千五百餘頃。大都、保定、大寧、益都屬州縣水。二年四月，潞州潞城縣大雨水。五月，河間莫亭縣、寧夏河渠縣、紹慶彭水縣及德安屯田水。六月，彰德屬縣漳水決。十月，吳江州大風，太湖水溢，漂民居一千九百七十餘家。十二月，深州、晉州水。三年三月，奉元朝邑縣洛水溢。五月，汴梁河水溢。江都、泰興、雲夢、應城等縣水。六月，汾州大水。

至元十四年九月，湖州長興縣金沙泉，自唐、宋以來，用以造茶，其泉不常有，今瀵然涌出，溉田可數百頃，有司以聞，錫名瑞應泉。十五年十二月，河水清，自孟津東柏谷至汜水縣蓼子谷，上下八十餘里，澄瑩見底，數月始如故。

元貞元年閏四月，蘭州上下三百餘里，河清三日。

中統二年五月，西京隕霜殺禾。三年五月，宣德、(咸)〔威〕寧等路隕霜。〔一七〕八月，河間、平灤等路隕霜害稼。四年四月，武州隕霜殺麥禾。

至元二年八月，太原隕霜。七年四月，檀州隕霜。八年七月，鞏昌會、蘭等州霜殺稼。十七年四月，益都隕霜。二十一年三月，山東隕霜殺桑，蠶盡死，被災者三萬餘家。二十七年七月，大同、平陽、太原隕霜殺禾。二十九年三月，濟南、般陽等郡及恩州屬縣霜殺桑。

元貞二年八月，金、復州隕霜殺禾。

大德五年三月，湯陰縣霜殺麥。五月，商州霜殺麥。六年八月，大同、太原霜殺禾。七年四月，霜殺麥。八年三月，濟陽、灤城二縣霜殺桑。八月，隕霜殺稼。九年三月，河間、益都、般陽三郡屬縣隕霜殺桑。清、莫、滄、獻四州霜殺桑二百四十一萬七千餘本，壞蠶一萬二千七百餘箔。十年七月，大同渾源縣霜殺禾。八月，綏德州米脂縣霜殺禾二百八十頃。

至大元年八月，大同隕霜殺禾。

皇慶二年三月，濟寧霜殺桑。

延祐元年三月，東平、般陽等郡，泰安、曹、濮等州大雨雪三日，隕霜殺桑。閏三月，濟寧、汴梁等路及隴州、開州、青城、渭源諸縣霜殺桑，無蠶。七月，冀寧隕霜殺稼。四年夏，六盤山隕霜殺稼五百餘頃。五年五月，雄州歸信縣隕霜。六年三月，奉元路同州隕霜。七年八月，益津縣雨黑霜。

至治三年七月，冀寧（曲陽）〔陽曲〕縣、〔一八〕大同路大同縣、興和路（咸）〔威〕寧縣隕霜。八月，袁州宜春縣隕霜害稼。

泰定二年三月，雲需府大雪，民饑。

天曆三年二月，京師大霜，晝霿。

至順元年閏七月，奉元西和州，寧夏應理州、鳴沙州，鞏昌靜寧、邠、會等州，鳳翔（麟）〔麟〕遊，〔一九〕大同山陰，晉寧潞城、隰川等縣隕霜殺稼。

中統二年四月，雨雹，大如彈丸。三年五月，順天、平陽、眞定、河南等郡雨雹。四年七月，燕京昌平縣，景州蓚縣，開平路興、松、雲三州雨雹害稼。

至元二年八月，彰德、大名、南京、河南、濟南、太原等郡雨雹。四年三月，夏津縣大雨雹。五年六月，中山大雨雹。六年七月，西京大同縣雨雹。七年五月，河內縣大雨雹。十五年閏十一月，海州贛楡縣雨雹傷稼。十九年八月，雨雹，大如鷄卵。二十年四月，河南風雷雨雹害稼。五月，安西路風雷雨雹。八月，眞定元氏縣大風雹，禾盡損。二十二年七月，冠州雨雹。二十四年九月，大定、金源、高州、武平、興中等處雨雹。二十五年三月，靈壁、虹縣雨雹，如鷄卵，害麥。十二月，靈壽、陽曲、天成等縣雨雹。二十六年夏，平陽、大同、保定等郡大雨雹。二十七年四月，靈壽縣大風雹。六月，棣州厭次、濟陽二縣大風雹，傷禾黍菽麥桑棗。二十九年閏六月，遼陽、瀋州、廣寧、開元等路雨雹。三十一年四月，卽墨縣雨雹。八月，德州（德安）〔安德〕縣大風雨雹。〔二〇〕

元貞元年五月，鞏昌金州、會州、西和州雨雹大，無麥禾。七月，隆興路雨雹。（元貞）二年五月，河中猗氏縣雨雹。〔二一〕六月，隆興（咸）〔威〕寧縣，順德邢臺縣，太原交（河）〔城〕、離石、壽陽等縣雨雹。〔二二〕八月，懷孟武陟縣雨雹。

大德元年六月，太原崞州雨雹害稼。二年二月，檀州雨雹。八月，彰德安陽縣雨雹。四年三月，宣州涇縣、台州臨海縣風雹。八年五月，大寧路建州、蔚州靈仙縣雨雹。太原、大同、隆興屬縣陽曲、天成、懷安、白登風雹害稼。八月，管州、嵐州、交城、陽曲、懷仁等縣雨雹。九年六月，晉寧、冀寧、宣德、隆興、大同等郡大雨雹，害稼。十年四月，鄭州管城縣風雹，大如鷄卵，積厚五寸。五月，大雨雹。七月，宣德縣雨雹。十一年五月，建州雨雹。

至大元年四月，般陽新城縣、濟南厭次縣、益都高苑縣風雹。五月，管城縣大雹，深一尺，無麥禾。八月，大寧縣雨雹害稼，斃畜牧。二年三月，濟陰、定陶等縣雨雹。六月，崞州、源州、金城縣雨雹。延安神（禾）〔木〕縣大雹一百餘里，〔三〕擊死人畜。三年四月，靈壽、平陰等縣雨雹。四年四月，南陽雨雹。閏七月，宣寧（路）〔縣〕雨雹。〔四〕

皇慶元年四月，大名濬州、彰德安陽縣、河南孟津縣雨雹。六月，開元路風雹害稼。二年七月，冀寧平定州雨雹。景州阜城縣風雹。八月，大同懷仁縣雨雹。

延祐元年五月，膚施縣大風雹，損稼并傷人畜。六月，宣平、仁壽、白登等縣雨雹。二年五月，大同、宣德等郡雷雹害稼。三年五月，薊州雹深一尺。五年四月，鳳翔府雹傷麥禾。六年六月，大同縣雨雹，大如鷄卵。七月，鞏昌隴西縣雹害稼。七年八月，大同路雷風雨雹。

至治元年六月，武州雨雹害稼。永平路大雹深一尺，害稼。七月，眞定、順德等郡雨雹。二年四月，涇州涇川縣雨雹。六月，思州大風雨雹。三年五月，大風雨雹，拔柳林行宮大木。

泰定元年五月，冀寧陽曲縣雨雹傷稼。思州龍泉平雨雹傷麥。六月，順元、太平軍、定西州雨雹。七月，龍慶路雨雹，大如鷄卵，平地深三尺餘。八月，大同白登縣雨雹。二年四月，奉元白水縣雨雹。五月，洮州路可當縣、臨洮府狄(邑)〔道〕縣雨雹。〔二五〕六月，興州、鄜州、靜寧州及成紀、通渭、白水、膚施、安塞等縣雨雹。七月，檀州雨雹。三年六月，鞏昌路大雨雹。中山府安喜縣、乾州永壽縣雨雹。七月，房山、寶坻、玉田、永平等縣大風雹，折木傷稼。八月，龍慶(路)〔州〕雨雹一尺，〔二六〕大風損稼。四年七月，彰德湯陰縣，冀寧定襄縣，大同武、應二州雨雹害稼。

致和元年四月，濬州、涇州大雹傷麥禾。五月，冀寧陽曲縣、威州井陘縣雨雹。六月，涇川、湯陰等縣大雨雹。大寧、永平屬縣雨雹。

天曆二年七月，大寧惠州雨雹。八月，冀寧陽曲縣大雹如鷄卵，害稼。三年七月，順州、東安州及平棘、肥鄉、曲陽、行唐等縣風雹害稼。開元路雨雹。

至順二年十二月，冀寧清源縣雨雹。三年五月，甘州雨雹。乙巳，天鼓鳴于西北。〔二七〕

壯也。」

中統二年九月，河南民王四妻靳氏一產三男。唐志云：「物反常爲妖，陰氣盛則母道

至元元年八月，武城縣王氏妻崔一產三男。十年八月甲寅，鳳翔寶鷄縣劉鐵牛妻一產三男。二十年二月，高州張丑妻李氏一產四子，三男一女。四月，固安州王得林妻張氏懷孕五月生一男，四手四足，圓頭三耳，一耳附腦後，生而卽死，具狀有司上之。二十八年九月，襄陽南(障)〔漳〕縣民李氏妻王一產三子。〔二八〕

大德元年五月，遂寧州軍戶任福妻一產三男。十一月，遼陽打雁孛蘭奚戶那懷妻和里迷一產四男。四年，寶應縣民孫奕妻朱氏一產三男。十年正月，江州湖口縣方丙妻甘氏一產四男。

泰定元年十月乙卯，秦州成紀縣趙思直妻張氏一產三子。

致和元年三月壬辰，太平當塗縣楊太妻吳氏一產三子。

五行，二曰火。炎上，火之性也，失其性爲沴。董仲舒云：「陽失節，則火災出。」於是而

濫炎妄起，災宗廟，燒宮館，雖興師衆弗能救也。是爲火不炎上。其徵恒燠，其色赤，是爲赤眚赤祥。

定宗三年戊申，野草自焚，牛馬十死八九，民不聊生。

至元十一年十二月，淮西正陽火，廬舍、鎧仗悉燬。十八年二月，揚州火。

元貞二年，杭州火，燔七百七十家。

大德八年五月，杭州火，燔四百家。九年三月，宜黃縣火。十年〔十一月〕武昌路火。〔二九〕

延祐元年二月，眞州揚子縣火。〔三〇〕三年六月，重慶路火，郡舍十焚八九。六年四月，揚州火，燔官民廬舍一萬三千三百餘區。

至治二年四月，揚州、眞州火。十二月，杭州火。三年五月，奉元路行宮正殿火。上都利用監庫火。九月，揚州江都縣火，燔四百七十餘家。

泰定元年五月，江西袁州火，燔五百餘家。三年六月，龍興路寧州高市火，燔五百餘家。七月，龍興奉新（州）〔縣〕、辰州辰溪縣火。〔三一〕八月，杭州火，燔四百七十餘家。四年八月，龍興路火。十二月，杭州火，燔六百七十家。

天曆二年三月，四川紹慶彭水縣火。四月，重慶路火，延二百四十餘家。七月，武昌路江夏縣火，延四百家。十二月，江夏縣火，燔四百餘家。三年二月，河內諸縣火。

皇慶元年，冬無雪，詔禱嶽瀆。

延祐元年，大都、檀、薊等州冬無雪，至春草木枯焦。

至元二年八月丙寅，濟南鄒平縣進芝一本。八年八月癸酉，益都濟州進芝二本。十五年四月，濟南歷城縣進芝。十九年六月，芝生眉州青（城）〔神〕縣景德寺。〔三〕二十三年四月丁未，江東宣慰司進芝一本。十月，濟寧進芝一本。二十六年三月癸未，東流縣獻芝。四月，池州貴池縣民王逸進紫芝十二本。六月，汲縣民朱良進紫芝。二十八年三月，芝生鈞州（翟陽）〔陽翟〕縣。〔三三〕二十九年六月，芝生賀州。

大德五年十二月，興元西鄉縣進芝一本，色如珊瑚。六年正月，濟南鄒平縣進芝一本，五枝五葉，色皆赤。

至大四年八月，芝生國學大成殿。

延祐二年三月，芝生大成殿。五年七月，芝生大成殿。

（元）〔中〕統二年正月辛未，〔三四〕御帳殿受朝賀，是夜，東北有赤氣照人，大如席。

五行，三曰木。曲直，木之性也，失其性爲沴，故生不暢茂，爲變異者有之，是爲木不曲直。其徵恒雨，其色青，是爲青眚青祥。

大德七年十一月辛酉，木冰。

至順二年十一月丁巳，雨木冰。十二月癸亥，雨木冰。

元貞元年，太平路蕪湖縣進楡木，有文曰「天下太平年」。

至治三年五月庚子，柳林行宮大木風拔三千七百株。

至元十七年二月，眞定七郡桑有蟲食之。二十九年五月，滄州、濰州，中山，元氏、無棣等縣桑蟲食葉，蠶不成。

元貞元年四月，眞定中山、靈壽二縣桑有蟲食之。

大德五年四月，彰德、廣平、眞定、順德、大名等郡蟲食桑。

至大元年五月，大名、廣平、眞定三郡蟲食桑。

致和元年六月，河南德安屯蝗食桑。

天曆二年三月，滄州、高唐州及南皮、鹽山、武城等縣桑，蟲食之如枯株。

至順二年三月，冠州蟲食桑四萬株。晉、冀、深、蠡等州及鄆城、延津二縣蟲夜食桑，晝匿土中，人莫捕之。五月，曹州禹城、保定博野、東昌封丘等縣蟲食桑，〔三五〕皆旣。

至元九年六月丁亥，京師大雨。二十四年九月，太原、河間、河南等路霖雨害稼。二十五年七月，保定郡，霸、漷二州淫雨害稼。八月，嘉祥、魚臺、金鄉三縣淫雨。九月，莫、獻二州淫雨。保定路淫雨。二十六年六月，濟寧、東平、汴梁、濟南、順德、眞定、平灤、棣州霖雨害稼。二十八年八月，大名、清河、南樂諸縣霖雨爲災。九月，河間郡淫雨。

至大四年七月，河間、順德、大名、彰德、廣平等路，德、濮、恩、通等州及河東（祈）〔祁〕縣霖雨害稼。〔三六〕

皇慶元年，（隆）〔龍〕興路新建縣雨害稼。〔三七〕

延祐四年四月，遼陽蓋州雨水害稼。六年七月，霸州文成縣雨害稼三千餘頃。

至治元年，江州、贛州淫雨。二年閏五月，安豐路雨傷稼。三年五月，大名魏縣淫雨。保定定興縣，濟南無棣、厭次縣，濟寧碭山縣，河間齊東縣霖雨害稼。

泰定元年七月，眞定、廣平、廬州十一郡雨傷稼。（元年）八月，〔三六〕汴梁考城、儀封，濟南霑化、利津等縣霖雨，損禾稼。

五行，四曰金。從革，金之性也，失其性爲沴，時則冶鑄不成，變異者有之，是爲金不從革。金石同類，故古者以類附見。其徵恒暘，其色白，是爲白眚白祥。

至元十三年，霧靈山伐木官劉氏言，檀州大峪錐山出鐵鑛，有司覆視之，尋立四冶。

大德元年，雲州聚陽山等冶言，鑛石煽煉銀貨不出，詔減其課額。二年六月，撫州崇仁縣辛陂村有星隕于地，爲綠色隕石，邑人張椿以狀聞。

泰定四年八月，天全道山崩，飛石擊人，中者輒死。

庶徵之恒暘，劉向以爲春秋大旱也。京房易傳曰：「欲得不用，茲謂張，厥災荒。」荒，旱也。

中統三年五月，濱、棣二州旱。四年八月，眞定郡及洺、磁等州旱。

至元元年二月，東平、太原、平陽旱，分命西僧禱雨。五年十二月，京兆大旱。八年四月，蔚州靈仙、廣靈二縣旱。九年六月，高麗旱。十三年十二月，平陽路旱。十六年七月，趙州旱。十八年二月，廣寧、北京大定州旱。二十三年五月，汴梁旱。京畿旱。二十四年春，平陽旱，二麥枯死。二十五年，東平路須城等六縣，安西路商、耀、乾、華等十六州旱。二十六年，絳州大旱。

元貞元年六月，環州、葭州及咸寧、伏羌、通渭等縣旱。七月，河間肅寧、樂壽二縣旱。泗州、賀州旱。二年八月，大名開州、懷孟武陟縣、河間肅寧縣旱。九月，莫州、獻州旱。十月，化州旱。十二月，遼東、開元二路旱。

大德元年六月，汴梁、南陽大旱，民鬻子女。九月，鎮江丹陽、金壇二縣旱。十二月，平陽曲沃縣旱。二年五月，衞輝、順德、平灤等路旱。三年五月，荆湖諸郡及桂陽、寶慶、興國三路旱。十月，揚、廬、隨、黃等州旱。四年，平棘、白馬二縣旱。五年六月，汴梁、南陽、衞輝、大名等路旱。九月，江陵旱。八年六月，鳳翔扶風、岐山、寶鷄三縣旱。九年七月，晉州饒陽縣、漢陽漢川縣旱。八月，象州、融州、柳州屬縣旱。十年五月，京畿旱。安西春夏大旱，二麥枯死。

至大三年夏，廣平旱。

皇慶元年六月，濱、棣、德三州及蒲臺、陽信等縣旱。二年九月，京畿大旱。

延祐二年春，檀、薊、濠三州旱。夏，鞏昌蘭州旱。四年四月，德安府旱。五年七月，眞定、河間、廣平、中山大旱。七年六月，黃、蘄二郡及荆門（軍）〔州〕旱。〔三九〕

至治元年六月，大同路旱。二年十一月，岷州旱。三年夏，順德、眞定、冀寧大旱。

泰定元年六月，景、淸、滄、莫等州，臨汾、涇川、靈臺、壽春、六合等縣旱。九月，建昌郡旱。二年五月，潭州、茶陵州、興國永興縣旱。七月，隨州、息州旱。三年夏，燕南、河南州縣十有四亢陽不雨。七月，關中旱。四年二月，奉元醴泉、順德唐山、邠州淳化等縣旱。六月，潞、霍、綏德三州旱。八月，藤州旱。

致和元年二月，廣平、彰德等郡旱。

天曆元年八月，陝西大旱，人相食。二年夏，眞定、河間、大名、廣平等四州四十一縣旱。峽州二縣旱。八月，浙西湖州，江東池州、饒州旱。十二月，冀寧路旱。

至順元年七月，肇州、興州、東勝州及楡次、滏陽等十三縣旱。二年，霍、隰、石三州，阜城、平地二縣旱。

恒暘，則有介蟲之孽。釋者謂小蟲有甲飛揚之類，陽氣所生也，於春秋爲螽，今謂之蝗。按劉歆云，貪虐取民則螽與魚同占。劉向以爲介蟲之孽，當屬言不從。今倣之。

中統三年五月，眞定、順天、邢州蝗。四年六月，燕京、河間、益都、眞定、東平蝗。八月，濱、棣等州蝗。

至元二年七月，益都大蝗。十二月，西京、北京、順德、徐、宿、邳等州郡蝗。五年六月，東平等郡蝗。七年七月，南京、河南諸路大蝗。八年六月，上都、中都、大名、河間、益(州)〔都〕、順天、懷孟、彰德、濟南、眞定、衞輝、平陽、歸德、順德等路，〔四〇〕淄、萊、洺、磁等州蝗。十六年四月，大都十六路蝗。十七年五月，忻州及漣、海、邳、宿等州蝗。十九年四月，別十八里部東三百餘里蝗害麥。二十五年七月，眞定、汴梁蝗。八月，趙、晉、冀三州蝗。二十七年四月，河北十七郡蝗。二十九年六月，東昌、濟南、般陽、歸德等郡蝗。三十一年六月，東安州蝗。

元貞元年六月，汴梁陳留、太康、考城等縣，睢、許等州蝗。二年六月，濟寧任城、魚臺縣，東平須城、汶上縣，開州長垣、(靖)〔清〕豐縣，德州齊河縣，滑州，(大)〔太〕和(州)〔縣〕，內黃縣蝗。〔四一〕八月，平陽、大名、歸德、眞定等郡蝗。

大德元年六月，歸德邳州、徐州蝗。二年四月，燕南、山東、兩淮、江浙、(薊)〔燕〕南屬縣百五十處蝗。〔四二〕三年五月，淮安屬縣蝗，有鶖食之。十月，隴、陝蝗。五年六月，順德路、淇州蝗。七月，廣平、眞定等路蝗。八月，河南、淮南、睢、陳、唐、和等州，新野、汝陽、江都、興化等縣蝗。六年四月，真定、大名、河間等路蝗。七月，大都涿、順、固安三州及濠州鍾離、鎮江丹徒二縣蝗。七年五月，益都、濟南等路蝗。六年，大寧路蝗。八年四月，益都臨朐、德州齊河縣蝗。（八年）六月，益津縣蝗。〔四三〕九年六月，通、泰、靖海、武清等州縣蝗。八月，涿州，良鄉、河間南皮、泗州天長等縣及東安、海鹽等州蝗。十年四月，大都、真定、河間、保定、河南等郡蝗。六月，龍興、南康等郡蝗。

至大元年五月，晉寧路蝗。六月，保定、真定二郡蝗。八月，淮東蝗。二年四月，益都、東平、東昌、順德、廣平、大名、汴梁、衞輝等郡蝗。六月，檀、霸、曹、濮、高唐、泰安等州，良鄉、舒城、歷陽、合肥、（大）〔六〕安、江寧、句容、溧水、上元等縣蝗。〔四四〕七月，濟南，濟寧，般陽，河中，解、絳、耀、同、華等州蝗。八月，真定、保定、河間、懷孟等郡蝗。三年四月，寧津、堂邑、茌平、陽穀、平原、齊河、禹城七縣蝗。七月，磁州、威州，饒陽、元氏、平棘、滏陽、元城、無棣等縣蝗。

皇慶元年，彰德安陽縣蝗。

延祐七年六月，益都路蝗。

至治元年五月，霸州蝗。六月，衞輝、汴梁等處蝗。七月，江都、泰興、（古）〔胙〕城、通許、臨淮、盱眙、清池等縣蝗。〔四五〕十二月，寧海州蝗。二年，汴梁祥符縣蝗，有羣鶖食蝗，既而復吐，積如丘垤。三年五月，保定路歸信縣蝗。

泰定元年六月，大都、順德、東昌、衞輝、保定、益都、濟寧、彰德、眞定、般陽、廣平、大名、河間、東平等郡蝗。二年五月，彰德路蝗。六月，德、濮、曹、景等州，歷城、章丘、淄川、柳城、茌平等縣蝗。九月，濟南、歸德等郡蝗。三年六月，東平須城縣、興國永興縣蝗。七月，大名、順德、廣平等路，趙州，曲陽、滿城、慶都、修武等縣蝗。淮安、高郵二郡，睢、泗、雄、霸等州蝗。八月，永平、汴梁、懷慶等郡蝗。四年五月，洛陽縣有蝗五畝，羣烏盡食之，越數日，蝗又集，又食之。七月，籍田蝗。八月，冠州、恩州蝗。十二月，保定、濟南、衞輝、濟寧、廬州五路，南陽、河南二府蝗。博興、臨淄、膠西等縣蝗。

致和元年四月，大都薊州、永平路石城縣蝗。鳳翔岐山縣蝗，無麥苗。五月，潁州及汲縣蝗。六月，武功縣蝗。

天曆二年四月，大寧興中州、懷慶孟州、廬州無爲州蝗。六月，益都莒、密二州蝗。七月，眞定、汴梁、永平、淮安、廬州、大寧、遼陽等郡屬縣蝗。三年五月，廣平、大名、般陽、濟寧、東平、汴梁、南陽、河南等郡，輝、德、濮、開、高唐五州蝗。

至順元年六月，漷、薊、固安、博興等州蝗。七月，解州、華州及河內、靈寶、延津等二十二縣蝗。二年三月，陝州諸路蝗。六月，孟州濟源縣蝗。七月，河南閿鄉、陝縣，奉元蒲城、白水等縣蝗。

至元十五年四月，濟南無棣縣獲白雉以獻。

元貞三年正月，〔寧〕海州牟平縣獲白鹿于聖水山以獻。〔四六〕

至元二十四年七月癸丑，日暈連環，白虹貫之。

至大元年七月，流星起勾陳，化爲白氣，員如車輪，至貫索始滅。

皇慶元年六月丁卯，天雨毛。

延祐元年二月己亥，白暈亘天，連環貫日。

至順三年五月丁酉，白虹並日出，其長竟天。

五行，五曰土。土，中央生萬物者也，而莫重於稼穡。土氣不養，則稼穡不成，金木水火沴之，衝氣爲異，爲地震，爲天雨土。其徵恒風，其色黃，是爲黃眚黃祥。

中統元年五月，澤州、益州饑。〔四七〕二年六月，塔察兒部饑。七月，桓州饑。三年五月，甘州饑。閏九月，濟南郡饑。

至元二年四月，遼東饑。五年九月，益都饑。六年十一月，濟南饑。十一月，固安、高唐二州饑。七年五月，東京饑。七月，山東淄、萊等州饑。八年正月，西京、益都饑。九年四月，京師饑。七月，水達達部饑。十七年三月，高郵郡饑。十八年二月，浙東饑。四月，通、泰、崇明等州饑。十九年九月，眞定路饑，民流徙鄂州。二十三年七月，宣寧（路）〔縣〕饑。二十四年九月，平灤路饑。十二月，蘇、常、湖、秀四州饑。二十五年十一月，兀良合部饑。二十六年二月，合木裏部饑。三月，安西、甘州等路饑。四月，遼陽路饑。閏十月，武平路饑。檀州饑。十二月，螽州饑。河間、保定二路饑。二十七年二月，開元路寧遠縣饑。四月，浙東婺州饑。河間任丘、保定定興二縣饑。九月，河東山西道饑。二十八年三月，眞定、河間、保定、平灤、太原、平陽等路饑。杭州、平江、鎭江、廣德、太平、徽州饑。九月，武平路饑。十二月，洪寬女直部饑。大都內郡饑。二十九年正月，清州、興州饑。三月，輝州龍山縣、里州和中縣饑。〔四八〕東安、固安、薊、棣四州饑。三月，威寧、昌州饑。閏六月，南陽、懷孟、衞輝等路饑。三十年十月，京師饑。

元貞二年四月，平陽絳州、太原陽曲、台州黃巖饑。

大德元年六月，廣德路饑。七月，寧海州文登、牟平等縣饑。三年八月，揚州、淮安等郡饑。四年二月，湖北饑。三月，寧國、太平二路饑。九月，建康、常州、江陵等郡饑。六年五月，福州饑。六月，杭州、嘉興、湖州、廣德、寧國、饒州、太平、紹興、慶元、婺州等郡饑。大同路饑。七月，建康路饑。十一月，保定路饑。七年二月，眞定路饑。五月，太原、龍興、南康、袁州、瑞州、撫州等路，高唐、南豐等州饑。六月，浙西饑。七月，常德路饑。八年六月，烏撒、烏蒙、益州、忙部、東川等路饑。九年三月，常寧州饑。五月，寶慶路饑。八月，揚州饑。十年三月，濟州任城饑。四月，漢陽、淮安、道州、柳州饑。七月，黃州、沅州、永州饑。八月，成都饑。十一月，揚州、辰州饑。

至大元年二月，益都、般陽、濟寧、濟南、東平、泰安大饑。六月，山東、河南、江淮等郡大饑。二年七月，徐州、邳州饑。

皇慶元年六月，鞏昌、河州路饑。二年三月，晉寧、大同、大寧、四川、鞏昌、甘肅等郡饑。四月，眞定、保定、河間等路饑。五月，順德、冀寧二路饑。六月，上都饑。

延祐元年六月，衡州饑。七月，台州饑。十二月，歸德、汝寧、沔陽、安豐等郡饑。二年正月，晉寧、宣德、懷孟、衞輝、益都、般陽等路饑。二年十二月，漢陽路饑。三年二月，河間、濟南濱、棣等處饑。四月，遼陽蓋州及南豐州饑。五月，寶慶、桂陽、澧州、潭州、永州、道州、袁州饑。四年正月，汴梁饑。五年四月，上都饑。六年八月，山東濟寧饑。七年五

月，大同、雲(南)〔內〕、豐、勝諸郡邑饑。〔四九〕瀋陽路饑。八(年)〔月〕，廣東新州新(城)〔興〕縣饑。〔五〇〕

至治元年正月，蘄州蘄水縣饑。二月，河南汴梁、歸德、安豐等路饑。五月，膠州、濮州饑。七月，南恩、新州饑。十一月，鞏昌成州饑。十二月，慶遠、眞定二路饑。二年三月，河南、淮東、淮西諸郡饑。延安延長、宜川二縣饑。奉元路饑。四月，東昌、霸州饑。九月，臨安河西縣饑。三年二月，京師饑。三月，平江嘉定州饑。崇明、黃巖二州饑。十一月，鎭江丹徒、沅州黔陽縣饑。十二月，歸、澧二州饑。

泰定元年正月，惠州、新州、南恩州，信州上饒縣，廣德路廣德縣，岳州臨湘、華容等縣饑。二月，慶元、紹興二路，綏德州米脂、清(間)〔澗〕二縣饑。〔五一〕三月，臨洮狄道縣、石州離石縣饑。四月，江陵、荊門軍、監利縣饑。五月，贛州、吉安、臨江等郡，崑山、南恩等州饑。八月，冀寧、延安、江州、安陸、杭州、建昌、常德、全州、桂陽、辰州、南安等路屬州縣饑。九月，紹興、南康二路饑。十一月，泉州饑。中牟、延津二縣饑。二年正月，梅州饑。祿施、英德二州饑。〔五二〕閏正月，河間、眞定、保定、瑞州四郡饑。二月，鳳翔路饑。三月，薊、灤、徐、邳等州饑。濟南、肇慶、江州、惠州饑。四月，杭州、鎭江、寧國、南安、潯州、潭州等路饑。五月，廣德、袁州、撫州饑。六月，寧夏路饑。九月，瓊州、成州饑。德慶路饑。十二月，濟南、延川等郡饑。三年三月，河間、保定、眞定三路饑。三月，大都、永平、奉元饑。十一月，瀋陽、大寧、永平、廣寧，金、復州，甘肅亦集乃路饑。四年正月，遼陽諸郡饑。二月，奉符、長清、萊蕪三縣饑。建康、淮安、蘄州屬縣饑。四月，通、薊等州，漁陽、永清等縣饑。七月，武昌江夏縣饑。

致和元年二月，乾州饑。三月，晉寧、冀寧、奉元、延安等路饑。四月，保定、東昌、般陽、彰德、大寧五路屬縣饑。五月，河南、東平、大同等郡饑。七月，威寧、長安縣、涇州靈臺縣饑。〔五三〕

天曆二年正月，大同及東勝州饑。涿州房山、范陽等縣饑。四月，奉元耀州、乾州、華州及延安、邠、寧諸縣饑，流民數十萬。大都、興和、順德、大名、彰德、懷慶、衞輝、汴梁、中興等路，泰安、高唐、曹、冠、徐、邳等州饑。江東、浙西二道饑。八月，忻州饑。十月，漢陽、武昌、常德、澧州等路饑。鳳翔府大饑。三年正月，寧海州文登、牟平縣饑。懷慶、衡州二路饑。眞定、汝寧、揚、廬、蘄、黃、安豐等郡饑。二月，河南大饑。三月，東昌須城、堂邑縣饑。沂、莒、膠、密、寧海五州，臨清、定陶、光山等縣饑。鞏昌蘭州、定西州饑。四月，德州清平縣饑。

至順二年二月，集慶、嘉興二郡及江陰州饑。檀、順、維、密、昌平五州饑。六月，興和路高原，咸平等縣饑。九月，思州鎮遠府饑。十二月，河南大饑。三年四月，大理、中慶路饑。五月，常寧州饑。七月，滕州饑。八月，大都寶坻縣饑。

至大元年春，紹興、慶元、台州疫死者二萬六千餘人。

皇慶二年冬，京師大疫。唐志云：「國將有恤，則邪亂之氣先被于民，故疫。」

太宗五年癸巳十二月，大風霾，凡七晝夜。

至元二十年正月，汴梁延津、封丘二縣大風，麥苗盡拔。

延祐七年八月，延津縣大風，晝晦，桑隕者十八九。

至治元年三月，大同路大風，走沙土，壅沒麥田一百餘頃。三年三月，衞輝路大風，桑彫蠶死。

泰定三年七月，寶坻、房山二縣大風折木。八月，大都昌平等縣大風一晝夜，壞民居九百餘家。四年五月，衞輝路輝州大風九日，禾盡偃。

天曆三年二月，胙城縣、新鄉縣大風。

按漢志云：「溫而風則生螟螣，有裸蟲之孽。」

至元八年六月，遼州和順縣、解州聞喜縣虸蚄生。十八年，高唐、夏津、武城縣蟊。二十三年五月，霸州、漷州蝻。二十四年，鞏昌虸蚄爲災。二十七年四月，婺州螟害稼，雷雨大作，螟盡死，歲乃大稔。

元貞元年六月，利州龍山縣、蓋州明山縣螟。二年五月，濟州任城縣螟。隨州野蠶成繭，亘數百里，民取爲纊。

大德七年五月，濟南、東昌、般陽、益都等路蟲食麥。閏五月，汴梁開封縣蟲食麥。九年七月，桂陽郡蝝。

至大元年五月，東平、東昌、益都等郡蝝。

皇慶二年五月，檀州及獲鹿縣蝻。

延祐七年七月，霸州及堂邑縣蝻。

泰定四年七月，奉元路咸陽、興平、武功三縣，鳳翔府岐山等縣虸蚄害稼。

天曆二年，淮安、廬州、安豐三路屬縣蝻。

至元十六年四月，益都樂安縣朱五十家，牛生犢，兩頭四耳三尾，其色黃，既生卽死。

大德九年二月，大同平地縣迷兒的斤家，牛生麒麟而死。

至大四年，大同宣寧縣民滅的家，牛生一犢，其質有鱗無毛，其色青黃，類若麟者，以其鞹上之。

泰定三年九月，湖州長興州民王俊家，牛生一獸，鱗身牛尾，口目皆赤，墮地卽大鳴，母不乳之。具圖以上，不知何獸，或曰「此瑞也，宜俾史臣紀錄」。

至元二十四年，諸王薛徹都部雨土七晝夜，沒死牛畜。

大德十年二月，大同平地縣雨沙黑霾，斃牛馬二千。

至治三年二月丙戌，雨土。

致和元年三月壬申，雨霾。

天曆二年三月丁亥，雨土霾。

至順二年三月丙戌，雨土霾。

至元二十一年九月戊子，京師地震。按傳云：「陽伏而不能出，陰迫而不能升，於是有地震。」二十六年正月丙戌，地震。二十七年二月癸未，泉州地震。丙戌，泉州地復震。八月癸未，武平路地大震。二十八年八月己丑，平陽路地震，壞廬舍萬八百區。

元貞元年三月壬戌，地震。

大德六年十二月辛酉，雲南地震，戊(戌)〔辰〕亦如之。〔五四〕七年八月辛卯夕，地震，太原、平陽尤甚，壞官民廬舍十萬計。平陽趙城縣范宣義郇堡徙十餘里。太原徐溝、祁縣及汾州平遙、介休、西河、孝義等縣地震成渠，泉涌黑沙。汾州北城陷，長一里，東城陷七十餘步。八年正月，平陽地震不止。九年四月己酉，大同路地震，有聲如雷，壞廬舍五千八百，壓死者一千四百餘人。懷仁縣地震，二所涌水盡黑，其一廣十八步，深十五丈，其一廣六十六步，深一丈。五月癸亥，以地震，改平陽路爲晉寧，太原路爲冀寧。十一月壬子，大同地震。十二月丙子，地震。十年正月，晉寧、冀寧地震不止。〔五五〕十一年三月，道州營道縣暴雨，山裂百三十餘處。八月壬寅，開(城)〔成〕路地震。〔五六〕

至大元年六月丁酉，鞏昌隴西、寧遠縣地震。雲南烏撒、烏蒙地三日而大震者六。九月己酉，蒲縣地震。十月癸巳，蒲縣、靈縣地震。〔五七〕二年十二月壬戌，陽曲縣地震有聲。三年十二月戊申，冀寧路地震。四年三月己亥，寧夏路地震。七月癸未，甘州地震，大風，有聲如雷。閏七月甲子，寧夏地震。

皇慶二年六月京師地震。己未，京師地震，丙(辰)〔寅〕又震，壬寅又震。〔五八〕

延祐元年二月戊辰，大寧路地震。四月甲申朔，大寧地震，有聲如雷。八月丁未，冀寧、汴梁等路，(陟)〔涉〕縣、武安縣地震。〔五九〕十一月戊辰，大寧地震如雷。二年五月乙丑，秦州成紀縣北山移至夕川河，明日再移，平地突如土阜，高者二三丈，陷沒民居。三年八月己未，冀寧、晉寧等郡地震。十月壬午，河南地震。四年正月壬戌，冀寧地震。七月己丑，成紀縣山崩。辛卯，冀寧地震。九月，嶺北地震三日。五年正月甲戌，懿州地震。二月癸巳，和寧路地震。丁酉，秦安縣山崩。三月己卯，德慶路地震。七月戊子，寧遠縣山崩。八月，伏羌縣山崩。秦州成紀縣暴雨，山崩，朽壤墳起，覆沒畜產。

至治二年九月癸亥，地震。十一月癸卯，地震。

泰定元年八月，成紀縣大雨，山崩水溢，壅土至來谷河成丘阜。十二月庚申，奉元路同州地震，有聲如雷。三年十二月丁亥，寧夏路地震如雷，發自西北，連震者三。四年三月癸卯，和寧路地震如雷。八月，鞏昌通渭縣山崩。碉門地震，有聲如雷，晝晦。鳳翔、興元、成都、陝州、江陵等郡地同日震。九月壬寅，寧夏地震。

致和元年七月辛酉朔，寧夏地震。己卯，大寧路地震。十月壬寅，大寧路地震。〔六〇〕

至順二年四月丁亥，眞定(陟)〔涉〕縣地一日五震或三震，〔六一〕月餘乃止。四年四月戊申，大寧路地震。五月戊寅，京師地震有聲。八月己酉，隴西地震。

至元元年十月壬子，恩州歷亭縣進嘉禾，一莖九穗。十一月丁酉，太原臨州進嘉禾二莖。四年十月庚午，太原進嘉禾二本，異畝同穎。六年九月癸丑，恩州進嘉禾，一莖三穗。七年夏，東平府進瑞麥，一莖五穗。十一年，興元鳳州進麥，一莖七穗；穀一莖三穗。十四年八月，嘉禾生襄陽。十七年十月，太原堅州進嘉禾六莖。十八年八月壬寅，瓜州屯田進瑞麥，一莖五穗。二十年〔十月〕癸巳，幹端宣慰司劉恩進嘉禾，同穎九穗、七穗、六穗者各一。〔六二〕二十三年五月，廣元路閬中麥秀兩岐。二十四年八月，濬州進瑞麥，一莖五穗。二十五年八月，袁州萍鄉縣進嘉禾。二十六年十二月，寧州民張安世進嘉禾二本。三十一年，嘉禾生京畿，一莖九穗。

大德元年十一月辛未，曹州禹城縣進嘉禾，一莖九穗。大德九年，嘉禾生應州山陰縣。

至大三年九月，河間路獻嘉禾，有異畝同穎及一莖數穗者，敕繪爲圖。

皇慶二年八月，嘉禾生渾源州，一莖四穗。

延祐四年七月，南城產嘉禾。〔六三〕七年五月，鄱陽進嘉禾，一莖六穗。

至治二年八月，蔚州獻嘉禾。

泰定元年十月，成都縣穀一莖九穗。

校勘記

〔一〕東京(誼)〔義〕静威遠婆娑等處水　見卷一四校勘記〔一四〕。

〔二〕兗州(磁)〔滋〕陽等縣水　從道光本改。按兗州屬縣有滋陽，無「磁陽」。

〔三〕眞定(古)〔鼓〕城獲鹿藁城等縣　從道光本改。按眞定路晉州領縣有鼓城，無「古城」。

〔四〕(濉)〔睢〕寧　見卷一五校勘記〔五〕。

〔五〕(七)〔九〕月溫州平陽瑞安二州水　按此處「七月」重出，道光本與本書卷一九成宗紀大德元年九月己丑條合，從改。

〔六〕太原陽武縣　按陽武縣屬汴梁路，此處當有訛舛。參見卷二一校勘記〔一四〕。

〔七〕汴梁(武陽)〔陽武〕縣　見卷二〇校勘記〔一九〕。

〔八〕盧龍灤河遷安昌黎撫寧等縣水　見卷二二校勘記〔七〕。

〔九〕永清永安等縣雨水　按本書卷五八地理志，霸州領縣有文安，無「永安」，疑此處「永安」爲文安之誤。

〔一〇〕(鄭)〔灤〕州昌平香河寶坻等縣水　從道光本改。按本書卷二五仁宗紀延祐二年七月有「灤州昌平、香河、寶坻等縣水」。

〔一一〕潁州(泰)〔太〕和縣河溢　從道光本改。

〔一二〕霸州文安文成二縣滹沱河溢　本證云：「按地理志，霸州無文成縣，疑是大城之誤」。下同。

〔一三〕任縣沙（澧）〔灃〕洺水溢　見卷二九校勘記〔一三〕。

〔一四〕長安縣大雨（澧）〔灃〕水溢　道光本與本書卷二九泰定帝紀泰定元年九月癸丑條合，從改。

〔一五〕潼（江）〔川〕府綿江中江水溢入城　按本書卷二九泰定帝紀，泰定二年六月，「潼川府綿江、中江水溢入城郭」。又卷六〇地理志，四川有潼川府，無「潼江府」。據改。

〔一六〕河間（林）〔臨〕邑縣雨水　據本書卷五八地理志改。按河間路領縣有臨邑，無「林邑」。本證已校。

〔一七〕宣德（咸）〔威〕寧等路隕霜　見卷五校勘記〔一〇〕。下同。又威寧縣屬興和路，此云「等路」不切。

〔一八〕冀寧（曲陽）〔陽曲〕縣　據本書卷五八地理志改正。按元曲陽縣屬保定路，非冀寧路屬縣。

〔一九〕鳳翔（鱗）〔麟〕遊　從道光本改。按鳳翔府領縣有麟游，無「鱗游」。

〔二〇〕德州（德安）〔安德〕縣大風雨雹　據本書卷一八成宗紀至元三十一年八月條改正。按本書卷五八地理志，德州領安德縣。

〔二一〕（元貞）二年五月　按上文已書「元貞元年」，此重出，從道光本删。

〔二二〕太原交（河）〔城〕離石壽陽等縣雨雹　據本書卷五八地理志改。按太原路領縣有交城，無「交河」。

〔二三〕延安神（禾）〔木〕縣大雹一百餘里　據本書卷二三武宗紀至大二年六月條改。按卷六〇地理志，延安路葭州領縣有神木。新元史已校。

〔二四〕宣寧（路）〔縣〕雨雹　按本書卷二四仁宗紀至大四年閏七月丁卯條有「大同宣寧縣雨雹」。又卷五八地理志，大同路領縣有宣寧。據改。本證已校。下同。

〔二五〕臨洮府狄（邑）〔道〕縣雨雹　據本書卷六〇地理志改。按臨洮府領縣有狄道，無「狄邑」。本證已校。

〔二六〕龍慶（路）〔州〕雨雹一尺　按本書卷五八地理志，大都路領龍慶州。據改。本證已校。

〔二七〕乙巳天鼓鳴于西北　按是月己巳朔，無乙巳日，此誤。

〔二八〕襄陽南（障）〔漳〕縣　見卷一六校勘記〔八〕。

〔二九〕十年〔十一月〕武昌路火　據本書卷二一成宗紀大德十年十一月丁亥條補。本證已校。

〔三〇〕延祐元年二月眞州揚子縣火　按本書卷二五仁宗紀，延祐二年二月，「眞州揚子縣火」，疑此處「元年」爲「二年」之誤。

〔三一〕龍興奉新（州）〔縣〕辰州辰溪縣火　據本書卷六二地理志改。按江西龍興路領縣有奉新。

〔三二〕芝生眉州青（城）〔神〕縣景德寺　按本書卷六〇地理志，四川嘉定府路眉州領縣有靑神。據改。又卷五八河間路領縣有靑城，靑城不在四川。本證已校。

〔三三〕芝生鈞州（翟陽）〔陽翟〕縣　據本書卷五九地理志改正。按汴梁路鈞州領縣有陽翟。新元史已校。

〔三四〕（元）〔中〕統二年正月辛未　據本書卷四世祖紀中統二年正月辛未條改。本證已校。

〔三五〕曹州禹城保定博野東昌封丘等縣蟲食桑　按本書卷五八地理志，東昌路領丘縣，封丘縣屬汴梁路。卷三五文宗紀至順二年五月甲辰條有「東昌、保定二路，濮、唐二州有蟲食桑」，濮、唐二州皆不屬汴梁路，與封丘無涉。疑此「封丘」爲東昌丘縣之誤。

〔三六〕河東（祈）〔祁〕縣　據本書卷五八地理志改。按元無「祈縣」。

〔三七〕（隆）〔龍〕興路新建縣雨害稼　據本書卷二四仁宗紀皇慶元年四月庚寅條改。按卷六二地理志，龍興路領新建縣。

〔三八〕（元年）八月　「元年」二字重出，今刪。

〔三九〕黃蘄二郡及荆門（軍）〔州〕旱　據本書卷五九地理志改。按荆湖北道有荆門州。本證已校。

〔四〇〕上都中都大名河間益（州）〔都〕　據本書卷七世祖紀至元八年六月甲午條改。按益州爲四川古稱，元代已不習用，此次被災地區在河北、山東一帶，作「益都」是。

〔四一〕開州長垣（靖）〔清〕豐縣德州齊河縣滑州（大）〔太〕和（州）〔縣〕內黃縣蝗　按本書卷五八地理志，大名路開州領長垣、清豐縣，無「靖豐縣」。又卷五九地理志，河南汝寧府潁州領太和縣。該縣與開州、滑州相近，故並受蝗災，與遠在江西之太和州無涉。今俱改。本證已校。

〔四二〕燕南山東兩淮江浙(蘸)〔燕〕南屬縣百五十處蝗　從道光本改。按本書卷一九成宗紀大德二年四月庚申條有「江南、山東、江浙、兩淮、燕南屬縣百五十處蝗」。

〔四三〕(八年)六月益津縣蝗　按上文已書「八年」，此重出，今刪。本證已校。

〔四四〕良鄉舒城歷陽合肥(大)〔六〕安江寧句容溧水上元等縣蝗　據本書卷二三武宗紀至大二年六月條改。按六安與合肥、舒城、歷陽同屬廬州路，大安在四川，地望不合。

〔四五〕江都泰興(古)〔胙〕城通許臨淮盱眙清池等縣蝗　從道光本改。按本書卷二七英宗紀至治元年七月癸酉條作「衞輝路胙城縣蝗」。

〔四六〕〔寧〕海州牟平縣獲白鹿于聖水山以獻　按本書卷五八地理志，寧海州領牟平縣。據補。本證已校。

〔四七〕澤州益州饑　按本書卷四世祖紀中統元年八月癸亥條有「澤州、潞州旱，民饑」。又同年十一月戊子條有「發常平倉賑益都、濟南、濱棣饑民」。此處「益州」疑爲「益都」或「潞州」之誤。

〔四八〕輝州龍山縣里州和中縣饑　見卷一七校勘記〔二〕。

〔四九〕七年五月大同雲(南)〔內〕豐勝諸郡邑饑　按本書卷二七英宗紀延祐七年五月己丑條有「大同、雲內、豐、勝諸郡縣饑」。據改。本證已校。又「勝」疑當作「東勝」，見卷二七校勘記〔四〕。

〔五〇〕八(年)〔月〕廣東新州新(城)〔興〕縣饑　按本書卷二七英宗紀延祐七年八月甲戌條有「廣東新州

饑」。又卷六二地理志，廣東道新州領縣有新興。此處「八年」爲「八月」之誤，「新城」爲「新興」之誤，今改。本證已校。

〔五一〕綏德州米脂清(間)〔澗〕二縣饑　從道光本改。

〔五二〕祿施英德二州饑　本證云：「按地理志，祿施當是祿勸之誤。」

〔五三〕咸寧長安縣涇州靈臺縣饑　按本書卷六〇地理志，奉元路領縣有咸寧、長安。本證云「咸寧當作咸寧」，疑是。

〔五四〕大德六年十二月辛酉雲南地震戊(戌)〔辰〕亦如之　從道光本改。按本書卷二〇成宗紀大德六年十二月辛酉條作「雲南地震，戊辰又震」。是月庚申朔，無戊戌日，戊辰爲初九日。本證已校。

〔五五〕十年正月晉寧冀寧地震不止　按本書卷二一成宗紀，事繫大德十年閏正月，疑此處「正月」上脫「閏」字。

〔五六〕開(城)〔成〕路　見卷一〇校勘記〔一〇〕。

〔五七〕蒲縣靈縣地震　此處「靈縣」疑爲「靈石縣」之誤，見卷二二校勘記〔一九〕。

〔五八〕六月京師地震己未京師地震丙(辰)〔寅〕又震壬寅又震　據本書卷二四仁宗紀皇慶二年六月丙寅條改。按是月己未朔，無丙辰日，丙寅爲初八日。又是月亦無壬寅日，疑爲壬申十四日之誤。

〔五九〕(陟)〔涉〕縣武安縣地震　道光本與本書卷二五仁宗紀延祐元年八月丁未條及卷五八地理志合，

從改。本證已校。下同。

〔六〇〕十月壬寅大寧路地震　本書卷三三文宗紀天曆二年十月壬寅條有「大寧路地震」。按致和元年九月先後改天順、天曆，十月已非致和。此處疑脫「天曆二年」四字。

〔六一〕至順二年四月丁亥眞定(陟)〔涉〕縣地一日五震或三震　按本書卷三五文宗紀，事繫至順二年四月庚戌。是月丙午朔，無丁亥日，庚戌爲初五日，此「丁亥」有誤。本證已校。

〔六二〕二十年〔十月〕癸巳斡端宣慰司劉恩進嘉禾　據本書卷一二世祖紀至元二十年十月癸巳條補。

〔六三〕延祐四年七月南城產嘉禾　按本書卷二六仁宗紀延祐四年九月己巳條有「大都南城產嘉禾，一莖十一穗」。疑此處「七月」爲「九月」之誤，「南城」上脫「大都」二字。

元史卷五十一

志第三下

五行二

水不潤下

元統元年五月，汴梁陽武縣河溢害稼。六月，京畿大霖雨，水平地丈餘。涇河溢，關中水災。黃河大溢，河南水災。泉州霖雨，溪水暴漲，漂民居數百家。七月，潮州大水。（元統）二年正月，〔一〕東平須城縣、濟寧濟州、曹州濟陰縣水災。二月，灤河、漆河溢，永平路屬縣皆水。瑞州路水。三月，山東霖雨，水湧。四月，東平、益都水。五月，鎮江路水。宣德府大水。六月，淮河漲，漂山陽縣境內民畜房舍。九月，吉安路水。至元元年，河決汴梁封丘縣。二年五月，南陽鄧州大水。六月，涇水溢。八月，大都至通州霖雨，大水。三年二月，紹興大水。五月，廣西賀州大水害稼。六月，衛輝淫雨至七月，丹、沁二河泛漲，與城西御河通流，平地深二丈餘，漂沒人民房舍田禾甚衆。民皆棲於樹木，郡守僧家奴以舟載飯食之，移老弱居城頭，日給糧餉，月餘水方退。汴梁蘭陽、尉氏二縣，歸德府皆河水泛溢。黄州及衢州常山縣皆大水。四年五月，吉安永豐縣大水。六月，邵武大水，城市皆洪流，漂沿溪民居殆盡。五年〔五〕〔六〕月庚戌，汀州路長汀縣大水，〔三〕平地深三丈許，損民居八百家，壞民田二百頃，溺死者八千餘人。七月，沂州沂、沭二河暴漲，決隄防，害田稼。邵武光澤縣大水。常州宜興縣山水出，勢高一丈，壞民居。六年二月，京畿五州十一縣及福州路福寧州大水。五月甲子，慶元奉化州山崩，水湧出平地，溺死人甚衆。六月，衢州西安、龍游二縣大水。庚戌，處州松陽、龍泉二縣積雨，水漲入城中，深丈餘，溺死五百餘人。遂昌縣尤甚，平地三丈餘。桃源鄉山崩，壓溺民居五十三家，死者三百六十餘人。七月壬子，延平南平縣淫雨，水泛漲，溺死百餘人，損民居三百餘家，壞民田二頃七十餘畝。乙卯，奉元路盩厔縣河水溢，漂溺居民。八月甲午，衞輝大水，漂民居一千餘家。十月，河南府宜陽縣大水，漂民居，溺死者衆。至正元年，汴梁鈞州大水，揚州路崇明、通、泰等州海潮湧溢，溺死一千六百餘人。二年四月，睢州儀封縣大水害稼。六月癸丑夜，濟南山水暴漲，衝東西二關，流入小淸河，黑山、天麻、石固等寨及臥龍山水通流入大淸河，漂沒上下民居千餘家，溺死者無算。三年二月，鞏昌寧遠、伏羌、成紀三縣山崩水湧，溺死者無算。五月，黄河決白茅口。七月，汴梁中牟、扶溝、尉氏、洧川四縣，鄭州滎陽、汜水、河陰三縣大水。四年五月，霸州大水。六月，河南鞏縣大雨，伊、洛水溢，漂民居數百家。濟寧路兖州，汴梁鄢陵、通許、陳留、臨潁等縣大水害稼，人相食。七月，灤河水溢，出平地丈餘，永平路禾稼廬舍漂沒甚衆。東平路東阿、陽穀、汶上、平陰四縣，衢州西安縣大水。溫州颶風大作，海水溢，漂民居，溺死者甚衆。五年七月，河決濟陰，漂官民亭舍殆盡。十月，黃河泛溢。七年五月，黃州大水。八月壬午，杭州、上海浦中午潮退而復至。八年正月辛亥，河決，陷濟寧路。四月，平江、松江大水。五月庚子，廣西山崩水湧，灕江溢，平地水深二丈餘，屋宇人畜漂沒。壬子，寶慶大水。乙卯，錢塘江潮比之八月中高數丈餘，沿江民皆遷居以避之。六月己丑，中興路松滋縣驟雨，水暴漲，平地深丈有五尺餘，漂沒六十餘里，死者一千五百人。是月，膠州大水。七月，高密縣大水。九年七月，中興路公安、石首、潛江、監利等縣及沔陽府大水。夏秋，蘄州大水傷稼。十年五月，龍興瑞州大水。六月乙未，霍州靈（巖）〔石〕縣雨水暴漲，〔三〕決隄堰，漂民居甚衆。七月，汾州平遙縣汾水溢。靜江荔浦縣大水害稼。十一年夏，龍興南昌、新建二縣大水。安慶桐城縣雨水泛漲，花崖、龍源二山崩，衝決縣東大河，漂民居四百餘家。七月，冀寧路平晉、文水二縣大水，汾河汎溢東西兩岸，漂沒田禾數百頃。河決歸德府永城縣，壞黃陵岡岸。靜江路大水，決南北二隄渠。十二年六月，中興路松滋縣驟雨，水暴漲，漂民居千餘家，溺死七百人。七月，衢州西安縣大水。十三年夏，薊州豐潤、玉田、遵化、平谷四縣大水。七月丁卯，泉州海水日三潮。十四年六月，河南府鞏縣大雨，伊、洛水溢，漂沒民居，溺死三百餘人。秋，薊州大水。十五年六月，荊州大水。十六年，河決鄭州河陰縣，官署民居盡廢，遂成中流。山東大水。十七年六月，暑雨，漳河溢，廣平郡邑皆水。秋，薊州四縣皆大水。十八年秋，京師及薊州、廣東惠州、廣西四縣、賀州皆大水。十九年九月，濟州任城縣河決。二十年七月，通州大水。二十二年三月，邵武光澤縣大水。二十三年，孟州濟源、溫縣水。七月，河決東平壽張縣，圮城牆，漂屋廬，人溺死甚衆。二十四年三月，益都縣井水溢而黃。懷慶路孟州、河內、武陟縣水。七月，益都路壽光縣、膠州高密縣水。二十五年秋，薊州大水。東平須城、東阿、平陰三縣河決小流口，達于清河，壞民居，傷禾稼。二十六年二月，河北徙，上自東明、曹、濮，下及濟寧，皆被其害。六月，河南府大霖雨，瀍水溢，深四丈許，漂東關居民數百家。秋七月，汾州介休縣汾水溢。薊州四縣、衞輝、汴梁鈞州大水害稼。八月，棣州大清河決，濱、棣二州之界，民居漂流無遺。濟寧路肥（水）〔城〕縣西黃水汎溢，〔四〕漂沒田禾民居百有餘里，德州齊河縣境七十餘里亦如之。

至正二十年十一月，汴梁原武、滎澤二縣黃河清三日。二十一年十一月，河南孟津縣至絳州垣曲縣二百里河清七日，新安縣亦如之。十二月，冀寧路石州河水清，至明年春冰泮，始如故。二十四年夏，衞輝路黃河清。

至正六年九月，彰德雨雪，結凍如琉璃。七年八月，衞輝隕霜殺稼。九年三月，溫州大雪。十年春，彰德大寒，近清明節，雨雪三尺，民多凍餒而死。十一年三月，汴梁路鈞州大雷雨雪，密縣平地雪深三尺餘。十三年秋，邵武光澤縣隕霜殺稼。二十三年三月，東平路須城、東阿、陽穀三縣隕霜殺桑，廢蠶事。八月，鈞州密縣隕霜殺菽。二十七年三月，彰德大雪，寒甚於冬，民多凍死。五月辛巳，大同隕霜殺麥。秋，冀寧路徐溝、介休二縣雨雪。十二月，奉元路咸寧縣井水冰。二十八年四月，奉元隕霜殺菽。

元統元年三月戊子，紹興蕭山縣大風雨雹，拔木仆屋，殺麻麥，斃傷人民。二年二月甲子，塞北東涼亭雨雹。至元元年七月，西和州、徽州雨雹。二年八月甲戌朔，高郵寶應縣大雨雹。是時，淮、浙皆旱，唯本縣瀕河，田禾可刈，悉爲雹所害，凡田之旱者無一雹及之。（至元）四年四月癸巳，〔五〕清州八里塘雨雹，大過於拳，其狀有如龜者，有如小兒形者，有如獅象者，有如環玦者，或橢如卵，或圓如彈，玲瓏有竅，色白而堅，長老云：「大者固常見之，未有奇狀若是也。」至正二年五月，東平路東阿縣雨雹，大者如馬首。三年六月，東平陽穀縣雨雹。六年二月辛未，興國路雨雹，大如馬首，小者如鷄子，斃禽畜甚衆。五月辛卯，絳州雨雹，大者二尺餘。八年四月庚辰，鈞州密縣雨雹，大如鷄子，傷麥禾。龍興奉新縣大雨雹，傷禾折木。八月己卯，益都臨淄縣雨雹，大如盃盂，野無青草，赤地如赭。九年二月，龍興大雨雹。十年五月，汾州平遙縣雨雹。十一年四月乙巳，彰德雨雹，大者如斧，時麥熟將刈，頃刻亡失，田疇堅如築場，無稭粒遺留者，地廣三十里，長百有餘里，樹木皆如斧所劈，傷行人、斃禽畜甚衆。五月癸丑，文水縣雨雹。十三年四月，益都高苑縣雨雹，傷麥禾及桑。十四年六月，薊州雨雹。十七年四月，濟南大風雨雹。十九年四月，莒州蒙陰縣雨雹。五月，通州及益都臨朐縣雨雹害稼。二十年五月，薊州遵化縣雨雹終日。二十一年五月，東平雨雹害稼。二十二年八月，南雄雨雹如桃李實。二十三年五月，鄜州宜君縣雨雹，大如鷄子，損豆麥。七月，京師及隰州永和縣大雨雹害稼。二十五年五月，東昌聊城縣雨雹，大如拳，小者如鷄子，二麥不登。二十六年六月，汾州平遙縣雨雹。二十七年二月乙丑，永州城中晝晦，鷄棲于塒，人舉燈而食，既而大雨雹，逾時方明。五月，益都大雷雨雹。七月，冀寧徐溝縣大風雨雹，拔木害稼。二十八年六月，慶陽府雨雹，大如盂，小者如彈丸，平地厚尺餘，殺苗稼，斃禽獸。

至正三年秋，興國路永興縣雷，擊死糧房貼書尹章于縣治。時方大旱，有朱書在其背云：「有旱却言無旱，無災却道有災，未庸殲厥渠魁，且擊庭前小吏。」七年五月庚戌，台州路黃巖州海濱無雲而雷。冬，衞輝路天鼓鳴。十年六月戊申，廣西臨桂縣無雲而雷，震死邑民廖廣達。十二月庚子，汾州孝義縣雷雨。十一年十二月，台州大雨震電。十二年三月丙午，寧國路無雲而雷。十三年十二月庚戌，京師無雲而雷，少頃有火墜于東南。懷慶路河內縣及河南府天鼓鳴于西北。是日懷慶之修武、潞州之襄垣縣皆無雲而雷，聲震天地。是月，汾州雷雨。十四年十二月，孝義縣雷雨。十九年十二月，台州大雷電。二十一年十一月戊申，溫州樂清縣雷。二十七年正月乙未夜，晉寧路絳州天鼓鳴空中，如聞戰鬬之聲。十月，奉元路雷電。

至正二十五年六月戊申，京師大雨，有魚隨雨而落，長尺許，人取而食之。

至元五年六月庚戌，汀州長汀縣山蛟出，大雨驟至，平地湧水，深三丈餘，漂沒民居八百餘家，壞田二百餘頃。至正十七年六月癸酉，溫州有龍鬬于樂清江中，颶風大作，所至有光如毬，死者萬餘人。八月癸丑，祥符縣西北有青白二龍見，若相鬬之勢，良久而散。二十三年正月甲辰，廣西貴州江中有物登岸，蛇首四足而青色，長四尺許，軍民聚觀而殺之。二十四年六月，保德州有黃龍見于咸寧井中。二十七年六月丁巳，皇太子寢殿新甃井成，有龍自井而出，光焰爍人，宮人震懾仆地。又宮牆外長慶寺所掌成宗斡耳朵內大槐樹，有龍纏繞其上，良久飛去，樹皮皆剝。七月，益都臨朐縣有龍見于龍山，巨石重千斤，浮空而起。二十八年十一月，大同路懷仁縣河岸崩，有蛇大小相綰結，可載數車。

至正三年秋，建寧浦城縣民家豕生豚，二尾八足。十五年，鎭江民家豕生豚如象形。二十四年正月，保德州民家豕生豚，一首二身八蹄二尾。

至元元年正月，廣西師宗州叜生妻適和，一產三男。汴梁祥符縣市中一乞丐婦人，忽生髭鬚。至正九年四月，棗陽民張氏婦生男，甫及周歲，長四尺許，容貌異常，皤腹擁腫，見人輒嬉笑，如世俗所畫布袋和尙云。二十三年五月，霸州民王馬駒妻趙氏，一產三男。六月，亳家務李閏妻張氏，一產三男。

至正元年四月戊寅，彰德有赤風自西北來，忽變爲黑，晝晦如夜。十三年冬，袁州路每日暮，有黑氣環遶郡城。十七年正月己丑，杭州降黑雨，河池水皆黑。二十八年七月乙亥，京師黑霧，昏瞑不辨人物，自旦近午始消，如是者旬有五日。

火不炎上

元統元年六月甲申，杭州火。至正元年四月辛卯，台州火。乙未，杭州火，燔官舍民居公廨寺觀，凡一萬五千七百餘間，死者七十有四人。二年四月，杭州又火。六年八月己巳，延平路火，燔官舍民居八百餘區，死者五人。十年，興國路自春及夏，城中火災不絕，日數十起。二十年，惠州路城中火災屢見。二十三年正月乙卯夜，廣西貴州火，同知州事韓帖木不花、判官高萬章及家人九口俱死焉，居民死者三百餘人，牛五十頭，馬九匹，公署、倉庫、案牘焚燒皆盡。二十八年二月癸卯，京師武器庫災。己巳，陝西有飛火自華山下，流入張良弼營中，焚兵庫器仗。六月甲寅，大都大聖壽萬安寺災。是日未時，雷雨中有火自空而下，其殿脊東鰲魚口火焰出，佛身上亦火起。帝聞之泣下，亟命百官救護，唯東西二影堂神主及寶玩器物得免，餘皆焚燬。此寺舊名白塔，自世祖以來，爲百官習儀之所，其殿陛闌楯一如內庭之制。成宗時，置世祖影堂于殿之西，裕宗影堂于殿之東，月遣大臣致祭。

至元六年冬，京師無雪。至正八年九月，奉元路桃杏花。十四年八月，冀寧路楡次縣桃李花。十五年十一月，汾州介休縣桃杏花。十七年十一月，汾州桃杏花。

至正十一年十月，衢州東北雨米如黍。十一月，建寧浦城縣雨黑子如稗實；邵武大雨震電，雨黑黍如蘆穄；信州雨黑黍；鄱陽縣雨菽豆。郡邑多有，民皆取而食之。十六年六月，彰德路葦葉順次倚疊而生，自編成若旗幟，上尖葉聚粘如槍，民謠云：「葦生成旗，民皆流離；葦生成槍，殺伐遭殃。」又有黍自生成文，紅稭黑字，其上節云「天下太平」，其下節云「天下刀兵」。十八年，處州山谷中小竹結實如小麥，饑民采食之。二十一年，明州象山縣竹穗生實如小米，可食。

至正十一年，廣西慶遠府有異禽雙飛，見于述昆鄉，飛鳥千百隨之，蓋鳳凰云。其一飛去，其一留止者，爲僮人射死，首長尺許，毛羽五色，有藏之以獻于帥府者，久而其色鮮明如生云。五月，興國有大鳥百餘，飛至郡西白朗山顛，狀如人立，去而復至者數次。十九年，京師鵶鶚夜鳴達旦，連月乃止，有杜鵑啼于城中，居庸關亦如之。二十七年三月丁丑朔，萊州招遠縣大社里黑風大起，有大鳥自南飛至，其色蒼白，展翅如席，狀類鶴，俄頃飛去，遺下粟、黍、稻、麥、黃黑豆、蕎麥于張家屋上，約數升許，是歲大稔。

元統二年正月庚寅朔，河南省雨血。是日衆官晨集，忽聞燔柴烟氣，既而黑霧四塞，咫尺不辨，腥穢逼人，逾時方息。及行禮畢，日過午，驟雨隨至，霑灑堊牆及裳衣皆赤。至元四年四月辛未，京師雨紅沙，晝晦。至正五年四月，鎮江丹陽縣雨紅霧，草木葉及行人裳衣皆濡成紅色。十三年三月丙戌，彰德路西南，有火自天而下，如在城外，覓之無有。十二月庚戌，潞州襄垣縣有火墜于東南。十四年，衞輝路有天光見于西方。十二月辛卯，絳州有紅氣，起自北方，蔽天幾半，移時方散。十五年春，薊州雨血。十八年三月辛丑夜，大同路有黑氣蔽于西方，聲如雷然。俄頃，有雲如火，交射中天，遍地俱見火光，以物觸地，輒有火起，至夜半，空中如有兵戈相擊之聲。二十一年七月己巳，冀寧路忻州西北，有赤氣蔽空如血，逾時方散。八月壬午，棣州夜半有赤氣亘天，起西北至于東北。癸未，彰德西北，夜有紅氣亘天，至明方息。乙酉，大同路北方，夜有赤氣蔽天，直過天庭，自東而西，移時方散，如是者三。十月癸巳昧爽，絳州有紅氣見于北方，如火。二十三年三月壬戌，大同路夜有赤氣亘天，中侵北斗。六月丁巳，絳州日暮有紅光見于北方，如火，中有黑氣相雜，又有白虹二，直衝北斗，逾時方散。庚申，晉寧路北方，日暮天赤，中有白氣如虹者三，一貫北斗，一貫北極，一貫天潢，至夜分方滅。八月丙辰，忻州東北，夜有赤氣亘天，中有白色如蛇形，徐徐而行，逾時方散。十月丙申朔，大名路向青、齊一方，有赤氣照耀千里。二十四年九月癸酉，冀寧平晉縣西北方，至夜天紅半壁，有頃，從東而散。二十八年六月壬寅，彰德路天寧寺塔忽變紅色，自頂至踵，表裏透徹，如煅鐵初出于爐，頂上有光焰迸發，自二更至五更乃止。癸卯、甲辰，亦如之。先是，河北有童謠云：「塔兒黑，北人作主南人客；塔兒紅，朱衣人作主人公。」七月癸酉，京師赤氣滿天，如火照人，自寅至辰，氣焰方息。

至元元年十二月，芝草生于荆門州當陽縣覆船山，一本五榦，高尺有二寸，一本二榦，高五寸有半，榦皆兩岐；二本相依附，扶疏瑰奇，如珊瑚枝，其高者結爲華蓋慶雲之狀。五年秋，芝草生于中書工部之屋梁，一本七榦。

木不曲直

至元五年十一月癸酉，瑞州路新昌州雨木冰，至明年二月壬寅冰始解。至正四年正月，汴梁路鄭州尉氏、洧川、河陰三縣及龍興靖安縣雨木冰。十一月，東平雨木冰。十二年九月壬午，冀寧保德州雨木冰。十四年冬，龍興雨木冰。二十五年二月辛亥，汴梁雨木冰，狀如樓閣、人物、冠帶、鳥獸、花卉，百態具備，羽幢珠葆，彌望不絕，凡五日始解。

至正三年夏，上都、大都桑果葉，皆有黃色龍文。九年秋，奉元桃杏實。十二年五月，汴梁祥符縣椿樹結實如木瓜。十六年七月，彰德李樹結實如小黃瓜。民謠云：「李生黃瓜，民皆無家。」二十一年，明州松樹結實，其大有盈尺者。八月，汴梁祥符縣邑中樹木，一夕皆有濕泥塗之。

至元二年五月乙卯，南陽鄧州大霖雨，自是日至于六月甲申乃止。三年六月，衞輝路淫雨。至正二年秋，彰德路霖雨。三年四月至七月，汴梁路滎澤縣，鈞州新鄭、密縣霖雨害稼。四年夏，汴梁蘭陽縣，許州長葛、郾城、襄城，睢州，歸德府亳州之鹿邑，濟寧之虞城淫雨害蠶麥，禾皆不登。八月，益都霖雨，饑民有相食者。五年夏秋，汴梁祥符、尉氏、洧川，鄭州、鈞州、亳州久雨害稼，二麥禾豆俱不登。河間路淫雨，妨害鹽課。八年五月，京師大霖雨，都城崩圮。鈞州新鄭縣淫雨害麥。九年七月，高唐州大霖雨，壞官署民居。歸德府淫雨浹十旬。十年二月，彰德路大雨害麥。二十年七月，益都高苑縣、陜州黽池縣大雨害稼。二十三年七月，懷慶路河內、修武、武陟三縣及孟州淫雨害稼。二十四年秋，密州安丘縣大雨。二十五年秋，密州安丘縣，潞州，汴梁許州及鈞州之密縣淫雨害稼。二十七年秋，彰德路淫雨。

至正六年八月，龍興進賢縣甘露降。二十年十月，國子學大成殿松柏樹有甘露降其上。

至正十年春，麗正門樓斗栱內，有人伏其中，不知何自而至，遠近聚觀之。門尉以白留守，達于都堂，上聞，有旨令取付法司鞫問。但云薊州人，問其姓名，詰其所從來，皆惘若無知，唯妄言禍福而已，乃以不應之罪笞之，忽不知所在。

至正二十年八月，慶陽，延安，寧、安等州野鼠食稼，初由鶉卵化生，既成牝牡，生育日滋，百畝之田，一夕俱盡。二十六年，泗州瀕淮兩岸，有灰黑色鼠，暮夜出穴，成羣覆地食禾。

金不從革

至正十年正月甲戌，棣州白晝空中有聲自西北而來，距州二十里隕于地，化爲石，其色黑，微有金星散布其上。有司以進，遂藏之司天監。十一月冬至夜，陝西耀州有星墜于西原，光耀燭地，聲如雷鳴者三，化爲石，形如斧，一面如鐵，一面如錫，削之有屑，擊之有聲。

十六年冬十一月，大名路大名縣有星如火，自東南流，尾如曳彗，墜入于地，化爲石，青黑光瑩，狀如狗頭，其斷處類新割者。有司以進，太史驗視云「天狗也」，命藏于庫。十九年四月己丑，建寧路甌寧縣有星墜于營山前，其聲如雷，化爲石。二十三年六月庚戌，益都臨朐縣龍山有星墜入于地，掘之深五尺，得石如磚，褐色，上有星如銀，破碎不完。

至正九年，龍興靖安縣山石迸裂，湧水，人多死者。十年三月，慶元奉化州南山石突開，其碎而大者，有山川人物禽鳥草木之文。二十七年六月丁卯，沂州東蒼山有巨石，大如屋，崩裂墜地，聲震如雷。七月丙戌，廣西靈川縣臨江石崖崩。

元統元年夏，紹興旱，自四月不雨至于七月。淮東、淮西皆旱。二年三月，湖廣旱，自是月不雨至于八月。四月，河南旱，自是月不雨至于八月。秋，南康旱。至元元年夏，河南及邵武大旱。二年，蘄州、黃州、浙東衢州、婺州、紹興、江東信州、江西瑞州等路及陝西皆旱。是年四月，黃州黃岡縣周氏婦產一男即死，狗頭人身，咸以爲旱魃云。六年夏，廣東南雄路旱，自二月不雨至于五月，種不入土。至正二年，彰德、大同二郡及冀寧平晉、榆次、徐溝縣，汾州孝義縣，忻州皆大旱，自春至秋不雨，人有相食者。秋，衞輝大旱。三(月)〔年〕秋，〔六〕興國大旱。四年，福州大旱，自三月不雨至于八月。興化、邵武、鎮江及湖南之桂陽皆旱。五年，曹州禹城縣大旱。夏，膠州高密縣旱。六年，鎮江及慶元奉化州旱。七年，懷慶、衞輝、河東及鳳翔之岐山、汴梁之祥符、河南之孟津皆大旱。八年三月，益都臨淄縣大旱。五月，四川旱。十年夏秋，彰德旱。十一年，鎮江旱。十二年，蘄州、黃州大旱，人相食。浙東紹興旱。台州自四月不雨至于七月。十三年，蘄州、黃州及浙東慶元、衢州、婺州，江東饒州，江西龍興、瑞州、建昌、吉安，廣東南雄，湖南永州、桂陽皆大旱。十四年，懷慶河內縣、孟州，汴梁祥符縣，福建泉州，湖南永州、寶慶，廣西梧州皆大旱。祥符旱魃再見，泉州種不入土，人相食。十五年，衞輝大旱。十六年，婺州、處州皆大旱。十八年春，薊州旱。莒州、濱州、般陽(滋)〔淄〕川縣、〔七〕霍州、鄜州、鳳翔岐山縣春夏皆大旱。莒州家人自相食，岐山人相食。十九年，晉寧、鳳翔，廣西梧州、象州皆大旱。二十年，通州旱。汾州介休縣自四月至秋不雨。廣西賓州大旱，自閏五月不雨至于八月。二十二年，河南洛陽、孟津、偃師三縣大旱，人相食。二十三年，山東濟南、廣西賀州皆大旱。

至元五年八月，京師童謠云：「白雁望南飛，馬札望北跳。」至正五年，淮、楚間童謠云：「富漢莫起樓，窮漢莫起屋，但看羊兒年，便是吳家國。」十年，河南、北童謠云：「石人一隻眼，挑動黃河天下反。」十五年，京師童謠云：「一陣黃風一陣沙，千里萬里無人家，回頭雪消不堪看，三眼和尚弄瞎馬。」此皆詩妖也。至元三年，郡邑皆相傳朝廷欲括童男女，於是市井鄉里競相嫁娶，倉卒成言，貧富長幼多不得其宜者，此民訛也。

至正十年，彰德境內狼狽爲害，夜如人形，入人家哭，就人懷抱中取小兒食之。二十三年正月，福州連江縣有虎入于縣治。二十四年七月，福州白晝獲虎于城西。

至元二年七月，黃州蝗。三年六月，懷慶、溫州、汴梁陽武縣蝗。五年七月，膠州卽墨縣蝗。至正四年，歸德府永城縣及亳州蝗。十七年，東昌茌平縣蝗。十八年夏，薊州、遼州、濰州昌邑縣、膠州高密縣蝗。秋，大都、廣平、順德及濰州之北海、莒州之蒙陰、汴梁之陳留、歸德之永城皆蝗。順德九縣民食蝗，廣平人相食。十九年，大都霸州、通州，眞定，彰德，懷慶，東昌，衞輝，河間之臨邑，東平之須城、東阿、陽穀三縣，山東益都、臨淄二縣，濰州、膠州、博興州，大同、冀寧二郡，文水、榆次、壽陽、徐溝四縣，沂、汾二州，〔八〕及孝義、平遙、介休三縣，晉寧潞州及壺關、潞城、襄垣三縣，霍州趙城、靈石二縣，隰之永和，沁之武鄉，遼之榆社，奉元，及汴梁之祥符、原武、鄢陵、扶溝、杞、尉氏、洧川七縣，鄭之滎陽、汜水，許之長葛、郾城、襄城、臨潁，鈞之新鄭、密縣，皆蝗，食禾稼草木俱盡，所至蔽日，礙人馬不能行，塡坑塹皆盈。饑民捕蝗以爲食，或曝乾而積之。又罄，則人相食。七月，淮安清河縣飛蝗蔽天，自西北來，凡經七日，禾稼俱盡。二十年，益都臨朐、壽光二縣，鳳翔岐山縣蝗。二十一年六月，河南鞏縣蝗，食稼俱盡。七月，衞輝及汴梁滎澤縣、鄭州蝗。二十二年秋，衞輝及汴梁開封、扶溝、洧川三縣，許州及鈞之新鄭、密二縣蝗。二十五年，鳳翔岐山縣蝗。

元統二年六月，彰德雨白毛，俗呼云「老君髯」。民謠曰：「天雨氂，事不齊。」至元三年三月，彰德雨毛，如線而綠，俗呼云「菩薩線」。民謠云：「天雨線，民起怨，中原地，事必變。」六年七月，延安路鄜州雨白毛，如馬鬃，所屬邑亦如之。至正十三年四月，冀寧榆次縣雨白毛，如馬鬃。七月，泉州路雨白絲。十八年五月，益都雨白氂。十九年三月，興化路連日雨氂。二十五年五月甲子，京師雨氂，長尺許，如馬鬃。二十七年五月，益都雨白氂。

至元四年八月丁丑，京師白虹亘天。至正二十二年，京師有白氣如小索，起危宿，長五百丈，掃太微。二十四年六月癸卯，冀寧路保德州三星晝見，有白氣橫突其中。二十六年三月丁亥，白虹五道亘天，其第三道貫日。又氣橫貫東南，良久乃滅。二十七年五月，大名路有白氣二道。二十八年閏七月乙丑，冀寧文水縣有白虹貫日，自東北直遶西南，雲影中似日非日，如鏡者三，色青白，踰時方沒。

稼穡不成

元統元年夏，兩淮大饑。二年春，淮西饑。七月，池州饑。十一月，濟南、萊蕪縣饑。至元元年春，益都路沂水、日照、蒙陰、莒四縣及龍興路饑。夏，京師饑。是歲，沅州、道州、寶慶及邵武、建寧饑。二年，順州及淮西安豐，浙西松江，浙東台州，江西江、撫、袁、瑞，湖北沅州盧陽縣饑。三年，大都及濟南、蘄州、杭州、平江、紹興、溧陽、瑞州、臨江饑。五年，上都開平縣、桓州，興和寶昌州，濮州之鄄城，冀寧之交城，益都之膠、密、莒、濰四州，遼東瀋陽路，湖南衡州，江西袁州，八番順元等處皆饑。六年，順德之邢臺，濟南之歷城，大名之元城，德州之清平，泰安之奉符、長淸，淮安之山陽等縣，歸德邳州，益都、般陽、處州、婺州四郡皆饑。至正元年春，京畿州縣、眞定、河間、濟南及湖南饑。夏，彰德及溫州饑。二年，保德州大饑。三年，衞輝、冀寧、忻州大饑，人相食。四年，霸州大饑，人相食。東平路東阿、陽穀、汶上、平陰四縣皆大饑。冬，保定、河南饑。五年春，東平路須城、東阿、陽穀三縣及徐州大饑，人相食。夏，濟南、汴梁、河南、邠州、瑞州、溫州、邵武饑。六年五月，陝西饑。七年，彰德、懷慶、東平、東昌、晉寧等處饑。九年春，膠州大饑，人相食。鈞州新鄭、密縣饑。十四年春，浙東台州，江東饒，閩海福州、邵武、汀州，江西龍興、建昌、吉安、臨江，廣西靜江等郡皆大饑，人相食。十七年，河南大饑。十八年春，莒州蒙陰縣大饑，斗米金一斤。冬，京師大饑，人相食，彰德、山東亦如之。十九年正月至五月，京師大饑，銀一錠得米僅八斗，死者無算。通州民劉五殺其子而食之。保定路莩死盈道，軍士掠孱弱以爲食。濟南及益都之高苑，莒之蒙陰，河南之孟津、新安、黽池等縣皆大饑，人相食。二十一年，霸州饑，民多莩死。

至正四年，福州、邵武、延平、汀州四郡，夏秋大疫。五年春夏，濟南大疫。十二年正月，冀寧保德州大疫。夏，龍興大疫。十三年，黃州、饒州大疫。十二月，大同路大疫。十六年春，河南大疫。十七年六月，莒州蒙陰縣大疫。十八年夏，汾州大疫。十九年春夏，鄜州幷原縣，莒州沂水、日照二縣及廣東南雄路大疫。二十年夏，紹興山陰、會稽二縣大疫。二十二年，又大疫。

至正元年七月，廣西雷州颶風大作，湧潮水，拔木害稼。二年十月，海州颶風作，海水漲，溺死人民。十三年五月乙丑，〔九〕潯州颶風大作，壞官舍民居，屋瓦門扉皆飄揚七里之外。十四年七月甲子，潞州襄垣縣大風拔木偃禾。二十一年正月癸酉，石州大風拔木，六畜皆鳴，人持槍矛，忽生火焰，抹之卽無，搖之卽有。二十四年，台州路黃巖州海溢，颶風拔木，禾盡偃。二十七年三月庚子，京師有大風，起自西北，飛砂揚礫，昏塵蔽天，逾時，風勢八面俱至，終夜不止，如是者連日。自後，每日寅時風起，萬竅爭鳴，戌時方息，至五月癸未乃止。

至正三年六月，梧州青蟲食稼。十年七月，同州蟲食稼，郡守石亨祖禱于玄妙觀，寒雨三日，蟲盡死。十九年五月，濟南章丘、鄒平二縣蝻，五穀不登。二十二年春，衞輝路螟。六月，萊州膠水縣虸蚄生。七月，掖縣虸蚄生，害稼。二十三年六月，寧海文登縣虸蚄生。

七月，萊州招遠、萊陽二縣及登州、寧海州蚜蚄生。

至正九年三月，陳州楊家莊上牛生黃犢，火光滿室，麻頂綠角，間生綠毛，不食乳，二日而死。十年秋，襄陽車城民家牛生犢，五足，前三後二。十六年春，汴梁祥符縣牛生犢，雙首，不及二日死。二十八年五月，東昌聊城縣錢鎮撫家牛生黃犢，六足，前二後四。

至元五年二月，信州雨土。至正三年三月至四月，忻州風霾晝晦。二十六年四月乙丑，奉元路黃霧四塞。

元統元年八月，鞏昌、徽州山崩。九月庚申，秦州山崩。十月丙寅，鳳州山崩。十一月丙申，鞏昌成紀縣地裂山崩。癸卯，安慶灊山縣地震。辛亥，秦州地裂山崩。十二月，饒州德興縣，餘干、樂平二州地震。二年五月，信州地震。八月辛未，京師地震。雞鳴山崩，陷爲池，方百里，人死者衆。至元元年十一月壬寅，興國路地震。十二月丙子，安慶路地震，所屬宿松、太湖、灊山三縣同時俱震。廬州、蘄州、黃州亦如之。是月，饒州亦地震。二年正月乙丑，宿松地震。五月壬申，秦州山崩。三年八月辛巳夜，京師地震。壬午，又大震，損太廟神主；西湖寺神御殿壁（作）〔仆〕，〔一〇〕祭器皆壞。順州、龍慶州及懷來縣皆以辛巳夜地震，壞官民房舍，傷人及畜牧。宣德府亦如之，遂改爲順寧云。四年春，保安州及瑞州路新昌州地震。六月，信州路靈山裂。七月己酉，保安州地大震。丙辰，鞏昌府山崩。八月丙子，京師地震，日凡二三，至乙酉乃止。密州安丘縣地震。六年六月己亥，秦州成紀縣山崩地裂。至正元年二月，汴梁路地震。二年四月辛丑，冀寧路平晉縣地震，聲如雷鳴，裂地尺餘，民居皆傾仆。七月，惠州雨水，羅浮山崩，凡二十七處，壞民居，塞田澗。十二月己酉，京師地震。三年二月，鈞州新鄭、密縣地震。六月乙巳，秦州(奉)〔秦〕安縣南坡崩裂，〔一〕壓死人畜。七月戊辰，鞏昌山崩，人畜死者衆。十二月，膠州及屬邑高密地震。四年八月，莒州蒙陰縣地震。十二月，東平路東阿、陽穀、平陰三縣及漢陽地震。五年春，薊州地震，所領四縣及東平汶上縣亦如之。十二月乙丑，鎭江地震。六年二月，益都路益都、昌樂、壽光三縣，濰州北海縣、膠州卽墨縣地震。三月，高苑縣地震，壞民居。六月，廣州增城縣羅浮山崩，水湧溢，溺死百餘人。九月戊午，邵武地震。〔二〕翌日，地中有聲如鼓，夜復如之。七年二月，益都臨淄、臨朐，濰州之昌邑、膠州之高密、濟南之棣州地震。三月，東平路東阿、陽穀、平陰三縣地震，河水動搖。五月，臨淄地又震，七日乃止。河東地坼泉湧，崩城陷屋，傷人民。十一月，鎭江丹陽縣地震。九年六月，台州地震。七月庚寅，泉州大風雨。永春縣南象山崩，壓死者甚衆。十年，冀寧徐溝縣地震。五月甲子，龍興寧州大雨，山崩數十處。丙寅，瑞州上高縣蒙山崩。十月乙酉，泉州安溪縣侯山鳴。十一年四月，冀寧路汾、忻二州，文水、平晉、榆次、壽陽四縣，晉寧遼州之榆社，懷慶河內、修武二縣及孟州皆地震，聲如雷霆，圮房屋，壓死者甚衆。八月丁丑，中興路公安、松滋、枝江三縣，峽、荊門二州地震。十二年二月丙戌，霍州靈石縣地震。閏三月丁丑，陝西地震，莊浪、定西、靜寧、會州尤甚，移山湮谷，陷沒廬舍，有不見其跡者。會州公廨牆圮，得弩五百餘張，長丈餘，短者九尺，人莫能開挽。十月丙午，霍州趙城縣霍山崩，湧石數里，前三日，山鳴如雷，禽獸驚散。十三年三月，莊浪、定西、靜寧、會州地震。七月，汾州白彪山坼。十四年四月，汾州介休縣地震，泉湧。七月，孝義縣地震。十一月，寧國路地震，所領寧國、旌德二縣亦如之。淮安路海州地震。十二月己酉，紹興地震。十五年四月，寧國敬亭、麻姑、華陽諸山崩。六月丁丑，冀寧保德州地震。十六年春，薊州地震，凡十日，所領四縣亦如之。六月，雷州地大震。十七年十月，靜江路東門地陷，城東石山崩。十二月丁酉，慶元路象山縣鵝鼻山崩，有聲如雷。十八年二月乙亥，冀寧臨州地震。五月，益都地震。十九年正月甲午，慶元地震。二十年二月，延平順昌縣地震。二十二年三月，南雄路地震。二十三年十二月丁巳，台州地震。二十五年十月壬申，〔三〕興化路地震，有聲如雷。二十六年三月，海州地震如雷，贛榆縣吳山崩。六月，汾州介休縣地震。紹興山陰縣臥龍山裂。七月辛亥，冀寧路徐溝縣，石、忻、臨三州，汾之孝義、平遙二縣同日地震，有壓死者。丙辰，泉州同安縣大雷雨，〔四〕三秀山崩。是月，河南府鞏縣大霖雨，地震山崩。十一月辛丑，華州蒲城縣洛岸崩，壅水，絕流三日。十二月庚午，華州之蒲城縣洛水和順崖崩，其崖戴石，有巖穴可居，是日壓死辟亂者七十餘人。二十七年五月，山東地震。六月，沂州山石崩裂，有聲如雷。七月丙戌，靜江靈川縣大藏山石崖崩。十月丙辰，福州雷雨，地震。十二月庚午，又震，有聲如雷。二十八年六月，冀寧文水、徐溝二縣，汾州孝義、介休二縣，臨州、保德州，隰之石樓縣及陝西皆地震。十月辛巳，陝西地又震。

至元四年五月，彰德臨彰縣麥秀兩岐，有三穗者。至正元年，延平順昌縣嘉禾生，一莖五穗。冀寧太原縣有嘉禾，異畝同穎。三年八月，晉寧臨汾縣嘉禾生，有五穗至八穗者。十年，彰德路穀麥雙穗。十六年，大同路秦城鄉嘉禾生，一莖二穗五穗，有九穗者，有異莖而同穗者。二十六年五月，洛陽縣康家莊有瑞麥，一莖四穗雙穗三穗者甚衆。

校勘記

〔一〕（元統）二年正月　上文已有「元統元年」，此「元統」二字重出，從道光本删。

〔二〕五年（五）〔六〕月庚戌汀州路長汀縣大水　據本書卷四〇順帝紀至元五年六月庚戌條改。按是年五月己未朔，無庚戌日；六月戊子朔，庚戌爲二十三日。

〔三〕霍州靈（巖）〔石〕縣雨水暴漲　據本書卷五八地理志改。按霍州領縣有靈石，無「靈巖」。本證已校。

〔四〕濟寧路肥(水)〔城〕縣西黃水汎溢　從道光本改。按濟寧路領肥城縣，無「肥水縣」。

〔五〕(至元)四年四月癸巳　上文已有「至元元年」，此「至元」二字重出，從道光本删。

〔六〕三(月)〔年〕秋　按「三月」不能稱「秋」，此條在二年後、四年前，「月」爲「年」之誤，今從道光本改。

〔七〕般陽(淄)〔淄〕川縣　從道光本改。按般陽府領淄川縣，無「滋川縣」。

〔八〕沂汾二州　按本書卷五八地理志，冀寧路領忻州，益都路領沂州。倘作沂州，當列於益都路濰州、膠州下；此列冀寧路下，疑史文有誤。道光本作「忻、汾二州」。

〔九〕十三年五月乙丑　按是月丁卯朔，無乙丑日。此「乙丑」疑爲己丑二十三日之誤。

〔一〇〕西湖寺神御殿壁(作)〔仆〕　據本書卷三九順帝紀至元三年八月壬午條改。按北監本改「作」爲「傾」。

〔一一〕秦州(奉)〔秦〕安縣　據本書卷六〇地理志改。按秦州領縣有秦安，無「奉安」。本證已校。

〔一二〕九月戊午邵武地震　按是月丙子朔，無戊午日。續通鑑作九月戊子十三日。

〔一三〕二十五年十月壬申　按十月乙酉朔，無壬申日。閏十月乙卯朔，有壬申十八日。疑此處「十月」上脫「閏」字。

〔一四〕七月辛亥至丙辰泉州同安縣大雷雨　按七月辛巳朔，無辛亥日，亦無丙辰日。「七月」疑當作「八月」。八月庚戌朔，辛亥爲初二日，丙辰爲初七日。

元史卷五十二

志第四

曆一

夫明時治曆，自黃帝、堯、舜與三代之盛王，莫不重之，其文備見於傳記矣。雖去古既遠，其法不詳，然原其要，不過隨時考驗，以合於天而已。漢劉歆作三統曆，始立積年日法，以爲推步之準。後世因之，歷唐而宋，其更元改法者，凡數十家，豈故相爲乖異哉？蓋天有不齊之運，而曆爲一定之法，所以旣久而不能不差，旣差則不可不改也。

元初承用金大明曆，庚辰歲，太(宗)〔祖〕西征，〔一〕五月望，月蝕不效；二月、五月朔，微月見於西南。中書令耶律楚材以大明曆後天，乃損節氣之分，減周天之秒，去交終之率，治月轉之餘，課兩曜之後先，調五行之出沒，以正大明曆之失。且以中元庚午歲，國兵南伐，而天下略定，推上元庚(子)〔午〕歲天正十一月壬戌朔，〔二〕子正冬至，日月合璧，五星聯珠，同會虛宿六度，以應太祖受命之符。又以西域、中原地里殊遠，創爲里差以增損之，雖東西萬里，不復差忒。遂題其名曰西征庚午元曆，表上之，然不果頒用。

至元四年，西域札馬魯丁撰進萬年曆，世祖稍頒行之。十三年，平宋，遂詔前中書左丞許衡、太子贊善王恂、都水少監郭守敬改治新曆。衡等以爲金雖改曆，止以宋紀元曆微加增益，實未嘗測驗於天，乃與南北日官陳鼎臣、鄧元麟、毛鵬翼、劉巨淵、王素、岳鉉、高敬等參考累代曆法，復測候日月星辰消息運行之變，參別同異，酌取中數，以爲曆本。十七年冬至，曆成，詔賜名曰授時曆。十八年，頒行天下。二十年，詔太子諭德李謙爲曆議，發明新曆順天求合之微，考證前代人爲附會之失，誠可以貽之永久，自古及今，其推驗之精，蓋未有出於此者也。今衡、恂、守敬等所撰曆經及謙曆議故存，皆可考據，是用具著于篇。惟萬年曆不復傳，而庚午元曆雖未嘗頒用，其爲書猶在，因附著于後，使來者有考焉。作曆志。

授時曆議上

驗氣

天道運行，如環無端，治曆者必就陰消陽息之際，以爲立法之始。陰陽消息之機，何從而見之？惟候其日晷進退，則其機將無所遁。候之之法，不過植表測景，以究其氣至之始。智作能述，前代諸人爲法略備，苟能精思密索，心與理會，則前人述作之外，未必無所增益。

舊法擇地平衍，設水準繩墨，植表其中，以度其中晷。然表短促，尺寸之下所爲分秒太、半、少之數，未易分別。表長，則分寸稍長，所不便者，景虛而淡，難得實景。前人欲就虛景之中考求眞實，或設望筩，或置小表，或以木爲規，皆取表端日光下徹圭面。今以銅爲表，高三十六尺，端挾以二龍，舉一横梁，下至圭面，共四十尺，是爲八尺之表五。圭表刻爲尺寸，舊寸一，今申而爲五，釐毫差易分。別創爲景符，以取實景。其制以銅葉，博二寸，長加博之二，中穿一竅，若針芥然，以方闆爲趺，一端設爲機軸，令可開闔，榰其一端，使其勢斜倚，北高南下，往來遷就於虛景之中，竅達日光，僅如米許，隱然見横梁於其中。舊法以表端測晷，所得者日體上邊之景，今以横梁取之，實得中景，不容有毫末之差。

地中八尺表景，冬至長一丈三尺有奇，夏至尺有五寸。今京師長表，冬至之景七丈九尺八寸有奇，在八尺表則一丈五尺九寸六分；夏至之景一丈一尺七寸有奇，在八尺表則二尺三寸四分。雖晷景長短所在不同，而其景長爲冬至，景短爲夏至，則一也。惟是氣至時刻考求不易，蓋至日氣正，則一歲氣節從而正矣。劉宋祖冲之嘗取至前後二十三四日間晷景，折取其中，定爲冬至，且以日差比課，推定時刻。宋皇祐間，周琮則取立冬、立春二日之景，以爲去至既遠，日差頗多，易爲推考。紀元以後諸曆，爲法加詳，大抵不出冲之之法。新曆積日累月，實測中晷，自遠日以及近日，取前後日率相埒者，參考同異，初非偏取一二日之景，以取數多者爲定，實減大明曆一十九刻二十分。仍以累歲實測中晷日差分寸，定擬二至時刻于后。

推至元十四年丁丑歲冬至

其年十一月十四日己亥，景長七丈九尺四寸八分五釐五毫；至二十一日丙午，景長七丈九尺五寸四分一釐；二十二日丁未，景長七丈九尺四寸五分五釐。以己亥、丁未二日之景相校，餘三分五（釐）〔毫〕爲晷差，〔三〕進二位；以丙午、丁未二日之景相校，餘八分六釐爲法；除之，得三十五刻；用減相距日八百刻，餘七百六十五刻；折取其中，加半日刻，共爲四百三十二刻半；百約爲日，得四日；餘以十二乘之，百約爲時，得三時；滿五十又作一時，共得四時；餘以十二收之，得三刻；命初起距日己亥算外，得癸卯日辰初三刻爲丁丑歲冬至。此取至前後四日景。

十一月初九日甲午，景七丈八尺六寸三分五釐五毫；至二十六日辛亥，景七丈八尺七寸九分三釐五毫；二十七日壬子，景七丈八尺五寸五分。以甲午、壬子景相減，復以辛亥、壬子景相減，準前法求之，亦得癸卯日辰初三刻。至二十八日癸丑，景七丈八尺三寸四釐五毫，用壬子、癸丑二日之景與甲午景，準前法求之，亦合。此取至前後八九日景。

十一月丙戌朔，景七丈五尺九寸八分六釐五毫；二日丁亥，景七丈六尺三寸七分七釐；至十二月初六日庚申，景七丈五尺八寸五分一釐。準前法求之，亦在辰初三刻。此取至前後一十七日景。

十(二)月二十一日丙子，〔四〕景七丈九寸七分一釐；至十二月十六日庚午，景七丈七寸六分；十七日辛未，景七丈一寸五分六釐五毫。準前法求之，亦得辰初三刻。此取至前後二十七日景。

六月初五日癸亥，景一丈三尺八分；距十五年五月癸未朔，景一丈三尺三分八釐五毫；初二日甲申，景一丈二尺九寸二分五毫。準前法求之，亦合。此取至前後一百六十日景。

推十五年戊寅歲夏至

五月十九日辛丑，景一丈一尺七寸七分七釐五毫；距二十八日庚戌，景一丈一尺七寸八分；二十九日辛亥，景一丈一尺八寸五釐五毫。用辛丑、庚戌二日之景相減，餘二釐五毫，進二位爲實；復用庚戌、辛亥景相減，餘二分五釐五毫爲法；除之，得九刻，用減相距日九百刻，餘八百九十一刻；半之，加半日刻，百約，得四日；餘以十二乘之，百約，得十一時；

餘以十二收爲刻，得三刻；命初起距日辛丑算外，得乙巳日亥正三刻夏至。此取至前後四日景。

十四年十二月十五日己巳，景七丈一尺三寸四分三釐；距十五年十一月初二日辛巳，景七丈七寸五分九釐五毫；初三日壬午，景七丈一尺四寸六釐。用己巳、壬午景相減，以辛巳、壬午景相減除之，亦合。此用至前後一百五十六日景。

十四年十二月十二日丙寅，景七丈二尺九寸七分二釐五毫；十三日丁卯，景七丈二尺四寸五分四釐五毫；十四日戊辰，景七丈一尺九寸九釐；距十五年十一月初四日癸未，景七丈一尺九寸五分七釐五毫；初五日甲申，景七丈二尺五寸五釐；初六日乙酉，景七丈三尺三分三釐五毫。前後互取，所得時刻皆合。此取至前後一百五十八九日景。

十四年十二月初七日辛酉，景七丈五尺四寸一分七釐；初八日壬戌，景七丈四尺九寸五分九釐五毫；初九日癸亥，景七丈四尺四寸八分六釐；距十五年十一月初九日戊子，景七丈四尺五寸二分五毫；初十日己丑，景七丈五尺三釐五毫；十一日庚寅，景七丈五尺四寸四分九釐五毫。以壬戌、己丑景相減爲實，以辛酉、壬戌景相減爲法，除之；或以壬戌、癸亥景相減，或以戊子、己丑景相減，若己丑、庚寅景相減，推前法求之，皆合。此取至前後一百六十三四日景。

推十五年戊寅歲冬至

其年十一月十九日戊戌，景七丈八尺三寸一分八釐五毫；距閏十一月初九日戊午，景七丈八尺三寸六分三釐五毫；初十日己未，景七丈八尺八分二釐五毫。用戊戌、戊午二日景相減，餘四分五釐爲晷差，進二位，以戊午、己未景相減，餘二寸八分一釐爲法，除之，得一十六刻，加相距日二千刻，半之，加半日刻，百約，得十日；餘以十二乘之，百約爲時，滿五十又進一時，共得七時；餘以十二收爲刻；命初起距日己亥算外，得戊申日未初三刻爲戊寅歲冬至。此取至前後十日景。

十一月十二日辛卯，景七丈五尺八寸八分一釐五毫；十三日壬辰，景七丈六尺三寸一釐五毫；閏十一月十五日甲子，景七丈六尺三寸六分六釐五毫；十六日乙丑，景七丈五尺九寸五分三釐；十七日丙寅，景七丈五尺五寸四釐五毫。用壬辰、甲子景相減爲實，以辛卯、壬辰景相減爲法，除之，亦得戊申日未初三刻。或用甲子、乙丑景相減，推之，亦合。若用辛卯、乙丑景相減爲實，用乙丑、丙寅景相減，除之，並同。此取至前後十六七日景。

十一月初八日丁亥，景七丈四尺三分七釐五毫；閏十一月二十日己巳，景七丈四尺一寸二分；二十一日庚午，景七丈三尺六寸一分四釐五毫。用丁亥、己巳景相減爲實，以己巳、庚午景相減，除之，亦同。此取至前後二十一日景。

六月二十六日戊寅，景一丈四尺四寸五分二釐五毫；二十七日己卯，景一丈四尺六寸三分八釐；至十六年四月二日戊寅，景一丈四尺四寸八分一釐。以二戊寅景相減，用後戊寅、己卯景相減，推之，亦同。此取至前後一百五十日景。

五月二十八日庚戌，景一丈一尺七寸八分；至十六年四月二十九日乙巳，景一丈一尺八寸六分三釐；三十日丙午，景一丈一尺七寸八分三釐。用庚戌、丙午景相減，以乙巳、丙午景相減，推之，亦同。此取至前後百七十八日景。

推十六年己卯歲夏至

四月十九日乙未，景一丈二尺三寸六分九釐五毫；二十日丙申，景一丈二尺二寸九分三釐五毫；至五月十九日乙丑，景一丈二尺二寸六分四釐。以丙申、乙丑景相減，餘二分九釐五毫爲晷差，進二位；以乙未、丙申景相減，得七分六釐爲法；除之，得三十八刻；加相距日二千九百刻，半之，加半日刻，百約，得十五日；餘以十二乘之，百約，得二時；餘以十二收之，得二刻；命初起距日丙申算外，得辛亥日寅正二刻爲夏至。此取至前後十五日景。

三月二十一日戊辰，景一丈六尺三寸九分五毫；六月十六日壬辰，景一丈六尺九分九釐五毫；十七日癸巳，景一丈六尺三寸一分一釐。用戊辰、癸巳景相減，以壬辰、癸巳景相減，準前法推之，亦合。此取至前後四十二日景。

三月初二日己酉，景二丈一尺三寸五氂；至七月初七日壬子，景二丈一尺一寸九分五氂五毫；初八日癸丑，景二丈一尺四寸八分六氂五毫。用己酉、壬子景相減，以壬子、癸丑景相減，如前法推之，亦合。此取至前後六十一二日景。

三月戊申朔，景二丈一尺六寸一分一氂；至七月初八日癸丑，景二丈一尺四寸八分六氂五毫；初九日甲寅，景二丈一尺九寸一分五氂五毫。用戊申、癸丑景相減，以癸丑、甲寅景相減，準前法推之，亦同。此取至前後六十二三日景。

二月十八日乙未，景二丈六尺三分四氂五毫；至七月二十一日丙寅，景二丈五尺八寸九分九氂；二十二日丁卯，景二丈六尺二寸五分九氂。用乙未、丙寅景相減，以丙寅、丁卯景相減，如前法推之，亦同。此取至前後七十五六日景。

二月三日庚辰，景三丈二尺一寸九分五氂五毫；至八月初五日庚辰，景三丈一尺五寸九分六氂五毫；初六日辛巳，景三丈二尺二分六氂五毫。用前庚辰與辛巳景相減，以後庚辰、辛巳景相減，如前推之，亦同。此取至前後九十日景。

正月十九日丁卯，景三丈八尺五寸一氂五毫；至八月十八日癸巳，景三丈七尺八寸二分三氂；十九日甲午，景三丈八尺三寸一分五毫。用丁卯、甲午景相減，以癸巳、甲午景相校，如前推之，亦同。此取至前後一百三四日景。

推十六年己卯歲冬至

十月二十四日戊戌，景七丈六尺七寸四分；至十一月二十五日己巳，景七丈六尺五寸八分；二十六日庚午，景七丈六尺一寸四分二釐五毫。用戊戌、己巳景相減，餘一寸六分爲晷差，進二位；以己巳、庚午景相減，餘四寸三分七釐五毫爲法；除之，得三十六刻；以相減距日三千一百刻，餘三千六十四刻；半之，加五十刻，百約，得一十五日；餘以十二乘之，百約爲時，滿五十，又進一時，共得十時；餘以十二收之爲刻，得二刻；命初起距日戊戌算外，得癸丑日戌初二刻冬至。此取至前後十五六日景。

十月十八日壬辰，景七丈四尺五分二釐五毫；十九日癸巳，景七丈四尺五寸四分五釐；二十日甲午，景七丈五尺二分五釐；至十一月二十八日壬申，景七丈五尺三寸二分；二十九日癸酉，景七丈四尺八寸五分二釐五毫；十二月甲戌朔，景七丈四尺三寸六分五釐；初二日乙亥，景七丈三尺八寸七分一釐五毫。用甲午、癸酉景相減，癸巳、甲午景相減，如前推之，亦同。若以壬申、癸酉景相減爲法，推之亦同。此取至前後十八九日景。

若用癸巳與甲戌景相減，以壬辰、癸巳景相減，推之，或癸巳、甲午景相減，推之，或用甲戌、癸酉景相減，推之，或甲戌、乙亥景相減，推之，或以壬辰、乙亥景相減，用壬辰、癸巳景相減，推之並同。此取至前後二十日景。

十月十六日庚寅，景七丈三尺一分五釐；十二月初三日丙子，景七丈三尺三寸二分；初四日丁丑，景七丈二尺八寸四分二釐五毫。用庚寅、丁丑景相減，以丙子、丁丑景相減，推之亦同。此取至前後二十三日景。

十月十四日戊子，景七丈一尺九寸二分二釐五毫；十五日己丑，景七丈二尺四寸六分九釐；十二月初五日戊寅，景七丈二尺二寸七分二釐五毫。用己丑、戊寅景相減，以戊子、己丑景相減，推之，或用己丑、庚寅相減，推之亦同。此取至前後二十四日景。

十月初七日辛巳，景六丈七尺七寸四分五釐；初八日壬午，景六丈八尺三寸七分二釐五毫；初九日癸未，景六丈八尺九寸七分七釐五毫；十二月十二日乙(丑)〔酉〕，〔五〕景六丈八尺一寸四分五釐。用壬午、乙(丑)〔酉〕景相減，以辛巳、壬午相減，推之，壬午、癸未景相減，推之亦同。此取至前後三十一二日景。

十月乙亥朔，景六丈三尺八寸七分；十二月十八日辛卯，景六丈四尺二寸九分七釐五毫；十九日壬辰，景六丈三尺六寸二分五釐。用乙亥、壬辰景相減，以辛卯、壬辰景相減，推之亦同。此取至前後三十八日景。

九月二十二日丙寅，景五丈七尺八寸二分五釐；十二月二十八日辛丑，景五丈七尺五寸八分；二十九日壬寅，景五丈六尺九寸一分五釐。用丙寅、辛丑景相減，以辛丑、壬寅景相減，推之亦同。此取至前後四十七八日景。

九月二十日甲子，景五丈六尺四寸九分二釐五毫；至十二月二十九日壬寅，景五丈六尺九寸一分五釐；至十七年正月癸卯朔，景五丈六尺二寸五分。用甲子、癸卯相減，壬寅、癸卯景相減，推之亦同。此取至前後五十日景。

右以累年推測到冬夏二至時刻爲準，定擬至元十八年辛巳歲前冬至，當在己未日夜半後六刻，卽丑初一刻。

歲餘歲差

周天之度，周歲之日，皆三百六十有五。全策之外，又有奇分，大率皆四分之一。自今歲冬至距來歲冬至，歷三百六十五日，而日行一周，凡四周，歷千四百六十，則餘一日，析而四之，則四分之一也。然天之分常有餘，歲之分常不足，其數有不能齊者，惟其所差至微，前人初未覺知。迨漢末劉洪，始覺冬至後天，謂歲周餘分太强，乃作乾象曆，減歲餘分二千五百爲二千四百六十二。至晉虞喜，宋何承天、祖冲之，謂歲當有差，因立歲差之法。其法損歲餘，益天周，使歲餘浸弱，天周浸强，强弱相減，因得日躔歲退之差。歲餘、天周，二者實相爲用，歲差由斯而立，日躔由斯而得，一或損益失當，詎能與天叶哉？

今自劉宋大明壬寅以來，凡測景驗氣得冬至時刻眞數者有六，取相距積日時刻，以相距之年除之，各得其時所用歲餘。復自大明壬寅距至元戊寅積日時刻，以相距之年除之，得每歲三百六十五日二十四分二十五秒，比大明曆減去一十一秒，定爲方今所用歲餘。餘七十五秒，用益所謂四分之一，共爲三百六十五度二十五分七十五秒，定爲天周。餘分强弱相減，餘一分五十秒，用除全度，得六十六年有奇，日却一度，以六十六年除全度，適得一分五十秒，定爲歲差。

復以堯典中星考之，其時冬至日在女、虛之交。及考之前史，漢元和二年，冬至日在斗二十一度；晉太元九年，退在斗十七度；宋元嘉十年，在斗十四度末；梁大同十年，在斗十二度；隋開皇十八年，猶在斗十二度；唐開元十二年，在斗九度半；今退在箕十度。取其距今之年、距今之度較之，多者七十餘年，少者不下五十年，輒差一度。宋慶元間，改統天曆，取大衍歲差率八十二年及開元所距之差五十五年，折取其中，得六十七年，爲日却行一度之差。施之今日，質諸天道，實爲密近。

然古今曆法，合於今必不能通於古，密於古必不能驗於今。今授時曆，以之考古，則增歲餘而損歲差；以之推來，則增歲差而損歲餘；上推春秋以來冬至，往往皆合；下求方來，可以永久而無弊；非止密於今日而已。仍以大衍等六曆，考驗春秋以來冬至疏密，凡四十九事，具列如後。

冬至刻

	大衍	宣明	紀元	統天	大明	授時
獻公十五年戊寅歲，正月甲寅朔旦冬至。						
	丙辰二十二	乙卯八十八	丁巳三十三	乙卯二	丁巳三十五	甲寅九十九
僖公五年丙寅歲，正月辛亥朔旦冬至。						
	辛亥九十四	辛亥六十六	壬子七十四	辛亥二十七	壬子八十九	辛亥十四
昭公二十年己卯歲，正月己丑朔旦冬至。						
	己丑四十五	己丑二十	庚寅二十五	戊子九十二	庚寅二十九	戊子八十三
宋元嘉十二年乙亥歲，十一月十五日戊辰景長。						
	戊辰三十五	戊辰三十二	戊辰三十九	戊辰五十一	戊辰四十一	戊辰四十七
元嘉十三年丙子歲，十一月二十六日甲戌景長。						
	癸酉五十九	癸酉五十七	癸酉六十三	癸酉七十五	癸酉六十五	癸酉七十一
元嘉十五年戊寅歲，十一月十八日甲申景長。						

甲申八　甲申六　甲申十二　甲申二十四　甲申十四　甲申十九

元嘉十六年己卯歲，十月二十九日己丑景長。

己丑三十三　己丑三十　己丑三十七　己丑四十八　己丑三十七　己丑四十四

元嘉十七年庚辰歲，十一月初十日甲午景長。

甲午五十七　甲午五十五　甲午六十一　甲午七十二　甲午六十三　甲午六十八

元嘉十八年辛巳歲，十一月二十一日己亥景長。

己亥八十二　己亥七十九　己亥八十五　己亥九十七　己亥八十七　己亥九十三

元嘉十九年壬午歲，十一月初三日乙巳景長。

乙巳六　乙巳四　乙巳十　乙巳二十一　乙巳一十一　乙巳一十七

大明五年辛丑歲，十一月乙酉冬至。

甲申七十　甲申六十八　甲申七十三　甲申八十九　甲申七十四　甲申七十九

陳天嘉六年乙酉歲，十一月庚寅景長。

庚寅十二　庚寅十三　庚寅五　庚寅二十四　庚寅八　庚寅十七

光大二年戊子歲，十一月乙巳景長。

乙巳八十　乙巳八十六　乙巳七十九　乙巳九十七　乙巳八十一　乙巳九十

太建四年壬辰歲，十一月二十九日丁卯景長。

丙寅八十三　丙寅七十八　丙寅七十七　丙寅九十五　丙寅九十八　丙寅八十七

太建六年甲午歲，十一月二十日丁丑景長。

丁丑三十二　丁丑三十三　丁丑二十五　丁丑四十三　丁丑二十七　丁丑三十六

太建九年丁酉歲，十一月二十三日壬辰景長。

癸巳四　癸巳六　壬辰九十九　癸巳十六　癸巳空　癸巳八

太建十年戊戌歲，十一月五日戊戌景長。

戊戌三十　戊戌三十　戊戌二十三　戊戌四十　戊戌二十四　戊戌三十三

〔隋〕開皇四年甲辰歲，〔六〕十一月十一日己巳景長。

己巳七十七　己巳七十八　己巳六十九　己巳八十六　己巳七十一　己巳八十六

開皇五年乙巳歲，十一月二十二日乙亥景長。

乙亥一　乙亥二　甲戌九十二　乙亥十一　甲戌五十五　乙亥一十

開皇六年丙午歲，十一月三日庚辰景長。

庚辰二十五　庚辰二十六　庚辰十八　庚辰三十四　庚辰十九　庚辰三十四

開皇七年丁未歲，十一月十四日乙酉景長。

乙酉五十　乙酉五十一　乙酉四十二　乙酉五十九　乙酉四十四　乙酉五十九

開皇十一年辛亥歲，十一月二十八日丙午景長。

丙午四十八　丙午四十九　丙午四十三　丙午五十七　丙午四十一　丙午五十六

開皇十四年甲寅歲，十一月辛酉朔旦冬至。

壬戌二十一　壬戌二十二　壬戌十三　壬戌三十　壬戌十四　壬戌二十九

唐貞觀十八年甲辰歲，十一月乙酉景長。

甲申四十三　甲申四十五　甲申三十一　甲申五十　甲申三十二　甲申四十四

貞觀二十三年己酉歲，十一月辛亥景長。

庚戌六十五　庚戌六十八　庚戌五十三　庚戌七十二　庚戌五十四　庚戌六十六

龍朔二年壬戌歲，十一月四日己未至戊午景長。

戊午八十三　戊午八十六　戊午六十九　戊午八十八　戊午七十一　戊午八十二

儀鳳元年丙子歲，十一月壬申景長。

壬申二十五　壬申二十八　壬申十　壬申二十八　壬申十二　壬申二十二

永淳元年壬午歲，十一月癸卯景長。

癸卯七十二　癸卯七十五　癸卯五十七　癸卯七十六　癸卯五十八　癸卯六十八

開元十年壬戌歲，十一月癸酉景長。

癸酉四十九　癸酉五十四　癸酉三十一　癸酉五十　癸酉三十二　癸酉四十六

開元十一年癸亥歲，十一月戊寅景長。

戊寅七十四　戊寅七十七　戊寅五十五　戊寅七十四　戊寅五十六　戊寅七十

開元十二年甲子歲，十一月癸未冬至。

癸未九十八　甲申三　癸未八十　癸未九十九　癸未八十一　癸未九十五

宋景德四年丁未歲，十一月戊辰日南至。

戊辰十五　戊辰二十六　丁卯七十四　丁卯八十二　丁卯七十四　丁卯八十

皇祐二年庚寅歲，十一月三十日癸丑景長。

癸丑六十五　癸丑七十九　癸丑二十二　癸丑二十五　癸丑二十二　癸丑二十三

元豐六年癸亥歲，十一月丙午景長。

丙午七十三　丙午八十五　丙午二十六　丙午二十七　丙午二十六　丙午二十六

元豐七年甲子歲，十一月辛亥景長。

辛亥九十七　壬子二十　辛亥五十　辛亥五十一　辛亥五十　辛亥五十一

元祐三年戊辰歲，十一月壬申景長。

壬申九十四　癸酉八　壬申四十八　壬申四十八　壬申四十八　壬申四十八

元祐四年己巳歲，十一月丁丑景長。

戊寅十九　戊寅三十二　丁丑七十二　丁丑七十二　丁丑七十二　丁丑七十二

元祐五年庚午歲，十一月壬午冬至。

癸未四十四　癸未五十六　壬午九十六　壬午九十七　壬午九十六　壬午九十六

元祐七年壬申歲，十一月癸巳冬至。

癸巳九十二　甲午五　癸巳四十五　癸巳四十五　癸巳四十五　癸巳四十五

元符元年戊寅歲，十一月甲子冬至。

乙丑三十九　乙丑五十二　甲子九十一　甲子九十一　甲子九十一　甲子九十一

崇寧三年甲申歲，十一月丙申冬至。

丙申八十六　丙申九十九　丙申三十七　丙申三十六　丙申三十七　丙申三十七

紹熙二年辛亥歲，十一月壬申冬至。

癸酉十二　癸酉二十七　壬申五十七　壬申四十七　壬申五十七　壬申四十六

慶元三年丁巳歲，十一月癸卯日南至。

甲辰五十九　甲辰七十四　甲辰三　癸卯九十二　甲辰三　癸卯九十二

嘉泰三年癸亥歲，十一月甲戌日南至。

丙子五　丙子二十一　乙亥四十九　乙亥三十七　乙亥四十九　乙亥三十七

嘉定五年壬申歲，十一月壬戌日南至。

癸亥二十五　癸亥四十一　壬戌六十九　壬戌五十六　壬戌六十八　壬戌五十六

紹定三年庚寅歲，十一月丙申日南至。

丁酉六十五　丁酉八十三　丁酉七　丙申六十三　丁酉七　丙申九十二

淳祐十年庚戌歲，十一月辛巳日南至。

壬午九十四　壬午七十一　辛巳九十六　辛巳七十七　辛巳九十四　辛巳七十八

本朝至元十七年庚辰歲，十一月己未夜半後六刻冬至。

己未八十七　庚申五　己未二十五　己未四　己未二十四　己未六

右自春秋獻公以來，凡二千一百六十餘年，用大衍、宣明、紀元、統天、大明、授時六曆推算冬至，凡四十九事。〔七〕大衍曆合者三十二，不合者十七；宣明曆合者二十六，不合者二十三；紀元曆合者三十五，不合者十四；統天曆合者三十八，不合者十一；大明曆合者三十四，不合者十五；授時曆合者三十九，不合者十事。

今按獻公十五年戊寅歲正月甲寅朔旦冬至，授時曆得甲寅，統天曆得乙卯，後天一日；

至僖公五年〔丙寅歲〕正月辛亥朔旦冬至，〔六〕授時、統天皆得辛亥，與天合；下至昭公二十年己卯歲正月己丑朔旦冬至，授時、統天皆得戊子，並先一日，若曲變其法以從之，則獻公、僖公皆不合矣。以此知春秋所書昭公冬至，乃日度失行之驗。一也。大衍曆考古冬至，謂劉宋元嘉十三年丙子歲十一月甲戌日南至，大衍與皇極、麟德三曆皆得癸酉，各先一日，乃日度失行，非三曆之差。今以授時曆考之，亦得癸酉。二也。大明五年辛丑歲十一月乙酉冬至，諸曆皆得甲申，殆亦日度之差。三也。陳太建四年壬辰歲十一月丁卯景長，大衍、授時皆得丙寅，是先一日；太建九年丁酉歲十一月壬辰景長，大衍、授時皆得癸巳，是後一日；一失之先，一失之後，若合於壬辰，則差於丁酉，合於丁酉，則差於壬辰，亦日度失行之驗。五也。開皇十一年辛亥歲十一月丙午景長，大衍、統天、授時皆得丙午，與天合；至開皇十四年甲寅歲十一月辛酉冬至，而大衍、統天、授時皆得壬戌，若合於辛亥，則失於甲寅，合於甲寅，則失於辛亥，其開皇十四年甲寅歲冬至，亦日度失行。六也。唐貞觀十八年甲辰歲十一月乙酉景長，諸曆得甲申，貞觀二十三年己酉歲十一月辛亥景長，諸曆皆得庚戌，大衍曆議以永淳、開元冬至推之，知前二冬至乃史官依時曆以書，必非候景所得，所以不合，今以授時曆考之亦然。八也。自前宋以來，測景驗氣者凡十七事，其景德丁未歲戊辰日南至，統天、授時皆得丁卯，是先一日；嘉泰癸亥歲甲戌日南至，統天、授時皆得乙亥，是後一日；一失之先，一失之後，若曲變其數以從景德，則其餘十六事多後天，從嘉泰，則其餘十六事多先天，亦日度失行之驗。十也。

前十事皆授時曆所不合，以此理推之，非不合矣，蓋類其同則知其中，辨其異則知其變。今於冬至略其日度失行及史官依時曆書之者凡十事，則授時曆三十九事皆中，統天曆與今曆不合者僅有獻公一事，大衍曆推獻公冬至後天二日，大明後天三日，授時曆與天合。下推至元庚辰冬至，大衍後天八十一刻，大明後天一十九刻，統天曆先天一刻，授時曆與天合。以前代諸曆校之，授時爲密，庶幾千歲之日至，可坐而致云。

古今曆參校疏密

授時曆與古曆相校，疏密自見，蓋上能合於數百載之前，則下可行之永久，此前人定說。古稱善治曆者，若宋何承天，隋劉焯，唐傅仁均、僧一行之流，最爲傑出。今以其曆與至元庚辰冬至氣應相校，未有不舛戾者，而以新曆上推往古，無不脗合，則其疏密從可知已。

宋文帝元嘉十九年壬午歲十一月乙巳日十一刻冬至，距本朝至元十七年庚辰歲，計八百三十八年。其年十一月，氣應己未六刻冬至，元嘉曆推之，得辛酉，後授時二日；授時上考元嘉壬午歲冬至，得乙巳，與元嘉合。

隋大業三年丁卯歲十一月庚午日五十二刻冬至，距至元十七年庚辰歲，計六百七十三年。皇極曆推之，得庚申冬至，後授時一日；授時上考大業丁卯歲冬至，得庚午，與皇極合。

唐武德元年戊寅歲十一月戊辰日六十四刻冬至，距至元十七年庚辰歲，計六百六十二年。戊寅曆推之，得庚申冬至，後授時一日；授時曆上考武德戊寅歲，得戊辰冬至，與戊寅曆合。

開元十五年丁卯歲十一月己亥日七十二刻冬至，距至元十七年庚辰歲，計五百五十三年。大衍曆推之，得己未冬至，後授時八十一刻；授時曆上考開元丁卯歲，得己亥冬至，與大衍曆合，先四刻。

長慶元年辛丑歲十一月壬子日七十六刻冬至，距至元十七年庚辰歲，計四百五十九年。宣明曆推之，得庚申冬至，後授時一日；授時曆上考長慶辛丑歲，得壬子冬至，與宣明曆合。

宋太平興國五年庚辰歲十一月丙午日六十三刻冬至，距至元十七年庚辰歲，計三百年。乾元曆推之，得庚申冬至，後授時一日；授時曆上考太平興國庚辰歲，得丙午冬至，與乾元合。

咸平三年庚子歲十一月辛卯日五十三刻冬至，距至元十七年庚辰歲，計二百八十年。

儀天曆推之，得庚申冬至，後授時一日；授時上考咸平庚子歲，得辛卯冬至，與儀天合。

崇寧四年乙酉歲十一月辛丑日六十二刻冬至，距至元十七年庚辰歲，計一百七十五年。紀元曆推之，得己未日冬至，後授時十九刻；授時曆上考崇寧乙酉歲，得辛丑日冬至，與紀元曆合，先二刻。

金大定十九年己亥歲十一月己巳日六十四刻冬至，距至元十七年庚辰歲，計一百一年。大明曆推之，得己未冬至，後授時一十九刻；授時曆上考大定己亥歲，己巳冬至，與大明曆合，先九刻。大明冬至蓋測驗未密故也。

慶元四年戊午歲十一月己酉日一十七刻冬至，距至元十七年庚辰歲，計八十二年。統天曆推之，得己未冬至，先授時一刻；授時曆上考慶元戊午歲，得己酉日冬至，與統天曆合。

周天列宿度

列宿著於天，爲舍二十有八，爲度三百六十五有奇。非日躔無以校其度，非列舍無以紀其度，周天之度，因二者以得之。天體渾圓，當二極南北之中，絡以赤道，日月五星之行，常出入於此。天左旋，日月五星遡而右轉，昔人曆象日月星辰，謂此也。然列舍相距度數，歷代所測不同，非微有動移，則前人所測或有未密。古用闚管，今新制渾儀，測用二綫，所測度數分秒與前代不同者，今列于左。

漢洛下閎所測	唐一行所測	宋皇祐所測	元豐所測	崇寧所測	至元所測
角十二度					十二度一十分
亢九度				九度少	九度二十分
氐十五度		十六度			十六度三十分
房五度			六度	五度太	五度六十分
心五度		六度		六度少	六度五十分
尾十八度		十九度		十九度少	十九度一十分
箕十一度		十度	十一度	十度半	十度四十分
東方七十五度		七十七度	七十九度	(七十八度)〔九〕	七十九度二十分
斗二十六度及分	二十六度	二十五度			二十五度二十分
牛八度		七度		七度少	七度二十分

女十二度		十一度		十一度少	十一度三十五分
虛十度	十度少强		九度少强		八度九十五分
危十七度		十六度		十五度半	十五度四十分
室十六度	十六度	十七度			十七度一十分
壁九度				八度太	八度六十分
北方九十八度及分	九十八度二十五分	九十五度二十五分	九十四度二十五分	九十四度七十五分〔一〇〕	九十三度八十分太
奎十六度				十六度半	十六度六十分
婁十二度					十一度八十分
胃十四度		十五度			十五度六十分
昴十一度				十一度少	十一度三十分
畢十六度	十七度	十八度	十七度	十七度少	十七度四十分
觜二度	一度			半度	五分

參九度	十度			十度半	十一度一十分
西方八十度	八十一度	八十三度	八十二度	八十三度	八十三度八十五分
井三十三度		〔三十四度〕〔一〕		三十三度少	三十三度三十分
鬼四度	三度	二度		二度半	二度二十分
柳十五度		十四度		十三度太	十三度三十分
星七度				六度太	六度三十分
張十八度			十七度	十七度少	十七度二十五分
翼十八度			十九度	十八度太	十八度七十五分
軫十七度					十七度三十分
南方一百一十二度	一百一十一度	一百一十度	一百一十度	一百九度二十五分	一百八度四十分

日躔

日之麗天，縣象最著，大明一生，列宿俱熄。古人欲測躔度所在，必以昏旦夜半中星衡考其所距，從考其所當；然昏旦夜半時刻未易得眞，時刻一差，則所距、所當，不容無舛。晉姜岌首以月食衝檢，知日度所在；紀元曆復以太白誌其相距遠近，於昏後明前驗定星度，因得日躔。今用至元丁丑四月癸酉望月食既，推求得冬至日躔赤道箕宿十度，黄道九度有奇。仍自其年正月至己卯歲終，三年之間，日測太陰所離宿次及歲星、太白相距度，定驗參考，共得一百三十四事，皆躔箕宿，適與月食所衝允合。以金趙知微所修大明曆法推之，冬至猶躔斗初度三十六分六十四秒，比新測實差七十六分六十四秒。

日行盈縮

日月之行，有冬有夏，言日月行度，冬夏各不同也。人徒知日行一度，一歲一周天，曾不知盈縮損益，四序有不同者。北齊張子信積候合蝕加時，覺日行有入氣差，然損益未得其正。趙道嚴復準晷景長短，定日行進退，更造盈縮以求虧食。至劉焯立躔度，與四序升降，雖損益不同，後代祖述用之。

夫陰陽往來，馴積而變，冬至日行一度强，出赤道二十四度弱，自此日軌漸北，積八十八日九十一分，當春分前三日，交在赤道，實行九十一度三十一分而適平。自後其盈日損，復行九十三日七十一分，當夏至之日，入赤道內二十四度弱，實行九十一度三十一分，日行一度弱，向之盈分盡損而無餘。自此日軌漸南，積九十三日七十一分，當秋分後三日，交在赤道，實行九十一度三十一分而復平。自後其縮日損，行八十八日九十一分，出赤道外二十四度弱，實行九十一度三十一分，復當冬至，向之縮分盡損而無餘。盈縮均有損益，初爲益，末爲損。自冬至以及春分，春分以及夏至，日躔自北陸轉而西，西而南，於盈爲益，益極而損，損至於無餘而縮。自夏至以及秋分，秋分以及冬至，日躔自南陸轉而東，東而北，於縮爲益，益極而損，損至於無餘而復盈。盈初縮末，俱八十八日九十一分而行一象；縮初盈末，俱九十三日七十一分而行一象；盈縮極差，皆二度四十分。由實測晷景而得，仍以算術推考，與所測允合。

月行遲疾

古曆謂月平行十三度十九分度之七。漢耿壽昌以爲日月行至牽牛、東井，日過度，月行十五度，至婁、角，始平行，赤道使然。賈逵以爲今合朔、弦、望、月食加時，所以不中者，蓋不知月行遲疾意。李梵、蘇統皆以月行當有遲疾，不必在牽牛、東井、婁、角之間，乃由行道有遠近出入所生。劉洪作乾象曆，精思二十餘年，始悟其理，列爲差率，以囿進退損益之數。後之作曆者，咸因之。至唐一行，考九道委蛇曲折之數，得月行疾徐之理。

先儒謂月與五星，皆近日而疾，遠日而遲。曆家立法，以入轉一周之日，爲遲疾二曆，各立初末二限，初爲益，末爲損。在疾初遲末，其行度率過於平行；遲初疾末，率不及於平行。自入轉初日行十四度半强，從是漸殺，歷七日，適及平行度，謂之疾初限，其積度比平行餘五度四十二分。自是其疾日損，又歷七日，行十二度微强，向之益者盡損而無餘，謂之疾末限。自是復行遲度，又歷七日，適及平行度，謂之遲初限，其積度比平行不及五度四十二分。自此其遲日損，行度漸增，又歷七日，復行十四度半强，向之益者亦損而無餘，謂之遲末限。入轉一周，實二十七日五十五刻四十六分，遲疾極差皆五度四十二分。舊曆日爲一限，皆用二十八限。今定驗得轉分進退時各不同，今分日爲十二，共三百三十六限，半之爲半周限，析而四之爲象限。

白道交周

當二極南北之中，橫絡天體以紀宿度者，赤道也。出入赤道，爲日行之軌者，黃道也。所謂白道，與黃道交貫，月行之所由也。古人隨方立名，分爲八行，與黃道而九，究而言之，其實一也。惟其隨交遷徙，變動不居，故强以方色名之。

月道出入日道，兩相交値，當朔則日爲月所掩，當望則月爲日所衝，故皆有食。然涉交有遠近，食分有深淺，皆可以數推之。所謂交周者，月道出入日道一周之日也。日道距赤道之遠，爲度二十有四。月道出入日道，不踰六度；其距赤道也，遠不過三十度，近不下十八度。出黃道外爲陽，入黃道內爲陰，陰陽一周，分爲四象；月當黃道爲正交，出黃道外六度爲半交，復當黃道爲中交，入黃道內六度爲半交，是爲四象。象別七日，各行九十一度，四象周歷，是謂一交之終，以日計之，得二十七日二十一刻二十二分二十四秒。每一交，退天一度二百分度之九十三，凡二百四十九交，退天一周有奇，終而復始。正交在春正，半交出黃道外六度，在赤道內十八度。正交在秋正，半交出黃道外六度，在赤道外三十度。中交在春正，半交入黃道內六度，在赤道內三十度。中交在秋正，半交入黃道內六度，在赤道外十八度。月道與赤道正交，距春秋二正黃赤道正交宿度，東西不及十四度三分度之二。夏至在陰曆內，冬至在陽曆外，月道與赤道所差者多；夏至在陽曆外，冬至在陰曆內，月道與赤道所差者少。蓋白道二交，有斜有直，陰陽二曆，有內有外，直者密而狹，斜者疏而闊，其差亦從而異。今立象置法求之，差數多者不過三度五十分，少者不下一度三十分，是爲月道與赤道多少之差。

晝夜刻

日出爲晝，日入爲夜，晝夜一周，共爲百刻。以十二辰分之，每辰得八刻三分刻之一。無間南北，所在皆同。晝短則夜長，夜短則晝長，此自然之理也。春秋二分，日當赤道出入，晝夜正等，各五十刻。自春分以及夏至，日入赤道內，去極浸近，夜短而晝長。自秋分以及冬至，日出赤道外，去極浸遠，晝短而夜長。以地中揆之，長不過六十刻，短不過四十刻。地中以南，夏至去日出入之所爲遠，其長有不及六十刻者；冬至去日出入之所爲近，其短有不止四十刻者。地中以北，夏至去日出入之所爲近，其長有不止六十刻者；冬至去日出入之所爲遠，其短有不及四十刻者。今京師冬至日出辰初二刻，日入申正二刻，故晝刻三十八，夜刻六十二；夏至日出寅正二刻，日入戌初二刻，故晝刻六十二，夜刻三十八。蓋地有南北，極有高下，日出入有早晏，所以不同耳。今授時曆晝夜刻，一以京師爲正，其各所實測北極高下，具見天文志。

校勘記

〔一〕庚辰歲太（宗）〔祖〕西征　梅文鼎勿菴曆算書目云：「元太祖以己卯親征西域諸國，次年庚辰夏五月駐蹕也（石）〔兒〕的石河，有西域人與耶律文正王楚材爭月蝕，而西說並詘，故耶律作曆，託始是年也。」「今曆志訛太祖庚辰爲太宗，則太宗無庚辰也。」按梅說是，從改。

〔二〕推上元庚(子)〔午〕歲天正十一月壬戌朔　梅文鼎謂耶律作曆「又以太祖庚午始絕金，次年伐之，不五年，天下略定，故推演上元庚午冬至朔旦七曜齊元爲受命之符，謂之西征庚午元曆。西征者，謂太祖庚辰也。庚午元者，上元起算之端也」。又謂今曆志「又訛上元爲庚子，則於積年不合也」。按本書卷五六庚午元曆本文亦作「演紀上元庚午」。今從道光本改。

〔三〕以己亥丁未二日之景相校餘三分五(釐)〔毫〕爲晷差　己亥影長七丈九尺四寸八分五釐五毫，減丁未影長七丈九尺四寸五分五釐，餘三分五毫。據改。黃宗羲授時曆故已校。

〔四〕十(二)月二十一日丙子　十一月丙戌朔，無丙子日，二十一日爲丙午。上文「其年十一月」段，已有二十一日丙午影長數據，此處不應重出。按下文有「此取至前後二十七日景」，而前文已推定冬至在十一月癸卯，即十八日，由此前推二十七日，即爲十月二十一日，恰爲丙子，此「十一月」乃「十月」之誤，「一」字衍，今刪。

〔五〕十二月十二日乙(丑)〔酉〕　十二月甲戌朔，無乙丑日，十二日爲乙酉。按下文有「此取至前後三十二日景」，而上文已推定冬至在十一月初九癸丑，由此下推三十二日，恰爲十二月十二日乙酉。今從道光本改。下同。

〔六〕〔隋〕開皇四年甲辰歲　原空闕，從道光本補。

〔七〕凡四十九事　按上文所列春秋獻公十五年至元至元十七年冬至，共四十八事。當脫奪一事。

〔八〕至僖公五年〔丙寅歲〕正月辛亥朔旦冬至　從道光本補。

〔九〕（七十八度）　此係宋崇寧所測東方宿度數，按上列東方七宿赤道宿度之積爲七十九度。而此數與南西北三方宿度之積，正爲一周天三六五度二十五分。宋史卷七九律曆志崇寧紀元曆亦作「七十九度」，與驗算合，此誤。按本表例，凡空欄卽表示與上欄數同，而此處上欄「元豐所測」爲七十九度，此「七十八度」係衍誤之文，今删。朱載堉律曆融通已校。

〔一〇〕九十四度七十五分　按宋史卷七九崇寧紀元曆作「九十四度秒七十二」，此處「七十五分」誤。律曆融通已校。

〔一一〕〔三十四度〕　按宋史卷七六律曆志皇祐渾儀、蘇頌新儀象法要渾象中外官星圖與驗算合，據補。律曆融通已校。

元史卷五十三

志第五

曆二

授時曆議下

交食

曆法疏密，驗在交食，然推步之術難得其密，加時有早晚，食分有淺深，取其密合，不容偶然。推演加時，必本於躔離朓朒；考求食分，必本於距交遠近；苟入氣盈縮、入轉遲疾未得其正，則合朔不失之先，必失之後。合朔失之先後，則虧食時刻，其能密乎？日月俱東行，而日遲月疾，月追及日，是爲一會。交值之道，有陽曆陰曆；交會之期，有中前中後；加以地形南北東西之不同，人目高下邪直之各異，此食分多寡，理不得一者也。今合朔既正，則加時無早晚之差；氣刻適中，則食分無强弱之失；推而上之，自詩、書、春秋及三國以來所載虧食，無不合焉者。合於既往，則行之悠久，自可無弊矣。

詩、書所載日食二事

書胤征：「惟仲康肇位四海。乃季秋月朔，辰弗集于房。」

今按：大衍曆作仲康即位之五年癸巳，距辛巳三千四百八年，九月庚戌朔，泛交二十六日五千四百二十一分入食限。

詩小雅十月之交，大夫刺幽王也。「十月之交，朔日辛卯，日有食之，亦孔之醜。」

今按：梁太史令虞劆云，十月辛卯朔，在幽王六年乙丑朔。大衍亦以爲然。以授時曆推之，是歲十月辛卯朔，泛交十四日五千七百九分入食限。

春秋日食三十七事

隱公三年辛酉歲，春王二月己巳，日有食之。

杜預云：「不書〔日〕〔朔〕，史官失之。」〔一〕公羊云：「日食或言朔或不言朔，或日或不日，或失之前或失之後，失之前者朔在前也，失之後者朔在後也。」穀梁云：「言日不言朔，食晦日也。」姜岌校春秋日食云：「是歲二月己亥朔，無己巳，似失一閏。三月己巳朔，去交分入食限。」大衍與姜岌合。今授時曆推之，是歲三月己巳朔，加時在晝，去交分二十六日六千六百三十一入食限。

桓公三年壬申歲，七月壬辰朔，日有食之。

姜岌以爲是歲七月癸亥朔，無壬辰，亦失閏。其八月壬辰朔，去交分入食限。大衍與姜岌合。以今曆推之，是歲八月壬辰朔，加時在晝，食六分一十四秒。

桓公十七年丙戌歲，冬十月朔，日有食之。

左氏云：「不書日，史官失之。」大衍推得在十一月交分入食限，失閏也。以今曆推之，是歲十一月加時在晝，交分二十六日八千五百六十入食限。

莊公十八年乙巳歲，春王三月，日有食之。

穀梁云：「不言日，不言朔，夜食也。」大衍推是歲五月朔，交分入食限，三月不應食。以今曆推之，是歲三月朔，不入食限。五月壬子朔，加時在晝，交分入食限，蓋誤五爲三。

莊公二十五年壬子歲，六月辛未朔，日有食之。

大衍推之，七月辛未朔，交分入食限。以今曆推之，是歲七月辛未朔，加時在晝，交分二十七日四百八十九入食限，失閏也。

莊公二十六年癸丑歲，冬十有二月癸亥朔，日有食之。

今曆推之，是歲十二月癸亥朔，加時在晝，交分十四日三千五百五十一入食限。

莊公三十年丁巳歲，九月庚午朔，日有食之。

今曆推之，是歲十月庚午朔，加時在晝，去交分十四日四千六百九十六入食限，失閏也。大衍同。

僖公十二年癸酉歲，春王三月庚午朔，日有食之。

姜氏云：「三月朔，交不應食，在誤條；其五月庚午朔，去交分入食限。」大衍同。今曆推之，是歲五月庚午朔，加時在晝，去交分二十六日五千一百九十二入食限，蓋五誤爲三。

僖公十五年丙子歲，夏五月，日有食之。

左氏云：「不書朔與日，史官失之也。」大衍推四月癸丑朔，去交分入食限，差一閏。今曆推之，是歲四月癸丑朔，去交分一日一千三百一十六入食限。

文公元年乙未歲，二月癸亥朔，日有食之。

姜氏云：「二月甲午朔，無癸亥。三月癸亥朔，入食限。」大衍亦以爲然。今曆推之，是歲三月癸亥朔，加時在晝，去交分二十六日五千九百十七分入食限，失閏也。

文公十五年己酉歲，六月辛丑朔，日有食之。

今曆推之，是歲六月辛丑朔，加時在晝，交分二十六日四千四百七十三分入食限。

宣公八年庚申歲，秋七月甲子，日有食之。

杜預以七月甲子晦食。姜氏云：「十月甲子朔，食。」大衍同。今曆推之，是歲十月甲子朔，加時在晝，食九分八十一秒，蓋十誤爲七。

宣公十年壬戌歲，夏四月丙辰，日有食之。

今曆推之，是月丙辰朔，加時在晝，交分十四日九百六十八分入食限。

宣公十七年己巳歲，六月癸卯，日有食之。

姜氏云：「六月甲辰朔，不應食。」大衍云：「是年五月在交限，六月甲辰朔，交分已過食限，蓋誤。」今曆推之，是歲五月乙亥朔，入食限。六月甲辰朔，泛交二日已過食限，大衍爲是。

成公十六年丙戌歲，六月丙寅朔，日有食之。

今曆推之，是歲六月丙寅朔，加時在晝，去交分二十六日九千八百三十五分入食限。

成公十七年丁亥歲，十有二月丁巳朔，日有食之。

姜氏云：「十二月戊子朔，無丁巳，似失閏。」大衍推十一月丁巳朔，交分入食限。今曆推之，是歲十一月丁巳朔，加時在晝，交分十四日二千八百九十七分入食限，與大衍同。

襄公十四年壬寅歲，二月乙未朔，日有食之。

今曆推之，是歲二月乙未朔，加時在晝，交分十四日一千三百九十三分入食限也。

襄公十五年癸卯歲，秋八月丁巳朔，日有食之。

姜氏云：「七月丁巳朔，食，失閏也。」大衍同。今曆推之，是歲七月丁巳朔，加時在晝，去交分二十六日三千三百九十四分入食限。

襄公二十年戊申歲，冬十月丙辰朔，日有食之。

今曆推之，是歲十月丙辰朔，加時在晝，交分十三日七千六百分入食限。

襄公二十一年己酉歲，秋七月庚戌朔，日有食之。〔二〕

今曆推之，是月庚戌朔，加時在晝，交分十四日三千六百八十二分入食限。

冬十月庚辰朔，日有食之。

姜氏云：「比月而食，宜在（誨）〔誤〕條。」〔三〕大衍亦以爲然。今曆推之，十月已過交限，不應頻食，姜說爲是。

襄公二十三年辛亥歲，春王二月癸酉朔，日有食之。

今曆推之，是月癸酉朔，加時在晝，交分二十六日五千七百三分入食限。

襄公二十四年壬子歲，秋七月甲子朔，日有食之，既。

今曆推之，是月甲子朔，加時在晝，日食九分六秒。

八月癸巳朔，日有食之。

漢志：「董仲舒以爲比食又既。」大衍云：「不應頻食，在誤條。」今曆推之，立分不叶，不應食，大衍說是。

襄公二十七年乙卯歲，冬十有二月乙亥朔，日有食之。

姜氏云：「十一月乙亥朔，交分入限，應食。」大衍同。今曆推之，是歲十一月乙亥朔，加時在晝，交分初日八百二十五分入食限。

昭公七年丙寅歲，夏四月甲辰朔，日有食之。

今曆推之，是月甲辰朔，加時在晝，交分二十七日二百九十八分入食限。

昭公十五年甲戌歲，六月丁巳朔，日有食之。

大衍推五月丁巳朔，食，失一閏。今曆推之，是歲五月丁巳朔，加時在晝，交分十三日九千五百六十七分入食限。

昭公十七年丙子歲，夏六月甲戌朔，日有食之。

姜氏云：「六月乙巳朔，交分不叶，不應食，當誤。」大衍云：「當在九月朔，六月不應食，姜氏是也。」今曆推之，是歲九月甲戌朔，加時在晝，交分二十六日七千六百五十分入食限。

昭公二十一年庚辰歲，七月壬午朔，日有食之。

今曆推之，是月壬午朔，加時在晝，交分二十六日八千七百九十四分入食限。

昭公二十二年辛巳歲，冬十有二月癸酉朔，日有食之。

今曆推之，是月癸酉朔，交分十四日一千八百入食限。杜預以長曆推之，當爲癸卯，非是。

昭公二十四年癸未歲，夏五月乙未朔，日有食之。

今曆推之，是月乙未朔，加時在晝，交分二十六日三千八百三十九分入食限。

昭公三十一年庚寅歲，十有二月辛亥朔，日有食之。

今曆推之，是月辛亥朔，加時在晝，交分二十六日六千一百二十八分入食限。

定公五年丙申歲，春三月辛亥朔，日有食之。

今曆推之，三月辛卯朔，加時在晝，交分十四日三百三十四分入食限。

定公十二年癸卯歲，十一月丙寅朔，日有食之。

今曆推之，是歲十月丙寅朔，加時在晝，交分十四日二千六百二十二分入食限，蓋失一閏。

定公十五年丙午歲，八月庚辰朔，日有食之。

今曆推之，是月庚辰朔，加時在晝，交分十三日七千六百八十五分入食限。

哀公十四年庚申歲，夏五月庚申朔，日有食之。

今曆推之，是月庚申朔，加時在晝，交分二十六日九千二百一分入食限。

右詩、書所載日食二事，春秋二百四十二年間，凡三十有七事，以授時曆推之，惟襄公二十一年十月庚辰朔及二十四年八月癸巳朔不入食限，蓋自有曆以來，無比月而食之理。其三十五食，食皆在朔，經或不書日，不書朔，公羊、穀梁以爲食晦，二者非；左氏以爲史官失之者，得之。其間或差一日二日者，蓋由古曆疏闊，置閏失當之弊，姜岌、一行已有定說。孔子作書，但因時曆以書，非大義所關，故不必致詳也。

三國以來日食

蜀章武元年辛丑，六月戊辰晦，時加未。

授時曆，食甚未五刻。

大明曆，食甚未五刻。

右皆親。二曆推戊辰皆七月朔。

魏黃初三年壬寅，十一月庚申晦食，時加西南維。

授時曆，食甚申二刻。

大明曆，食甚申三刻。

右授時親，大明次親。二曆推庚申皆十二月朔。

梁中大通五年癸丑，四月己未朔食，在丙。

授時曆，虧初午四刻。

大明曆，虧初午四刻。

右皆親。

太清元年丁卯，正月己亥朔食，時加申。

授時曆，食甚申一刻。

大明曆，食甚申三刻。

右授時次親，大明親。

陳太建八年丙申，六月戊申朔食，於卯甲間。

授時曆，食甚卯二刻。

大明曆，食甚卯四刻。

右授時次親，大明疏遠。

唐永隆元年庚辰，十一月壬申朔食，巳四刻甚。

授時曆，食甚巳七刻。

大明曆，食甚巳五刻。

右授時疏，大明親。

開耀元年辛巳，十月丙寅朔食，巳初甚。

授時曆，食甚辰正三刻。
大明曆，食甚辰正一刻。
右授時親，大明疏。
嗣聖八年辛卯，四月壬寅朔食，卯二刻甚。
授時曆，食甚寅八刻。
大明曆，食甚卯初刻。
右皆次親。
十七年庚子，五月己酉朔食，申初甚。
授時曆，食甚申初二刻。
大明曆，食甚申正初刻。
右授時次親，大明疏遠。
十九年壬寅，九月乙丑朔食，申三刻甚。
授時曆，食甚申一刻。
大明曆，食甚申四刻。
右授時次親，大明親。

景龍元年丁未，六月丁卯朔食，午正甚。

授時曆，食甚午正二刻。

大明曆，食甚未初初刻。

右授時次親，大明疏遠。

開元（元）〔九〕年辛酉，〔四〕九月乙巳朔食，午正後三刻甚。

授時曆，食甚午正一刻。

大明曆，食甚午正二刻。

右授時次親，大明親。

宋慶曆六年丙戌，三月辛巳朔食，申正三刻復滿。

授時曆，復滿申正三刻。

大明曆，復滿申正一刻。

右授時密合，大明次親。

皇祐元年己丑，正月甲午朔食，午正甚。

授時曆，食甚午初三刻。

大明曆，食甚午正初刻。

右授時親，大明密合。
五年癸巳歲，十月丙申朔食，未一刻甚。
授時曆，食甚未三刻。
大明曆，食甚未初刻。
右授時次親，大明親。
至和元年甲午，四月甲午朔食，申正一刻甚。
授時曆，食甚申正一刻。
大明曆，食甚申正二刻。
右授時密合，大明親。
嘉祐四年己亥，正月丙申朔食，未三刻復滿。
授時曆，復滿未初二刻。
大明曆，復滿未初二刻。
右皆親。
六年辛丑，六月壬子朔食，未初虧初。
授時曆，虧初未初刻。

大明曆，虧初未一刻。

右授時親，大明次親。

治平三年丙午，九月壬子朔食，未二刻甚。

授時曆，食甚未三刻。

大明曆，食甚未四刻。

右授時親，大明次親。

熙寧二年己酉，七月乙丑朔食，辰三刻甚。

授時曆，食甚辰五刻。

大明曆，食甚辰四刻。

右授時次親，大明親。

元豐三年庚申，十一月己丑朔食，巳六刻甚。

授時曆，食甚巳五刻。

大明曆，食甚巳二刻。

右授時親，大明疏遠。

紹聖元年甲戌，三月壬申朔食，未六刻甚。

授時曆，食甚未五刻。
大明曆，食甚未五刻。
右皆親。
大觀元年丁亥，十一月壬子朔食，未二刻虧初，未八刻甚，申六刻復滿。
授時曆，虧初未三刻，食甚申初刻，復滿申六刻。
大明曆，虧初未初刻，食甚未七刻，復滿申五刻。
右授時曆虧初、食甚皆親，復滿密合；大明虧初次親，食甚、復滿皆親。
紹興三十二年壬午，正月戊辰朔食，申初虧初。
授時曆，虧初申一刻。
大明曆，虧初未七刻。
右皆親。
淳熙十年癸卯，十一月壬戌朔食，巳正二刻甚。
授時曆，食甚巳正二刻。
大明曆，食甚巳正一刻。
右授時密合，大明親。

慶元元年乙卯，三月丙戌朔食，午初二刻虧初。

授時曆，虧初午初一刻。

大明曆，虧初午初二刻。

右授時虧初親，大明虧初密合。

嘉泰二年壬戌，五月甲辰朔食，午初一刻虧初。

授時曆，虧初巳正三刻。

大明曆，虧初午初三刻。

右皆親。

嘉定九年丙子，二月甲申朔食，申正四刻甚。

授時曆，食甚申正三刻。

大明曆，食甚申正二刻。

右授時親，大明次親。

淳祐三年癸卯，三月丁丑朔食，巳初二刻〔甚〕。〔五〕

授時曆，食甚巳初一刻。

大明曆，食甚巳初初刻。

右授時親，大明次親。

本朝中統元年庚申，三月戊辰朔食，申正二刻甚。

授時曆，食甚申正一刻。

大明曆，食甚申初三刻。

右授時親，大明疏。

至元十四年丁丑，十月丙辰朔食，午正初〔刻〕虧初，〔六〕未初一刻食甚，未正二刻復滿。

授時曆，虧初午正初刻，食甚未初一刻，復滿未正一刻。

大明曆，虧初午正三刻，食甚未正一刻，復滿申初二刻。

右授時虧初、食甚皆密合，復滿親；大明虧初疏，食甚、復滿皆疏遠。

前代考古交食，同刻者爲密合，相較一刻爲親，二刻爲次親，三刻爲疏，四刻爲疏遠。

今授時、大明校古日食，上自後漢章武元年，下訖本朝，計三十五事。密合者，授時七，大明二。親者，授時十有七，大明十有六。次親者，授時十，大明八。疏者，授時一，大明三。疏遠者，授時無，大明六。

前代月食

宋元嘉十一年甲戌，七月丙子望食，四更二唱虧初，四更四唱食既。

授時曆，虧初四更三點，食既在四更四點。
大明曆，虧初在四更二點，食既在四更五點。
右授時虧初親，食既密合；大明虧初密合，食既親。
十三年丙子，十二月(己)〔癸〕巳望食，〔七〕一更三唱食既。
授時曆，食既在一更三點。
大明曆，食既在一更四點。
右授時密合，大明親。
十四年丁丑，十一月丁亥望食，二更四唱虧初，三更一唱食既。
授時曆，虧初在二更五點，食既在三更二點。
大明曆，虧初在二更四點，食既在三更二點。
右授時虧初、食既皆親；大明虧初密合，食既親。
梁中大通二年庚戌，五月庚寅望月食，在子。
授時曆，食甚在子正初刻。
大明曆，食甚在子正初刻。
右皆密合。

大同九年癸亥，三月乙巳望食，三更三唱虧初。
授時曆，虧初三更一點。
大明曆，虧初三更三點。
右授時次親，大明密合。
隋開皇十二年壬子，七月己未望食，一更三唱虧初。
授時曆，虧初在一更四點。
大明曆，虧初在一更五點。
右授時親，大明次親。
十五年乙卯，十一月庚午望食，一更四點虧初，二更三點食甚，三更一點復滿。
授時曆，虧初在一更三點，食甚在二更二點，復滿在二更五點。
大明曆，虧初在一更五點，食甚在二更三點，復滿在二更五點。
右授時虧初、食甚、復滿皆親；大明虧初、復滿皆親，食甚密合。
十六年丙辰，十一月甲子望食，四更三籌復滿。
授時曆，復滿在四更四點。
大明曆，復滿在四更五點。

右授時親，大明次親。

後漢天福十二年丁未，十二月乙未望食，四更四點虧初。

授時曆，虧初四更五點。

大明曆，虧初四更一點。

右授時親，大明次親。

宋皇祐四年壬辰，十一月丙辰望食，寅四刻虧初。

授時曆，虧初在寅二刻。

大明曆，虧初在寅一刻。

右授時次親，大明疏。

嘉祐八年癸卯，十月癸未望食，卯七刻甚。

授時曆，食甚在辰初刻。

大明曆，食甚在辰初刻。

右皆親。

熙寧二年己酉，閏十一月丁未望食，亥六刻虧初，子五刻食甚，丑四刻復滿。

授時曆，虧初在亥六刻，食甚在子五刻，復滿在丑三刻。

大明曆，虧初在子初刻，食甚在子六刻，復滿在丑四刻。

右授時虧初、食甚密合，復滿親；大明虧初次親，食甚親，復滿密合。

四年辛亥，十一月丙申望食，卯二刻虧初，卯六刻甚。

授時曆，虧初在卯初刻，食甚在卯五刻。

大明曆，虧初在卯四刻，食甚在卯七刻。

右虧初皆次親，食甚皆親。

六年癸丑，三月戊午望食，亥一刻虧初，亥六刻甚，子四刻復滿。

授時曆，虧初在戌七刻，食甚在亥五刻，復滿在子三刻。

大明曆，虧初在亥二刻，食甚在亥七刻，復滿在子四刻。

右授時虧初次親，食甚、復滿皆親；大明虧初、食甚皆親，復滿密合。

七年甲寅，九月己酉望食，四更五點虧初，五更三點食既。

授時曆，虧初在四更五點，食既在五更三點。

大明曆，虧初在四更三點，食既在五更二點。

右授時虧初、食既皆密合；大明虧初次親，食既親。

崇寧四年乙酉，十二月戊寅望食，酉三刻甚，戌初刻復滿。

授時曆，食甚在酉一刻，復滿在酉七刻。

大明曆，食甚在酉三刻，復滿在戌二刻。

右授時食甚、復滿皆次親；大明食甚密合，復滿次親。

本朝至元七年庚午，三月乙卯望食，丑三刻虧初，寅初刻食甚，寅六刻復滿。

授時曆，虧初在丑二刻，食甚在寅初刻，復滿在寅六刻。

大明曆，虧初在丑四刻，食甚在寅一刻，復滿在寅七刻。

右授時虧初親，食甚、復滿密合；大明虧初、食甚、復滿皆親。

九年壬申，七月辛未望食，丑初刻虧初，丑六刻食甚，寅三刻復滿。

授時曆，虧初在子七刻，食甚在丑四刻，復滿在寅一刻。

大明曆，虧初在丑二刻，食甚在丑六刻，復滿在寅二刻。

右授時虧初親，食甚、復滿皆次親；大明虧初次親，食甚密合，復滿親。

十四年丁丑，四月癸酉望食，子六刻虧初，丑三刻食既，丑五刻甚，丑七刻生光，寅四刻復滿。

授時曆，虧初在子六刻，食既在丑四刻，食甚在丑五刻，生光丑六刻，復滿寅四刻。

大明曆，虧初在丑初刻，食既丑七刻，食甚在丑七刻，生光在丑八刻，復滿寅六刻。

右授時虧初、食甚、復滿皆密合，食既、生光皆親；大明虧初、食甚、復滿皆次親，食既疏遠，生光親。

十六年己卯，二月癸酉望食，〔八〕子五刻虧初，丑二刻甚，丑七刻復滿。

授時曆，虧初在子五刻，食甚在丑二刻，復滿在丑七刻。

大明曆，虧初在子七刻，食甚在丑三刻，復滿在丑七刻。

右授時虧初、食甚、復滿皆密合；大明虧初次親，食甚親，復滿密合。

八月己丑望食，丑五刻虧初，寅初刻甚，寅四刻復滿。

授時曆，虧初在丑三刻，食甚在寅初刻，復滿在寅四刻。

大明曆，虧初在丑七刻，食甚在寅二刻，復滿在寅四刻。

右授時虧初次親，食甚、復滿皆密合；大明虧初、食甚皆次親，復滿密合。

十七年庚辰，八月甲申望食，在晝，戌一刻復滿。

授時曆，復滿在戌一刻。

大明曆，復滿在戌四刻。

右授時密合，大明疏。

已上四十五事：密合者，授時十有八，大明十有一；親者，授時十有八，大明十有七；次親者，授時九，大明十有四；疏者，授時無，大明二；疏遠者，授時無，大明一。

定朔

日平行一度，月平行十三度十九分度之七，一晝夜之間，月先日十二度有奇，歷二十九日五十三刻，復追及日，與之同度，是謂經朔。經朔云者，謂合朔大量不出此也。日有盈縮，月有遲疾，以盈縮遲疾之數損益之，始爲定朔。

古人立法，簡而未密，初用平朔，一大一小，故日食有在朔二，月食有在望前後者。漢張衡以月行遲疾，分爲九道；宋何承天以日行盈縮，推定小餘；故月有三大二小。隋劉孝孫、劉焯欲遵用其法，時議排抵，以爲迂怪，卒不能行。唐傅仁均始采用之，至貞觀十九年九月後，四月頻大，復用平朔。訖麟德元年，始用李淳風甲子元曆，定朔之法遂行。淳風又以晦月頻見，故立進朔之法，謂朔日小餘在日法四分之三已上者，虛進一日，後代皆循用之。然虞劌嘗曰：「朔在會同，苟躔次既合，何疑於頻大；日月相離，何拘於間小。」一行亦曰：「天事誠密，雖四大三小，庸何傷。」今但取辰集時刻所在之日以爲定朔，朔雖小餘在進限，亦不之進。甚矣，人之安於故習也。

初曆法用平朔，止知一大一小，爲法之不可易，初聞三大二小之說，皆不以爲然。自有曆以來，下訖麟德，而定朔始行，四大三小，理數自然，唐人弗克若天，而止用平朔。迨本朝至元，而常議方革。至如進朔之意，止欲避晦日月見，殊不思合朔在酉戌亥，距前日之卯十八九辰矣，若進一日，則晦不見月，此論誠然。苟合朔在辰申之間，法不當進，距前日之卯已踰十四五度，則月見於晦，庸得免乎？且月之隱見，本天道之自然，朔之進退，出人爲之牽强，孰若廢人用天，不復虛進，爲得其實哉。至理所在，奚恤乎人言，可爲知者道也。

不用積年日法

曆法之作，所以步日月之躔離，候氣朔之盈虛，不揆其端，無以測知天道，而與之脗合；然日月之行遲速不同，氣朔之運參差不一，昔人立法，必推求往古生數之始，謂之演紀上元。當斯之際，日月五星同度，如合璧連珠然。惟其世代綿遠，馴積其數至踰億萬，後人厭其布算繁多，互相推考，斷截其數而增損日法，以爲得改憲之術，此歷代積年日法所以不能相同者也。然行之未遠，浸復差失，蓋天道自然，豈人爲附會所能苟合哉。夫七政運行於天，進退自有常度，苟原始要終，候驗周匝，則象數昭著，有不容隱者，又何必捨目前簡易之法，而求億萬年宏闊之術哉。

今授時曆以至元辛巳爲元，所用之數，一本諸天，秒而分，分而刻，刻而日，皆以百爲率，比之他曆積年日法，推演附會，出於人爲者，爲得自然。

或曰：「昔人謂建曆之本，必先立元，元正然後定日法，法定然後度周天以定分至，然則曆之有積年日法尚矣。自黃帝以來，諸曆轉相祖述，殆七八十家，未聞舍此而能成者。今一切削去，無乃昧於本原，而考求未得其方歟？」是殆不然。晉杜預有云：「治曆者，當順天以求合，非爲合以驗天。」前代演積之法，不過爲合驗天耳。今以舊曆頗疏，乃命釐正，法之不密，在所必更，奚暇踵故習哉。遂取漢以來諸曆積年日法及行用年數，具列于後，仍附演積數法，以釋或者之疑。

三統曆 西漢太初元年丁丑鄧平造，行一百八十八年，至東漢元和乙酉，後天七十八刻。

積年，一十四萬四千五百一十一。

日法，八十一。

四分曆 東漢元和二年乙酉編訢造，行一百二十一年，至建安丙戌，後天七刻。

積年，一萬五百六十一。

日法，四。

乾象曆 建安十一年丙戌劉洪造，行三十一年，至魏景初丁巳，後天七刻。

積年，八千四百五十二。

日法，一千四百五十七。

景初曆　魏景初元年丁巳楊偉造，行二百六年，至宋元嘉癸未，先天五十刻。

積年，五千八十九。

日法，四千五百五十九。

元嘉曆　宋元嘉二十年癸未何承天造，行二十年，至大明七年癸卯，先天五十刻。

積年，六千五百四十一。

日法，七百五十二。

大明曆　宋大明七年癸卯宋祖冲之造，行五十八年，至魏正光辛丑，後天二十九刻。

積年，五萬二千七百五十七。

日法，三千九百三十九。

正光曆　後魏正光二年辛丑李業興造，行一十九年，至興和庚申，先天十三刻。

積年，一十六萬八千五百九。

日法，七萬四千九百五十二。

興和曆　興和二年庚申李業興造，行一十年，至齊天保庚午，先天九十九刻。

積年，二十萬四千七百三十七。

日法，二十萬八千五百三十。

天保曆 北齊天保元年庚午宋景業造，行一十七年，至周天和丙戌，後天一日八十七刻。

積年，一十一萬一千二百五十七。

日法，二萬三千六百六十。

天和曆 後周天和元年丙戌甄鸞造，行一十三年，至大象己亥，先天四十刻。

積年，八十七萬六千五百七。

日法，二萬三千四百六十。

大象曆 大象元年己亥（馮）〔馬〕顯造，〔九〕行五年，至隋開皇甲辰，後天十刻。

積年，四萬二千二百五十五。

日法，一萬二千九百九十二。

開皇曆 隋開皇四年甲辰張賓造，行二十四年，至大業戊辰，後天七刻。

積年，四百一十二萬九千六百九十七。

日法，一十萬二千九百六十。

大業曆 大業四年戊辰張冑玄造，行一十一年，至唐武德己卯，後天七刻。

積年，一百四十二萬八千三百一十七。

日法，一千一百四十四。

戊寅曆　唐武德二年己卯道士傅仁均造，行四十六年，至麟德乙丑，後天四十七刻。

積年，一十六萬五千三。

日法，一萬三千六(百)。〔一〇〕

麟德曆　麟德二年乙丑李淳風造，行六十三年，至開元戊辰，後天一十二刻。

積年，二十七萬四百九十七。

日法，一千三百四十。

大衍曆　開元十六年戊辰僧一行造，行三十四年，至寶應壬寅，先天一十三刻。

積年，九千六百九十六萬二千二百九十七。

日法，三千四十。

五紀曆　寶應元年壬寅郭獻之造，行二十三年，至貞元乙丑，後天二十四刻。

積年，二十七萬四百九十七。

日法，一千三百四十。

貞元曆　貞元元年乙丑徐承嗣造，行三十七年，至長慶壬寅，先天十五刻。

積年，四十萬三千三百九十七。

日法，一千九十五。

宣明曆 長慶二年壬寅徐昂造，行七十一年，至景福癸丑，先天四刻。

積年，七百七萬五百九十七。

日法，八千四百。

崇玄曆 景福二年癸丑邊岡造，行十四年，後六十三年，至周顯德丙辰，先天四刻。

積年，五千三百九十四萬七千六百九十七。

日法，一萬三千五百。

欽天曆 五代周顯德三年丙辰王朴造，行五年，至宋建隆庚申，先天二刻。

積年，七千二百六十九萬八千七百七十七。

日法，七千二百。

應天曆 宋建隆元年庚申王處訥造，行二十一年，至太平興國辛巳，後天二刻。

積年，四百八十二萬五千八百七十七。

日法，一萬單二。

乾元曆 太平興國六年辛巳吳昭素造，行二十年，至咸平辛丑，合。

積年，三千五十四萬四千二百七十七。

日法，二千九百四十。

儀天曆咸平四年辛丑史序造，行二十三年，至天聖甲子，合。

積年，七十一萬六千七百七十七。

日法，一萬一百。

崇天曆天聖二年甲子宋行古造，行四十年，至治平甲辰，後天五十四刻。

積年，九千七百五十五萬六千五百九十七。

日法，一萬五百九十。

明天曆治平元年甲辰周琮造，行一十年，至熙寧甲寅，合。

積年，七十一萬一千九百七十七。

日法，三萬九(十)〔千〕。〔二〕

奉元曆熙寧七年甲寅衛朴造，行十八年，至元祐壬申，後天七刻。

積年，八千三百一十八萬五千二百七十七。

日法，二萬三千七百。

觀天曆元祐七年壬申皇居卿造，行一十一年，至崇寧癸未，先天六刻。

積年，五百九十四萬四千九百九十七。

日法，一萬二千三十。

占天曆 崇寧二年癸未姚舜輔造，行三年，至丙戌，後天四刻。

積年，二千五百五十萬一千九百三十七。

日法，二萬八千八十。

紀元曆 崇寧五年丙戌姚舜輔造，行二十一年，至金天會丁未，合。

積年，二千八百六十一萬三千四百六十七。

日法，七千二百九十。

大明曆 金天會五年丁未楊級造，行五十三年，至大定庚子，合。

積年，三億八千三百七十六萬八千六百五十七。

日法，五千二百三十。

重修大明曆 大定二十年庚子趙知微重修，行一百一年，至元朝至元辛巳，後天一十九刻。

積年，八千八百六十三萬九千七百五十七。

日法，五千二百三十。

統元曆 後宋紹興五年乙卯陳（德）〔得〕一造，〔三〕行三十二年，至乾道丁亥，合。

積年，九千四百二十五萬一千七百三十七。

日法，六千九百三十。

乾道曆乾道三年丁亥劉孝榮造，行九年，至淳熙丙申，後天一刻。

積年，九千一百六十四萬五千九百三十七。

日法，三萬。

淳熙曆淳熙三年丙申劉孝榮造，行一十五年，至紹熙辛亥，合。

積年，五千二百四十二萬二千七十七。

日法，五千六百四十。

會元曆紹熙二年辛亥劉孝榮造，行八年，至慶元己未，後天一十刻。

積年，二千五百四十九萬四千八百五十七。

日法，三萬八千七百。

統天曆慶元五年己未楊忠輔造，行八年，至開禧丁卯，先天六刻。

積年，三千九百一十七。

日法，一萬二千。

開禧曆開禧三年丁卯鮑澣之造，行四十四年，至淳祐辛亥，後天七刻。

積年，七百八十四萬八千二百五十七。

日法，一萬六千九百。

淳祐曆　淳祐十年庚戌李德卿造，行一年，至壬子，合。

積年，一億二千二十六萬七千六百七十七。

日法，三千五百三十。

會天曆　寶祐元年癸丑譚玉造，行十八年，至咸淳辛未，後天一刻。

積年，一千一百三十五萬六千一百五十七。

日法，九千七百四十。

成天曆　咸淳七年辛未陳鼎造，行四年，至至元辛巳，後天一刻。

積年，七千一百七十五萬八千一百五十七。

日法，七千四百二十。

此下不曾行用，見於典籍經進者二曆。

皇極曆　大業間劉焯造，阻難不行，至唐武德二年己卯，先天四十三刻。

積年，一百萬九千五百一十七。

日法，一千二百四十二。

乙未曆　大定二十年庚子耶律履造，不曾行用，至辛巳，後天一十九刻。

積年，四千四十五萬三千一百二十六。

日法，二萬六百九十。

授時曆元至元十八年辛巳爲元。

積年日法不用。

實測到至元十八年辛巳歲。

氣應，五十五日六百分。

閏應，二十日一千八百五十分。

經朔，三十四日八千七百五十分。

日法，二千一百九十，演紀上元己亥，距至元辛巳九千八百二十五萬一千四百二十二算。

氣應，五十五日六百二分。

閏應，二十日一千八百五十三分。

經朔，三十四日八千七百四十九分。

日法，八千二百七十，演紀上元甲子，距辛巳五百六十七萬五百五十七算，日命甲子。

氣應，五十五日五百三十三分。

閏應，二十日一千八百八分。

經朔，三十四日八千七百二十五分。
日法，六千五百七十，演紀上元甲子，距辛巳三千九百七十五萬二千五百三十七算。
氣應，五十五日六百三十一分。
閏應，二十日一千九百一十九分。
經朔，三十四日八千七百一十二分。

校勘記

〔一〕杜預云不書(日)〔朔〕史官失之　據春秋左傳注疏卷三注改。
〔二〕秋七月庚戌朔日有食之　按春秋左傳注疏卷三四經襄公二十一年作「九月庚戌朔，日有食之」。下文十月有「比月而食」、「頻食」等語，卽指九、十月連食，證此處「秋七月」當作「九月」。
〔三〕比月而食宜在(薄)〔誤〕條　從殿本改。
〔四〕開元(元)〔九〕年辛酉　從道光本改。按新唐書卷五玄宗紀、卷三二天文志皆作「九年」。
〔五〕巳初二刻〔甚〕　從道光本補。
〔六〕午正初〔刻〕虧初　從道光本補。
〔七〕十三年丙子十二月(己)〔癸〕巳望食　按宋書卷一二曆志，「十三年十二月十六日望」，「到一更三唱蝕既」。是月戊寅朔，無己巳日，十六日爲癸巳，「己」誤，今改。

〔八〕二月癸酉望食　二月戊寅朔，無癸酉日。據推算，是月望、食時應在甲午日凌晨一時後。古人多以凌晨爲前一日夜，則「癸酉」爲「癸巳」之誤。

〔九〕大象元年己亥(馮)〔馬〕顯造　據隋書卷一七律曆志改。

〔一〇〕日法一萬三千六(百)　據新唐書卷二五曆志戊寅曆刪。

〔一一〕日法三萬九(十)〔千〕　據宋史卷七四律曆志明天曆改。

〔一二〕後宋紹興五年乙卯陳(德)〔得〕一造　據宋史卷八一律曆志改。

元史卷五十四

志第六

曆三

授時曆經上

步氣朔第一

至元十八年歲次辛巳爲元。上考往古，下驗將來，皆距立元爲算。周歲消長，百年各一，其諸應等數，隨時推測，不用爲元。

日周，一萬。

歲實，三百六十五萬二千四百二十五分。

通餘，五萬二千四百二十五分。

朔實，二十九萬五千三百五分九十三秒。

通閏，十萬八千七百五十三分八十四秒。

歲周，三百六十五日二千四百二十五分。

朔策，二十九日五千三百五分九十三秒。

氣策，十五日二千一百八十四分三十七秒半。

望策，十四日七千六百五十二分九十六秒半。

弦策，七日三千八百二十六分四十八秒少。

氣應，五十五萬六百分。

閏應，二十萬一千八百五十分。

沒限，七千八百一十五分六十二秒半。

氣盈，二千一百八十四分三十七秒半。

朔虛，四千六百九十四分七秒。

旬周，六十萬。

紀法，六十。

推天正冬至

置所求距算，以歲實上推往古，每百年長一；下算將來，每百年消一。乘之，爲中積。加氣應，爲通積。滿旬周，去之；不盡，以日周約之爲日，不滿爲分。其日命甲子算外，卽所求天正冬至日辰及分。如上考者，以氣應減中積，滿旬周，去之；不盡，以減旬周。餘同上。

求次氣

置天正冬至日分，以氣策累加之，其日滿紀法，去之，外命如前，各得次氣日辰及分秒。

推天正經朔

置中積，加閏應，爲閏積。滿朔實，去之不盡，爲閏餘，以減通積，爲朔積。滿旬周，去之；不盡，以日周約之，爲日，不滿爲分，卽所求天正經朔日及分秒。上考者，以閏應減中積，滿朔實，去之不盡，以減朔實，爲閏餘。以日周約之爲日，不滿爲分，以減冬至日及分，不及減者，加紀法減之，命如上。

求弦望及次朔

置天正經朔日及分秒，以弦策累加之，其日滿紀法，去之，各得弦望及次朔日及分秒。

推沒日

置有沒之氣分秒，如沒限已上爲有沒之氣。以十五乘之，用減氣策，餘滿氣盈而一，爲日，併恒氣日，命爲沒日。

推滅日

置有滅之朔分秒，在朔虛分已下爲有滅之朔。以三十乘之，滿朔虛而一，爲日，併經朔日，命爲滅日。

步發斂第二

土王策，三日四百三十六分八十七秒半。

月閏，九千六十二分八十二秒。

辰法，一萬。

半辰法，五千。

刻法，一千二百。

推五行用事

各以四立之節，爲春木、夏火、秋金、冬水首用事日。以土王策減四季中氣，各得其季土始用事日。

氣候

正月

立春，正月節。 東風解凍。 蟄蟲始振。 魚陟負冰。

雨水，正月中。 獺祭魚。 候鴈北。 草木萌動。

二月
驚蟄，二月節。　桃始華。　倉鶊鳴。　鷹化爲鳩。
春分，二月中。　玄鳥至。　雷乃發聲。　始電。
三月
清明，三月節。　桐始華。　田鼠化爲鴽。　虹始見。
穀雨，三月中。　萍始生。　鳴鳩拂其羽。　戴勝降于桑。
四月
立夏，四月節。　螻蟈鳴。　蚯蚓出。　王瓜生。
小滿，四月中。　苦菜秀。　靡草死。　麥秋至。
五月
芒種，五月節。　螳螂生。　鶪始鳴。　反舌無聲。
夏至，五月中。　鹿角解。　蜩始鳴。　半夏生。
六月
小暑，六月節。　溫風至。　蟋蟀居壁。　鷹始摯。
大暑，六月中。　腐草爲螢。　土潤溽暑。　大雨時行。

七月
立秋，七月節。涼風至。白露降。寒蟬鳴。
處暑，七月中。鷹乃祭鳥。天地始肅。禾乃登。
八月
白露，八月節。鴻鴈來。玄鳥歸。羣鳥養羞。
秋分，八月中。雷始收聲。蟄虫壞戶。水始涸。
九月
寒露，九月節。鴻鴈來賓。雀入大水爲蛤。菊有黃華。
霜降，九月中。豺乃祭獸。草木黃落。蟄蟲咸俯。
十月
立冬，十月節。水始冰。地始凍。雉入大水爲蜃。
小雪，十月中。虹藏不見。天氣上升，地氣下降。閉塞而成冬。
十一月
大雪，十一月節。鶡鴠不鳴。虎始交。荔挺出。
冬至，十一月中。蚯蚓結。麋角解。水泉動。

十二月

小寒，十二月節。　鴈北鄉。　鵲始巢。　雉雊。

大寒，十二月中。　鷄乳。　征鳥厲疾。　水澤腹堅。

推中氣去經朔

置天正閏餘，以日周約之，爲日，命之，得冬至去經朔。以月閏累加之，各得中氣去經朔日算。滿朔策，去之，乃全置閏，然俟定朔無中氣者裁之。

推發斂加時

置所求分秒，以十二乘之，滿辰法而一，爲辰數；餘以刻法收之，爲刻；命子正算外，即所在辰刻。如滿半辰法，通作一辰，命起子初。

步日躔第三

周天分，三百六十五萬二千五百七十五分。

周天，三百六十五度二十五分七十五秒。

半周天，一百八十二度六十二分八十七秒半。

象限，九十一度三十一分四十三秒太。

歲差，一分五十秒。

周應，三百一十五萬一千七十五分。

半歲周，一百八十二日六千二百一十二分半。

盈初縮末限，八十八日九千九十二分少。

縮初盈末限，九十三日七千一百二十分少。

推天正經朔弦望入盈縮曆

置半歲周，以閏餘日及分減之，卽得天正經朔入縮曆。冬至後盈，夏至後縮。以弦策累加之，各得弦望及次朔入盈縮曆日及分秒。滿半歲周去之，卽交盈縮。

求盈縮差

視入曆盈者，在盈初縮末限已下，爲初限，已上，反減半歲周，餘爲末限；縮者，在縮初盈末限已下，爲初限，已上，反減半歲周，餘爲末限。其盈初縮末者，置立差三十一，以初末限乘之，加平差二萬四千六百，又以初末限乘之，用減定差五百一十三萬三千二百，餘再以初末限乘之，滿億爲度，不滿退除爲分秒。縮初盈末者，置立差二十七，以初末限乘之，加平差二萬二千一百，又以初末限乘之，用減定差四百八十七萬六千六百，餘再以初末限乘之，滿億爲度，不滿退除爲分秒，卽所求盈縮差。

又術：置入限分，以其日盈縮分乘之，萬約爲分，以加其下盈縮積，萬約爲度，不滿爲分秒，亦得所求盈縮差。

赤道宿度

角十二一十　亢九二十　氐十六三十　房五六十

心六五十　尾十九一十　箕十四十

右東方七宿，七十九度二十分。

斗二十五二十　牛七二十　女十一三十五　虛八九十五太

危十五四十　室十七一十　壁八六十

右北方七宿，九十三度八十分太。

奎十六六十　婁十一八十　胃十五六十　昴十一三十

畢十七四十　觜初五　參十一一十

右西方七宿，八十三度八十五分。

井三十三三十　鬼二二十　柳十三三十　星六三十

張十七二十五　翼十八七十五　軫十七三十

右南方七宿，一百八度四十分。

右赤道宿次，並依新製渾儀測定，用爲常數，校天爲密。若考往古，卽用當時宿度爲準。

推冬至赤道日度

置中積，以加周應爲通積，滿周天分，上推往古，每百年消一；下算將來，每百年長一。去之，不盡，以日周約之爲度，不滿，退約爲分秒。命起赤道虛宿六度外，去之，至不滿宿，卽所求天正冬至加時日躔赤道宿度及分秒。上考者，以周應減中積，滿周天，去之；不盡，以減周天，餘以日周約之爲度；餘同上。如當時有宿度者，止依當時宿度命之。

求四正赤道日度

置天正冬至加時赤道日度，累加象限，滿赤道宿次，去之，各得春夏秋正日所在宿度及分秒。

求四正赤道宿積度

置四正赤道宿全度，以四正赤道日度及分減之，餘爲距後度；以赤道宿度累加之，各得四正後赤道宿積度及分。

黄赤道率

積度至後黃道分後赤道	度率	積度至後赤道分後黃道	度率	積差	差率
初	一		一○八六五		八十二秒
一	一	一○八六五	一○八六三	八十二秒	二分四六
二	一	二一七二八	一○八六○	三分二八	四分一一
三	一	三二五八八	一○八五七	七分三九	五分七六
四	一	四三四四五	一○八四九	十三分一五	七分四一
五	一	五四二九四	一○八四三	二十分五六	九分○七
六	一	六五一三七	一○八三三	二十九分(三六)〔六三〕	十分七(一)〔三〕〔一〕
七	一	七五九七○	一○八二三	四十分三六	十二分四○
八	一	八六七九三	一○八一二	五十二分七六	十四分○八
九	一	九七六○五	一○八○一	六十六分八四	十五分七六

十	一	十八四〇六	一〇七八六	八十二分六〇	十七分四五
十一	一	十一九一九二	一〇七七二	一〇〇〇五	十九分一六
十二	一	十二九九六四	一〇七五五	一一九二一	二十分八七
十三	一	十四〇七一九	一〇七四〇	一四〇〇八	二十二分五八
十四	一	十五一四五九	一〇七二〇	一六二六六	二十四分三〇
十五	一	十六二一七九	一〇七〇四	一(六八)〔八六〕九六〔二〕	二十六分〇五
十六	一	十七二八八三	一〇六八四	二一三〇〔一〕〔三〕	二十七分七九
十七	一	十八三五六七	一〇六六三	二四〇八〇	二十九分五五
十八	一	十九四二三〇	一〇六四二	二七〇三五	三十一分三(二)〔〇〕〔四〕
十九	一	二十四八七二	一〇六二二	三〇一六五	三十三分〇七
二十	一	二十一五四九四	一〇五九九	三三四七二	三十四分八五

二十一	一	二十二六〇九三	一〇五七五	三六九五七	三十六分六三
二十二	一	二十三六六六八	一〇五五四	四〇六二〇	三十八分四二
二十三	一	二十四七二二二	一〇五三〇	四四四六二	四十分二〇
二十四	一	二十五七七五二	一〇五〇六	四八四八二	四十二分
二十五	一	二十六八二五八	一〇四八二	五二六八二	四十三分七九
二十六	一	二十七八七四〇	一〇四五六	五七〇六一	四十五分五九
二十七	一	二十八九一九六	一〇四三二	六一六二〇	四十七分三八
二十八	一	二十九九六二八	一〇四〇八	六六三五八	四十九分一七
二十九	一	三十一〇〇（六三）〔三六〕〔五〕	一〇三八二	七一二七五	五十分九五
三十	一	三十二〇四一八	一〇三五五	七六三七〇	五十二分（三七）〔七三〕〔六〕
三十一	一	三十三〇七七三	一〇三三（三）〔二〕〔七〕	八一六四三	五十四分五〇

三十二	一	三十四一一〇五	一〇三〇六	八七〇九三	五十六分二六
三十三	一	三十五一四一一	一〇二八〇	九二七一九	五十八分〇一
三十四	一	三十六一六九一	一〇二五四	九八五二〇	五十九分七四
三十五	一	三十七一九四五	一〇二二九	十四四九四	六十一分四五
三十六	一	三十八二一七四	一〇二〇三	十〔一〕〇六三九〔八〕	六十三分一四
三十七	一	三十九二三七七	一〇一七七	十一六九五三	六十四分八一
三十八	一	四十二五五四	一〇一五二	十二三四三四	六十六分四七
三十九	一	四十一二七〇六	一〇一二六	十三〇〇八一	六十八分〇八
四十	一	四十二二八三二	一〇一〇(一)〔二〕〔九〕	十三六八八九	六十九分六七
四十一	一	四十三二九三四	一〇〇七五	十四三八五六	七十一分二四
四十二	一	四十四三〇〇九	一〇〇四九	十五〇九八〇	七十二分七六

四十三	一	四十五三〇五八	一〇〇二七	十五八二五六	七十四分二六
四十四	一	四十六三〇八五	一〇〇〇〇	十六五(三)〔六〕八(六)〔二〕	七十五分(一七)〔七一〕〔一〇〕
四十五	一	四十七三〇八五	九九七四	十七三二五三	七十七分一(三)〔一一〕〔一一〕
四十六	一	四十八三〇五九	九九五一	十八〇九六五	七十八分五〇
四十七	一	四十九三〇一〇	九九二五	十八八八一五	七十九分八四
四十八	一	五十二九三五	九九〇一	十九六七九九	八十一分一二
四十九	一	五十一二八三六	九八七六	二十四九一一	八十二分三七
五十	一	五十二二七一二	九八五一	二十一三一四八	八十三分五七
五十一	一	五十三二五六三	九八二七	二十二一五〇五	八十四分七二
五十二	一	五十四二三九〇	九八〇三	二十二九九七七	八十五分八三
五十三	一	五十五二一九三	九七八〇	二十三八五六〇	八十六分八八

五十四	一	五十六一九七三	九七五五	二十四七二四八	八十七分八九
五十五	一	五十七一七二八	九七三一	二十五六〇三七	八十八分八五
五十六	一	五十八一四五九	九七〇八	二十六四九二二	八十九分七七
五十七	一	五十九一一六七	九六八五	二十七三八九九	九十分六三
五十八	一	六十〇八五二	九六六一	二十八二九六二	九十一分四四
五十九	一	六十一〇五一三	九六三九	二十九二一〇六	九十二分二二
六十	一	六十二〇一五二	九六一六	三十一三二八	九十二分九四
六十一	一	六十二九七六八	九五九四	三十一〇六二二	九十三分六一
六十二	一	六十三九三六二	九五(三七)〔七二〕〔一二〕	三十一九九八三	九十四分二六
六十三	一	六十四八九(四三)〔三四〕	九五五一	三十二九四〇九	九十四分(五八)〔八五〕〔一三〕
六十四	一	六十五八四八五	九五二九	三十三八八九四	九十五分三八

六十五	一	六十六八〇一四	九五〇九	三十四八四三二	九十五分九〇
六十六	一	六十七七五二三	九四八七	三十五八〇二二	九十六分三八
六十七	一	六十八七〇一〇	九四七〇	三十六七六六〇	九十六分八一
六十八	一	六十九六四八〇	九四五〇	三十七七三四一	九十七分一九
六十九	一	七十五九三〇	九四二七	三十八七〇六〇	九十七分五六
七十	一	七十一五三五七	九四一二	三十九六八一六	九十七分八九
七十一	一	七十二四七六九	九三九二	四十六六〇五	九十八分一八
七十二	一	七十三四一六一	九三八五	四十一六四二三	九十八分四五
七十三	一	七十四三五四六	九三五三	四十二六二六八	九十八分六八
七十四	一	七十五二八九九	九三四三	四十三六一三六	九十八分(六)〔九〕一〔四〕
七十五	一	七十六二二四二	九三二九	四十四六〇二七	九十九分一〇

七十六	一	七十七一五七一	九三一五	四十五五九三七	九十九分二五
七十七	一	七十八〇八八六	九三〇四	四十六五八六二	九十九分四〇
七十八	一	七十九〇一九〇	九二八六	四十七五八〇二	九十九分五二
七十九	一	七十九九四七六	九二七五	四十八五七五四	九十九分六二
八十	一	八十八七五一	九二六五	四十九五七一六	九十九分七二
八十一	一	八十一八〇一六	九二五五	五十五六八八	九十九分七九
八十二	一	八十二七二七一	九二四四	五十一五六六七	九十九分八四
八十三	一	八十三六五一五	九二三八	五十二五六五一	九十九分八九
八十四	一	八十四五七五三	九二二八	五十三五六四〇	九十九分九三
八十五	一	八十五四九八一	九二二二	五十四五六三三	九十九分九六
八十六	一	八十六四二〇三	九二一五	五十五五六二九	九十九分九七

八十七	一	八十七三四一八	九二一二	五十六五六二六	九十九分九九
八十八	一	八十八二六三〇	九二一〇	五十七五六二五	一
八十九	一	八十九一八四〇	九二〇四	五十八五六二五	一
九十	一	九十一〇四四	九二〇四	五十九五六二五	一
九十一	三二	九十一〇二四八	二八七七	六十五六二五	三一二五
九十一〔一五〕		九十一三一二五		六十八七五〇	

推黃道宿度

置四正後赤道宿積度，以其赤道積度減之，餘以黃道率乘之，如赤道率而一；所得，以加黃道積度，爲二十八宿黃道積度；以前宿黃道積度減之，爲其宿黃道度及分。其秒就近爲分。

黃道宿度

角十二八十七　亢九五十六　氐十六四十　房五四十八

心六二十七　尾十七九十五　箕九五十九

右東方七宿，七十八度一十二分。

斗二十三四十七　牛六九十　女十一一十二　虛九分空太

危十五九十五　室十八三十二　壁九三十四

右北方七宿，九十四度一十分太。

奎十七八十七　婁十二三十六　胃十五八十一　昴十一〇八

畢十六五十　觜初〇五　參十二十八

右西方七宿，八十三度九十五分。

井三十一〇三　鬼二一十一　柳十三　星六三十一

張十七七十九　翼二十〇九　軫十八七十五

右南方七宿，一百九度八分。

右黃道宿度，依今曆所測赤道准冬至歲差所在算定，以憑推步。若上下考驗，據歲差每移一度，依術推變，各得當時宿度。

推冬至加時黃道日度

置天正冬至加時赤道日度，以其赤道積度減之，餘以黃道率乘之，如赤道率而一；所得，以加黃道積度，卽所求年天正冬至加時黃道日度及分秒。

求四正加時黃道日度

置所求年冬至日躔黃赤道差，與次年黃赤道差相減，餘四而一，所得，加象限，爲四正定象度。置冬至加時黃道日度，以四正定象度累加之，滿黃道宿次，去之，各得四正定氣加時黃道宿度及分。

求四正晨前夜半日度

置四正恒氣日及分秒，冬夏二至，盈縮之端，以恒爲定。以盈縮差命爲日分，盈減縮加之，卽爲四正定氣日及分。置日下分，以其日行度乘之，如日周而一；所得，以減四正加時黃道日度，各得四正定氣晨前夜半日度及分秒。

求四正後每日晨前夜半黃道日度

以四正定氣日距後正定氣日爲相距日，以四正定氣晨前夜半日度距後正定氣晨前夜半日度爲相距度，累計相距日之行定度，與相距度相減；餘如相距日而一，爲日差；相距度多爲加，相距度少爲減。以加減四正每日行度率，爲每日行定度；累加四正晨前夜半黃道日度，滿宿次，去之，爲每日晨前夜半黃道日度及分秒。

求每日午中黃道日度

置其日行定度，半之，以加其日晨前夜半黃道日度，得午中黃道日度及分秒。

求每日午中黃道積度

以二至加時黃道日度距所求日午中黃道日度，爲二至後黃道積度及分秒。

求每日午中赤道日度

置所求日午中黃道積度，滿象限，去之，餘爲分後；內減黃道積度，以赤道率乘之，如黃道率而一；所得，以加赤道積度及所去象限，爲所求赤道積度及分秒；以二至赤道日度加而命之，〔一六〕卽每日午中赤道日度及分秒。

黃道十二次宿度

危，十二度六十四分九十一秒。入娵訾之次，辰在亥。
奎，一度七十三分六十三秒。入降婁之次，辰在戌。
胃，三度七十四分五十六秒。入大梁之次，辰在酉。
畢，六度八十八分五秒。入實沈之次，辰在申。
井，八度三十四分九十四秒。入鶉首之次，辰在未。
柳，三度八十六分八十秒。入鶉火之次，辰在午。
張，十五度二十六分六秒。入鶉尾之次，辰在巳。
軫，十度七分九十七秒。入壽星之次，辰在辰。

氐，一度一十四分五十二秒。入大火之次，辰在卯。

尾，三度一分一十五秒。入析木之次，辰在寅。

斗，三度七十六分八十五秒。入星紀之次，辰在丑。

女，二度六分三十八秒。入玄枵之次，辰在子。

求入十二次時刻

各置入次宿度及分秒，以其日晨前夜半日度減之，餘以日周乘之，爲實；以其日行定度爲法；實如法而一，所得，依發斂加時求之，卽入次時刻。

步月離第四

轉終分，二十七萬五千五百四十六分。

轉終，二十七日五千五百四十六分。

轉中，十三日七千七百七十三分。

初限，八十四。

中限，一百六十八。

周限，三百三十六。

月平行，十三度三十六分八十七秒半。
轉差，一日九千七百五十九分九十三秒。
弦策，七日三千八百二十六分四十八秒少。
上弦，九十一度三十一分四十三秒太。
望，一百八十二度六十二分八十七秒半。
下弦，二百七十三度九十四分三十一秒少。
轉應，一十三萬一千九百四分。

推天正經朔入轉

置中積，加轉應，減閏餘，滿轉終分，去之，不盡，以日周約之爲日，不滿爲分，卽天正經朔入轉日及分。上考者，中積內加所求閏餘，減轉應，滿轉終，去之，不盡，以減轉終，餘同上。

求弦望及次朔入轉

置天正經朔入轉日及分，以弦策累加之，滿轉終，去之，卽弦望及次朔入轉日及分秒。如徑求次朔，以轉差加之。

求經朔弦望入遲疾曆

各視入轉日及分秒，在轉中已下，爲疾曆；已上，減去轉中，爲遲曆。

遲疾轉定及積度

入轉日	初末限	遲疾度	轉定度	轉積度
初	初	疾初	十四六七六四	初
一	一十二二十	疾一三〇七七	十四五五七三	十四六七六四
二	二十四四十	疾二四九六三	十四四〇二九	二十九二三三七
三	三十六六十	疾三五三〇五	十四二一三〇	四十三六三六六
四	四十八八十	疾四三七四八	十三九八七七	五十七八四九六
五	六十一	疾四九九三八	十三七二七一	七十一八三七三
六	七十三二十	疾五三五二二	十三四四四六	八十五五六四四
七	末八十二六十	疾五四二八一	十三二三五三	九十九〇〇九〇
八	七十四十	疾五二九四七	十二九四七五	一百一十二二四四三

九	五十八二十	疾四八七三五	十二六九四八	一百二十五一九八
十	四十六	疾四一九九六	十二四七七七	一百三十七八八六六
十一	三十三八十	疾三三〇八六	十二二九六〇	一百五十三六四三
十二	二十一六十	疾二二三五九	十二一四九六	一百六十二六六〇三
十三	九四十	疾一〇一六八	十二〇四六二	一百七十四八〇九九
十四	初二八十	遲初〔三〇八八〕〔一七〕	十二〇八五二	一百八十六八五六一
十五	一十五	遲一五九二三	十二二一二二	一百九十八九四一三
十六	二十七二十	遲二七四八八	十二三七五二	二百一十一一五三五
十七	三十九四十	遲三七四二二	十二五七三〇	二百二十三五二八七
十八	五十一六十	遲四五三八〇	十二八〇六〔二〕〔三〕〔一八〕	二百三十六一〇七〇
十九	六十三八十	遲五一〇〇四	十三〇七五三	二百四十八九〇八〇

二十	七十六	遲五三九三八	十三三三七七	二百六十一九八三三
二十一	末七十九八十	遲五四二四八	十三五七一二	二百七十五三二一〇
二十二	六十七六十	遲五二二二三	十三八五一一	二百八十八八九二二
二十三	五十五四十	遲四七三九九	十四〇九五五	三百二七四三三
二十四	四十三二十	遲四〇一三一	十四三〇四六	三百一十六八三八八
二十五	三十一	遲三〇七七二	十四四七八二	三百三十一一四三四
二十六	一十八八十	遲一九六七七	十四六一六三	三百四十五六二一六
二十七	六六十	遲七二〇一	十四七一五四	三百六十二三七九

求遲疾差

置遲疾曆日及分，以十二限二十分乘之，在初限已下爲初限，已上覆減中限，餘爲末限。置立差三百二十五，以初末限乘之，加平差二萬八千一百，又以初末限乘之，用減定差一千一百一十一萬，餘再以初末限乘之，滿億爲度，不滿退除爲分秒，卽遲疾差。

又術：置遲疾曆日及分，以遲疾曆日率減之，餘以其下損益分乘之，如八百二十而一，益加損減其下遲疾度，亦爲所求遲疾差。

求朔弦望定日

以經朔弦望盈縮差與遲疾差，同名相從，異名相消，盈遲縮疾爲同名，盈疾縮遲爲異名。以八百二十乘之，以所入遲疾限下行度除之，即爲加減差，盈遲爲加，縮疾爲減。以加減經朔弦望日及分，即定朔弦望日及分。若定弦望分在日出分已下者，退一日，其日命甲子算外，各得定朔弦望日辰。定朔干名與後朔干同者，其月大；不同者，其月小；內無中氣者，爲閏月。

推定朔弦望加時日月宿度

置經朔弦望入盈縮曆日及分，以加減差加減之，爲定朔弦望入曆，在盈，便爲中積，在縮，加半歲周，爲中積；命日爲度，以盈縮差盈加縮減之，爲加時定積度；以冬至加時日躔黃道宿度加而命之，各得定朔弦望加時日度。

凡合朔加時，日月同度，便爲定朔加時月度；其弦望各以弦望度加定積，爲定弦望月行定積度；依上加而命之，各得定弦望加時黃道月度。

推定朔弦望加時赤道月度

各置定朔弦望加時黃道月行定積度，滿象限，去之，以其黃道積度減之，餘以赤道率乘之，如黃道率而一，用加其下赤道積度及所去象限，各爲赤道加時定積度；以冬至加時赤道日度加而命之，各爲定朔弦望加時赤道月度及分秒。象限已下及半周，去之，爲至後；滿象限及三象，去之，爲分後。

推朔後平交入轉遲疾曆

置交終日及分，內減經朔入交日及分，爲朔後平交日；以加經朔入轉，爲朔後平交入轉；在轉中已下，爲疾曆；已上，去之，爲遲曆。

求正交日辰

置經朔，加朔後平交日，以遲疾曆依前求到遲疾差，遲加疾減之，爲正交日及分，其日命甲子算外，卽正交日辰。

推正交加時黃道月度

置朔後平交日，以月平行度乘之，爲距後度；以加經朔中積，爲冬至距正交定積度；以冬至日躔黃道宿度加而命之，爲正交加時月離黃道宿度及分秒。

求正交在二至後初末限

置冬至距正交積度及分，在半歲周已下，爲冬至後；已上，去之，爲夏至後。其二至後，在象限已下，爲初限；已上，減去半歲周，爲末限。

求定差距差定限度

置初末限度，以十四度六十六分乘之，如象限而一，爲定差；反減十四度六十六分，餘爲距差。以二十四乘定差，如十四度六十六分而一；所得，交在冬至後名減，夏至後名加，皆加減九十八度，爲定限度及分秒。

求四正赤道宿度

置冬至加時赤道度，命爲冬至正度；以象限累加之，各得春分、夏至、秋分正積度；各命赤道宿次去之，爲四正赤道宿度及分秒。

求月離赤道正交宿度

以距差加減春秋二正赤道宿度，爲月離赤道正交宿度及分秒。冬至後，初限加，末限減，視春正；夏至後，初限減，末限加，視秋正。

求正交後赤道宿積度入初末限

各置春秋二正赤道所當宿全度及分，以月離赤道正交宿度及分減之，餘爲正交後積度；以赤道宿次累加之，滿象限去之，爲半交後；又去之，爲中交後；再去之，爲半交後；視各交積度在半象已下，爲初限；已上，用減象限，餘爲末限。

求月離赤道正交後半交白道舊名九道出入赤道內外度及定差

置各交定差度及分，以二十五乘之，如六十一而一；所得，視月離黃道正交在冬至後宿度爲減，夏至後宿度爲加，皆加減二十三度九十分，爲月離赤道後半交白道出入赤道內外度及分；以周天六之一，六十度八十七分六十二秒半，除之，爲定差。月離赤道正交後爲外，中交後爲內。

求月離出入赤道內外白道去極度

置每日月離赤道交後初末限，用減象限，餘爲白道積；用其積度減之，餘以其差率乘之；所得，百約之，以加其下積差，爲每日積差；用減周天六之一，餘以定差乘之，爲每日月離赤道內外度；內減外加象限，爲每日月離白道去極度及分秒。

求每交月離白道積度及宿次

置定限度，與初末限相減相乘，退位爲分，爲定差；正交、中交後爲加，半交後爲減。以差加減正交後赤道積度，爲月離白道定積度；以前宿白道定積度減之，各得月離白道宿次及分。

推定朔弦望加時月離白道宿度

各以月離赤道正交宿度距所求定朔弦望加時月離赤道宿度，爲正交後積度；滿象限，去之，爲半交後；又去之，爲中交後；再去之，爲半交後；視交後積度在半象已下，爲初限；已上，用減象限，爲末限；以初末限與定限度相減相乘，退位爲分，分滿百爲度，爲定差；正交中交後爲加，半交後爲減。以差加減月離赤道正交後積度，爲定積度，以正交宿度加之，以其所當月離白道宿次去之，各得定朔弦望加時月離白道宿度及分秒。

求定朔弦望加時及夜半晨昏入轉

置經朔弦望入轉日及分，以定朔弦望加減差加減之，爲定朔弦望加時入轉；以定朔弦望日下分減之，爲夜半入轉；以晨分加之，爲晨轉；昏分加之，爲昏轉。

求夜半月度

置定朔弦望日下分，以其入轉日轉定度乘之，萬約爲加時轉度，以減加時定積度，餘爲夜半定積度；依前加而命之，各得夜半月離宿度及分秒。

求晨昏月度

置其日晨昏分，以夜半入轉日轉定度乘之，萬約爲晨昏轉度；各加夜半定積度，爲晨昏定積度；加命如前，各得晨昏月離宿度及分秒。

求每日晨昏月離白道宿次

累計相距日數轉定度，爲轉積度；與定朔弦望晨昏宿次前後相距度相減，餘以相距日數除之，爲日差；距度多爲加，距度少爲減。以加減每日轉定度，爲行定度；以累加定朔弦望晨昏月度，加命如前，卽每日晨昏月離白道宿次。朔後用昏，望後用晨，朔望晨昏俱用。

校勘記

〔一〕二十九分（三六）〔六三〕十分七（一）〔三〕 上項爲積差數，卽此度前各度黃赤道差率之積；下項爲差率，可由下行積差減本行積差求得。此誤。高麗史卷五一曆志授時曆經與驗算合，據改正。律曆融通已校。

〔二〕一（六八）〔八六〕九六 高麗史卷五一曆志授時曆經與驗算合，據改正。律曆融通已校。

〔三〕二一三○〔一〕 據驗算補。律曆融通已校。

〔四〕三十一分三（一）〔○〕 高麗史卷五一曆志授時曆經與驗算合，據改。律曆融通已校。

〔五〕三十一○○（六三）〔三六〕 此係積度數，卽第四欄度率累加之積，亦可用前行積度加度率驗算。高麗史卷五一曆志授時曆經與驗算合，據改正。律曆融通已校。

〔六〕五十二分（三七）〔七三〕 高麗史卷五一曆志授時曆經與驗算合，據改正。律曆融通已校。

〔七〕一○三三（三）〔二〕 高麗史卷五一曆志授時曆經與驗算合，據改。律曆融通已校。

〔八〕十〔一〕○六三九 高麗史卷五一曆志授時曆經與驗算合，據補。律曆融通已校。

〔九〕一○一○（一）〔二〕 高麗史卷五一曆志授時曆經與驗算合，據改。律曆融通已校。

〔一○〕十六五（二）〔六〕八（六）〔二〕 七十五分（一七）〔七一〕 高麗史卷五一曆志授時曆經與驗算合，據改正。律曆融通已校。

〔一一〕七十七分一（三）〔二〕　高麗史卷五一曆志授時曆經與驗算合，據改。律曆融通已校。

〔一二〕九五（二七）〔七二〕　高麗史卷五一曆志授時曆經與驗算合，據改正。律曆融通已校。

〔一三〕六十四八九（四三）〔三四〕九十四分（五八）〔八五〕　高麗史卷五一曆志授時曆經與驗算合，據改正。律曆融通已校。

〔一四〕九十八分（六）〔九〕一　高麗史卷五一曆志授時曆經與驗算合，據改。律曆融通已校。

〔一五〕九十一　按此項卽前行積度九十一度與度率三十一分之和。梅文鼎曆學駢枝作「九十一三一」，是。

〔一六〕以二至赤道日度加而命之　此下疑有脫文。朱載堉律曆融通、聖壽萬年曆此句後有「滿赤道宿度去之」一句，黄宗羲授時曆故有「滿赤道宿次去之」一句。

〔一七〕遲初〔三〇八八〕　按此表「入轉日」爲月離近地點日數。以一近點月日數分爲三百三十六辰，故每日爲十二二十限。「遲疾度」爲本日前月平均行度與實際行度差之和。「轉定度」爲月本日實際行度。「轉積度」爲本日前月實際行度之和。此處有脫誤，據驗算補。律曆融通已校。

〔一八〕十二八〇六（二）〔三〕　高麗史卷五一曆志授時曆經與驗算合，據改。律曆融通已校。

元史卷五十五

志第七

曆四

授時曆經下

步中星第五

大都北極，出地四十度太强。

冬至，去極一百一十五度二十一分七十三秒。

夏至，去極六十七度四十一分一十三秒。

冬至晝，夏至夜，三千八百一十五分九十二秒。

夏至晝，冬至夜，六千一百八十四分八秒。

昏明，二百五十分。

黃道出入赤道內外去極度及半晝夜分

黃道積度	內外度	內外差	冬至前後去極	夏至前後去極	冬晝夏夜	夏晝冬夜	晝夜差
初	三十三九〇三〇	三三	一百一十五度(三)〔二〕一七三〔一〕	六十七度四一一三	一千九百〇七九六	三千九二〇四	〇九
一	三十三八九九七	九九	一百一十五二一四〇	六十七四一四六	一千九百〇八〇五	三千九一九五	二九
二	三十三八八九八	一分六六	一百一十五二〇四一	六十七四二四五	一千九百〇八三四	三千九一六六	四七
三	三十三八七三二	二分三一	一百一十五一八七五	六十七四四一一	一千九百〇八八一	三千九一一九	六六
四	三十三八五〇一	二分九九	一百一十五一六四四	六十七四六四二	一千九百〇九四七	三千九〇五三	八五
五	三十三八二〇二	三分六五	一百一十五一三四五	六十七四九四一	一千九百一〇三二	三千〇八九六八	一分〇四
六	三十三七八三七	四分三二	一百一十五〇九八〇	六十七五三〇六	一千九百一一三六	三千〇八八六四	一分二三
七	三十三七四〇五	四分九八	一百一十五〇五四八	六十七五七三八	一千九百一二五八	三千〇八七四二	一分四二
八	三十三六九〇七	五分六五	一百一十五〇〇五〇	六十七六二三六	一千九百一四〇〇	三千〇八六〇〇	一分六一

九	三十三六三(二四)〔四二〕	六分三六	一百二十四九四八(一)〔五〕	六十七六八〇(五)〔一〕	一千九百一五六(七)〔一〕〔二〕	三千〇八四三九	一分七九
十	三十三五七〇六	七分〇二	一百二十四八八四九	六十七七四三七	一千九百一(四)七〔四〕〇〔三〕	三千〇八二六〇	一分九九
十一	三十三五〇〇四	七分六九	一百二十四八一四七	六十七八一三九	一千九百二九三九	三千〇八〇六一	二分一八
十二	三十三四二三五	八分三九	一百二十四七三七八	六十七八九〇八	一千九百二一五七	三千〇七八四三	二分三七
十三	三十三三三九六	九分〇八	一百二十四六五三九	六十七九(四)〔七〕四七〔四〕	一千九百二三九四	三千〇七六〇六	二分五六
十四	三十三二四八八	九分七五	一百二十四五六三一	六十八〇六五五	一千九百二六五〇	三千〇七三五〇	二分七四
十五	三十三一五一三	十分四七	一百二十四四六五六	六十八一六三〇	一千九百二九二四	三千〇七〇七六	二分九四
十六	三十三〇四六六	十一分一四	一百二十四三六〇九	六十八二六七七	一千九百三三一八	三千〇六七八二	三分一四
十七	三十二九三五二	十一分八五	一百二十四二四九五	六十八三七九一	一千九百三五三二	三千〇六四六八	三分三〇
十八	三十二八一六七	十二分五四	一百二十四一三一〇	六十八四九七六	一千九百三八六二	三千〇六一三八	三分五一
十九	三十二六九一三	十三分二五	一百二十四〇〇五六	六十八六二三〇	一千九百四二一(二)〔三〕〔五〕	三千〇五七八七	三分六九

二十	三十二五五八八	十三分九五	一百一十三八七三一	六十八七五五五	一千九百四五八二	三千〇五四一八	三分八八
二十一	三十二四一(五)〔九〕三〔六〕	十四分六六	一百一十三七三三六	六十八八九五〇	一千九百四九七〇	三千〇五〇三〇	四分〇七
二十二	三十二二七二七	十五分三七	一百一十三五八七〇	六十九〇四一六	一千九百五三七七	三千〇四六二三	四分二六
二十三	三十二一一九〇	十六分〇六	一百一十三四三三三	六十九一九五三	一千九百五八〇三	三千〇四一九七	四分四三
二十四	三十一九五八四	十六分七八	一百一十三二七二七	六十九三五五九	一千九百六二四六	三千〇三七五四	四分六二
二十五	三十一七九〇六	十七分四七	一百一十三一〇四九	六十九五二三七	一千九百六七〇八	三千三三九二	四分八〇
二十六	三十一六一五九	十八分二〇	一百一十二九三〇二	六十九六九八四	一千九百七一八八	三千二八一二	四分九八
二十七	三十一四三三九	十八分九〇	一百一十二七四八二	六十九八八〇四	一千九百七六八六	三千二三一四	五分一六
二十八	三十一二四四九	十九分六〇	一百一十二五五九二	七十〇六九四	一千九百八二〇二	三千一七九八	五分三五
二十九	三十一〇四八九	二十分二七	一百一十二三六三二	七十二六五四	一千九百八七三七	三千一二六三	五分四九
三十	三十八四六二	二十分九九	一百一十二一六〇五	七十四六八一	一千九百九二八六	三千〇七一四	五分六七

三十一	二十六三六三	二十一分六八	一百二十一九五〇六	七十六七八〇	一千九百九八五三	三千〇一四七	五分八五
三十二	二十四一九五	二十二分三五	一百二十一七三三八	七十八九四八	二千〇四三八	二千九百九五六二	六分〇一
三十三	二十一九六〇	二十三分〇三	一百二十一五一〇三	七十一一一八三	二千一〇三九	二千九百八九六一	六分一六
三十四	十九九六五七	二十三分七一	一百二十一二八〇〇	七十一三四八六	二千一六五五	二千九百八三四五	六分三三
三十五	十九七二八六	二十四分三七	一百二十一〇四二九	七十一五八五七	二千二三八八	二千九百七七一二	六分四八
三十六	十九四八四九	二十五分〇三	一百二十七九九二	七十一八二九四	二千二九三六	二千九百七〇六四	六分六三
三十七	十九二三四六	二十五分六六	一百二十五四八九	七十二〇七九七	二千〇三五九九	二千九百六四〇一	六分七八
三十八	十八九七八〇	二十六分三一	一百二十二九二三	七十二三三六三	二千〇四二七七	二千九百五七二三	六分九二
三十九	十八七一四九	二十六分九三	一百二十〇二九二	七十二五九九四	二千〇四九六九	二千九百五〇三一	七分〇五
四十	十八四四五六	二十七分五二	一百〇九七五九九	七十二八六八七	二千〇五六七四	二千九百四三二六	七分一九
四十一	十八一七〇四	二十八分一四	一百〇九四八四七	七十三一四三九	二千〇六三九三	二千九百三六〇七	七分三二

四十二	十七八八九〇	二十八分七二	一百〇九二〇三三	七十三四二五三	三千〇七一二五	二千九百二八七五	七分四四
四十三	十七六〇一八	二十九分二九	一百〇八九一六一	七十三七一二五	三千〇七八六九	二千九百二一三一	七分五六
四十四	十七三〇八九	二十九分八四	一百〇八六二三二	七十四〇〇五八	三千〇八六二五	二千九百一三七五	七分六八
四十五	十七〇一〇五	三十分三八	一百〇八三三四八	七十四三〇三八	三千〇九三九三	二千九百〇六〇七	七分七八
四十六	十六七〇六七	三十分九〇	一百〇八〇二一〇	七十四六〇六七	三千一百〇一七一	二千八百九八二九	七分八九
四十七	十六三九七七	三十一分四一	一百〇七七一二〇	七十四九一六六	三千一百〇九六〇	二千八百九〇四〇	七分九八
四十八	十六〇八三六	三十一分九一	一百〇七三九七九	七十五二三〇七	三千一百一七五八	二千八百八二四二	八分〇八
四十九	十五七六四五	三十二分三六	一百〇七〇七八八	七十五五四九八	三千一百二五六六	二千八百七四三四	八分一七
五十	十五四四〇九	三十二分八五	一百〇六七五五二	七十五八七三四	三千一百三三八三	二千八百六六一七	八分二六
五十一	十五一一二四	三十三分二六	一百〇六四二六七	七十六二〇一九	三千一百四二〇九	二千八百五七九一	八分三三
五十二	十四七七九八	三十三分六四	一百〇六〇九四一	七十六五三四五	三千一百五〇四一	二千八百四九五九	八分四〇

五十三	十四四四三四	三十四分〇七	一百〇五七五七七	七十六八七〇九	二千一百五八八一	二千八百四一一九	八分四六
五十四	十四一〇二七	三十四分四五	一百〇五四一七〇	七十七二一一六	二千一百六七二七	二千八百三二七三	八分五四
五十五	十三七五八二	三十四分八一	一百〇五〇七二五	七十七五五六一	二千一百七五八一	二千八百二四一九	八分五九
五十六	十三四一〇一	三十五分一五	一百〇四七二四四	七十七九〇四二	二千一百八四四〇	二千八百一五六〇	八分六四
五十七	十三〇五八六	三十五分四七	一百〇四三七二九	七十八二五五七	二千一百九三〇四	二千八百〇六九六	八分六九
五十八	十二七〇三九	三十五分七八	一百〇四〇一八二	七十八六一〇四	二千二百〇一七三	二千七百九八二七	八分七五
五十九	十二三四六一	三十六分〇七	一百〇三六六〇四	七十八九六(一)〔二〕八〔七〕	二千二百一〇四八	二千七百八九五二	八分七八
六十	十一九八五四	三十六分三三	一百〇三二九九七	七十九三二八九	二千二百一九二六	二千七百八〇七四	八分八一
六十一	十一六二二一	三十六分五九	一百〇二九三六四	七十九六九三二	二千二百二八〇七	二千七百七一九三	八分八四
六十二	十一二五六二	三十六分八三	一百〇二五七〇五	八十〇〇(六)〔五〕〔八〕一(五)〔八〕	二千二百三六九一	二千七百六三〇九	八分八九
六十三	十一八八七九	三十七分〇五	一百〇二二〇二二	八十〇四二六四	二千二百四五八〇	二千七百(四五)〔五四〕二〇〔九〕	八分九〇

六十四	十五一七四	三十七分二四	一百〇一八三一七	八十〇七九六九	二千二百(四五)〔五四〕七〇〔一〇〕	二千七百四五三〇	八分九二
六十五	十一四五〇	三十七分四四	一百〇一四五九三	八十一一(九)〔六〕九三〔一一〕	二千二百六三六二	二千七百三六三八	八分九四
六十六	九七七〇六	三十七分六一	一百〇一〇八四九	八十一五四三七	二千二百七二五六	二千七百二七四四	八分九七
六十七	九三九四五	三十七分七六	一百〇〇七〇八八	八十一九一九八	二千二百八一五三	二千七百一八四七	八分九七
六十八	九〇一六九	三十七分九一	一百〇〇三三一二	八十二二九七四	二千二百九〇五〇	二千七百〇九五〇	八分九八
六十九	八六三七八	三十八分〇七	九十九九五二一	八十二六七六五	二千二百九九(七)〔八〕四〔一二〕	二千七百〇〇五二	九分〇〇
七十	八二五七一	三十八分一七	九十九五七一四	八十三〇五七二	二千三百〇八四八	二千六百九一五二	九分〇〇
七十一	七八七五四	三十八分二八	九十九一八九七	八十三四三八九	二千三百一七四八	二千六百八二五二	九分〇一
七十二	七四九二六	三十八分三八	九十八八〇六九	八十三八二一七	二千三百二六四九	二千六百七三五一	九分〇一
七十三	七一〇八八	三十八分四七	九十八四二三一	八十四二〇五五	二千三百(二)〔三〕五五〇〔一三〕	二千六百六四五〇	九分〇一
七十四	六七二四一	三十八分五四	九十八〇三八四	八十四五九〇二	二千三百四四五一	二千六百五五四九	九分〇一

七十五	六三三八七	三十八分六二	九十七六五三〇	八十四九七五六	二千三百五三五二	二千六百四六四八	九分〇一
七十六	五九五二五	三十八分六七	九十七二六六八	八十五三六一八	二千三百六二五三	二千六百三七四七	九分〇一
七十七	五五六五八	三十八分七三	九十(七)〔六〕八八〇一〔一四〕	八十五七四八五	二千三百七一五四	二千六百二八四六	九分〇〇
七十八	五一七八五	三十八分七七	九十六四九二八	八十六一三五八	二千三百八〇五四	二千六百一九四六	九分〇〇
七十九	四七九〇八	三十八分八一	九十六一〇五一	八十六五二三五	二千三百八九五四	二千六百一〇四六	九分〇〇
八十	四四〇二七	三十八分八五	九十五七一七〇	八十六九一一六	二千三百九八五四	二千六百〇一四六	九分〇〇
八十一	四〇一四二	三十八分八八	九十五三二八五	八十七三〇〇一	二千四百〇七五四	二千五百九二四六	九分〇〇
八十二	三六二五四	三十八分八九	九十四九(四)〔三〕(六四)〔九七〕	八十七六八(三三)〔八九〕〔一五〕	二千四百一六五四	二千五百八三四六	八分九七
八十三	三二三六五	三十八分九〇	九十四五五〇(九)〔八〕	八十八〇七七(七)〔八〕〔一六〕	二千四百二五五一	二千五百七四四九	八分九七
八十四	二八四七五	三十八分九二	九十四一六一八	八十八四六六八	二千四百三四四八	二千五百六五五二	八分九七
八十五	二四五八亖	三十八分九三	九十三七七二六	八十八(六)〔八〕五六〇〔一七〕	二千四百四三四五	二千五百五六五五	八分九七

八十六	二〇六九〇	三十八分九四	九十三三八三三	八十九二四五三	二千四百五二四二	二千五百四七五八	八分九六
八十七	一六七九六	三十八分九四	九十二九九三九	八十九六三四七	二千四百六一三八	二千五百三八六二	八分九六
八十八	一二九〇二	三十八分九五	九十二六〇四五	九十〇〇二四一	二千四百七〇三四	二千五百二九六六	八分九六
八十九	九〇〇七	三十八分九五	九十二二一五〇	九十〇四一三六	二千四百七九三〇	二千五百二〇七〇	八分九六
九十	五一二二	三十八分九五	九十一八二五五	九十〇八〇三一	二千四百八八二六	二千五百一一七四	八分九五
九十一	一二一七	一十二分一七	九十一四三六〇	九十一一九二六	二千四百九七二一	二千五百〇二七九	二分七九
九十一三一	空	空	九十一三一四三	九十一三一四三	二千五百	二千五百	空

求每日黃道出入赤道內外去極度

置所求日晨前夜半黃道積度，滿半歲周，去之，在象限已下，爲初限；已上，復減半歲周，餘爲入末限；滿積度，去之，餘以其段內外差乘之，百約之，所得，用減內外度，爲出入赤道內外度；內減外加象限，卽所求去極度及分秒。

求每日半晝夜及日出入晨昏分

置所求入初末限，滿積度；去之，餘以晝夜差乘之，百約之，所得，加減其段半晝夜分，爲所求日半晝夜分；前多後少爲減，前少後多爲加。以半夜分便爲日出分，用減日周，餘爲日入分；以昏明分減日出分，餘爲晨分；加日入分，爲昏分。

求晝夜刻及日出入辰刻

置半夜分，倍之，百約，爲夜刻；以減百刻，餘爲晝刻；以日出入分依發斂求之，卽得所求辰刻。

求更點率

置晨分，倍之，五約，爲更率；又五約更率，爲點率。

求更點所在辰刻

置所求更點數，以更點率乘之，加其日昏分，依發斂求之，卽得所求辰刻。

求距中度及更差度

置半日周，以其日晨分減之，餘爲距中分；以三百六十六度二十五分七十五秒乘之，如日周而一，所得，爲距中度；用減一百八十三度一十二分八十七秒半，倍之，五除，爲更差度及分。

求昏明五更中星

置距中度，以其日午中赤道日度加而命之，卽昏中星所臨宿次，命爲初更中星；以更差度累加之，滿赤道宿次去之，爲逐更及曉中星宿度及分秒。其九服所在晝夜刻分及中星諸率，並准隨處北極出地度數推之。已上諸率，與晷漏所推自相符契。

求九服所在漏刻

各於所在以儀測驗，或下水漏，以定其處冬至或夏至夜刻，與五十刻相減，餘爲至差刻。置所求日黃道，去赤道內外度及分，以至差刻乘之，進一位，如二百三十九而一，所得內減外加五十刻，卽所求夜刻；以減百刻，餘爲晝刻。其日出入辰刻及更點等率，依術求之。

步交會第六

交終分，二十七萬二千一百二十二分二十四秒。

交終，二十七日二千一百二十二分二十四秒。

交中，十三日六千六十一分一十二秒。

交差，二日三千一百八十三分六十九秒。

交望，十四日七千六百五十二分九十六秒半。

交應，二十六萬一百八十七分八十六秒。

交終，三百六十三度七十九分三十四秒。

交中，一百八十一度八十九分六十七秒。

正交，三百五十七度六十四分。

中交，一百八十八度五分。

日食陽曆限，六度。　定法，六十。

陰曆限，八度。　定法，八十。

月食限，十三度五分。　定法，八十七。

推天正經朔入交

置中積，加交應，減閏餘，滿交終分，去之；不盡，以日周約之爲日，不滿爲分秒，卽天正經朔入交汎日及分秒。上考者，中積內加所求閏餘，減交應，滿交終去之，不盡，以減交終，餘如上。

求次朔望入交

置天正經朔入交汎日及分秒，以交望累加之，滿交終日，去之，卽爲次朔望入交汎日及分秒。

求定朔望及每日夜半入交

各置入交汎日及分秒，減去經朔望小餘，卽爲定朔望夜半入交。若定日有增損者，亦如之。否則因經爲定，大月加二日，小月加一日，餘皆加七千八百七十七分七十六秒，卽次朔夜半入交；累加一日，滿交終日，去之，卽每日夜半入交汎日及分秒。

求定朔望加時入交

置經朔望入交汎日及分秒，以定朔望加減差加減之，卽定朔望加時入交日及分秒。

求交常交定度

置經朔望入交汎日及分秒，以月平行度乘之，爲交常度；以盈縮差盈加縮減之，爲交定度。

求日月食甚定分

日食：視定朔分在半日周已下，去減半周，爲中前；已上，減去半周，爲中後；與半周相減、相乘，退二位，如九十六而一，爲時差；中前以減，中後以加，皆加減定朔分，爲食甚定分；以中前後分各加時差，爲距午定分。

月食：視定望分在日周四分之一已下，爲卯前；已上，覆減半周，爲卯後；在四分之三已下，減去半周，爲酉前；已上，覆減日周，爲酉後。以卯酉前後分自乘，退二位，如四百七十八而一，爲時差；子前以減，子後以加，皆加減定望分，爲食甚定分；各依發斂求之，卽食甚辰刻。

求日月食甚入盈縮曆及日行定度

置經朔望入盈縮曆日及分，以食甚日及定分加之，以經朔望日及分減之，卽爲食甚入盈縮曆；依日躔術求盈縮差，盈加縮減之，爲食甚入盈縮曆定度。

求南北差

視日食甚入盈縮曆定度，在象限已下，爲初限；已上，用減半歲周，爲末限；以初末限度自相乘，如一千八百七十而一，爲度，不滿，退除爲分秒；用減四度四十六分，餘爲南北汎差；以距午定分乘之，以半晝分除之，所得，以減汎差，爲定差。汎差不及減者，反減之爲定差，應加者減之，應減者加之。在盈初縮末者，交前陰曆減，陽曆加，交後陰曆加，陽曆減；在縮初盈末者，交前陰曆加，陽曆減，交後陰曆減，陽曆加。

求東西差

視日食甚入盈縮曆定度，與半歲周相減相乘，如一千八百七十而一，爲度，不滿，退除爲分秒，爲東西汎差；以距午定分乘之，以日周四分之一除之，爲定差。若在汎差已上者，倍汎差減之，餘爲定差，依其加減。在盈中前者，交前陰曆減，陽曆加；交後陰曆加，陽曆減；中後者，交前陰曆加，陽曆減；交後陰曆減，陽曆加。在縮中前者，交前陰曆加，陽曆減；交後陰曆減，陽曆加；中後者，交前陰曆減，陽曆加；交後陰曆加，陽曆減。

求日食正交中交限度

置正交、中交度，以南北東西差加減之，爲正交、中交限度及分秒。

求日食入陰陽曆去交前後度

視交定度，在中交限已下，以減中交限，爲陽曆交前度；已上，減去中交限，爲陰曆交後度；在正交限已下，以減正交限，爲陰曆交前度；已上，減去正交限，爲陽曆交後度。

求月食入陰陽曆去交前後度

視交定度，在交中度已下，爲陽曆；已上，減去交中，爲陰曆。視入陰陽曆，在後準十五度半已下，爲交後度；前準一百六十六度三十九分六十八秒已上，覆減交中，餘爲交前度及分。

求日食分秒

視去交前後度，各減陰陽曆食限，不及減者不食。餘如定法而一，各爲日食之分秒。

求月食分秒

視去交前後度，不用南北東西差者。用減食限，不及減者不食。餘如定法而一，爲月食之分秒。

求日食定用及三限辰刻

置日食分秒，與二十分相減、相乘，平方開之，所得，以五千七百四十乘之，如入定限行度而一，爲定用分；以減食甚定分，爲初虧；加食甚定分，爲復圓；依發斂求之，爲日食三限辰刻。

求月食定用及三限五限辰刻

置月食分秒，與三十分相減、相乘，平方開之；所得，以五千七百四十乘之，如入定限行度而一，爲定用分；以減食甚定分，爲初虧；加食甚定分，爲復圓；依發斂求之，卽月食三限辰刻。

月食既者，以既內分與一十分相減、相乘，平方開之，所得，以五千七百四十乘之，如入定限行度而一，爲既內分；用減定用分，爲既外分；以定用分減食甚定分，爲初虧；加既外，爲食既；又加既內，爲食甚；再加既內，爲生光；復加既外，爲復圓；依發斂求之，卽月食五限辰刻。

求月食入更點

置食甚所入日晨分，倍之，五約，爲更法；又五約更法，爲點法。乃置初末諸分，昏分已上，減去昏分，晨分已下，加晨分，以更法除之，爲更數；不滿，以點法收之，爲點數；其更點數，命初更初點算外，各得所入更點。

求日食所起

食在陽曆，初起西南，甚於正南，復於東南；食在陰曆，初起西北，甚於正北，復於東北；食八分已上，初起正西，復於正東。此據午地而論之。

求月食所起

食在陽曆，初起東北，甚於正北，復於西北；食在陰曆，初起東南，甚於正南，復於西南；食八分已上，初起正東，復於正西。此亦據午地而論之。

求日月出入帶食所見分數

視其日日出入分，在初虧已上、食甚已下者，爲帶食。各以食甚分與日出入分相減，餘爲帶食差；以乘所食之分，滿定用分而一，如月食既者，以既內分減帶食差，餘進一位，如既外分而一，所得，以減既分，卽月帶食出入所見之分；不及減者，爲帶食既出入。以減所食分，卽日月出入帶食所見之分。其食甚在晝，晨爲漸進，昏爲已退；其食甚在夜，晨爲已退，昏爲漸進。

求日月食甚宿次

置日月食甚入盈縮曆定度，在盈，便爲定積；在縮，加半歲周，爲定積。望卽更加半周天度。以天正冬至加時黃道日度，加而命之，各得日月食甚宿次及分秒。

步五星第七

曆度
三百六十五度二十五分七十五秒。
曆中
一百八十二度六十二分八十七秒半。
曆策
一十五度二十一分九十秒六十二微半。
木星
周率，三百九十八萬八千八百分。
周日，三百九十八日八十八分。
曆率，四千三百三十一萬二千九百六十四分八十六秒半。
度率，一十一萬八千五百八十二分。
合應，一百一十七萬九千七百二十六分。
曆應，一千八百九十九萬九千四百八十一分。
盈縮立差，二百三十六加。
平差，二萬五千九百一十二減。

定差，一千八百十九萬七千。

伏見，一十三度。

段目	段日	平度	限度	初行率
合伏	一十六日八十六	三度八十六	二度九十三	二十三分
晨疾初	二十八日	六度一十一	四度六十四	二十二分
晨疾末	二十八日	五度五十一	四度一十九	二十一分
晨遲初	二十八日	四度三十一	三度二十八	一十八分
晨遲末	二十八日	一度九十一	一度四十五	一十二分
晨留	二十四日			
晨退	四十六日五十八	四度八十八一十二半	空三十二八十七半	
夕退	四十六日五十八	四度八十八一十二半	空三十二八十七半	一十六分

夕留	二十四日			
夕遲初	二十八日	一度九十一	一度四十五	
夕遲末	二十八日	四度三十一	三度二十八	一十二分
夕疾初	二十八日	五度五十一	四度一十九	一十八分
夕疾末	二十八日	六度一十一	四度六十四	二十一分
夕伏	一十六日八十六	三度八十六	二度九十三	二十二分

火星

周率，七百七十九萬九千二百九十分。

周日，七百七十九日九十二分九十秒。

曆率，六百八十六萬九千五百八十分四十三秒。

度率，一萬八千八百七分半。

合應，五十六萬七千五百四十五分。

曆應，五百四十七萬二千九百三十八分。

盈初縮末立差，一千一百三十五減。

　平差，八十三萬一千一百八十九減。

　定差，八千八百四十七萬八千四百。

縮初盈末立差，八百五十一加。

　平差，三萬二百三十五負減。

　定差，二千九百九十七萬六千三百。

伏見，一十九度。

段目	段日	平度	限度	初行率
合伏	六十九日	五十度	四十六度五十	七十三分
晨疾初	五十九日	四十一度八十	三十八度八十七	七十二分
晨疾末	五十七日	三十九度〇八	三十六度三十四	七十分
晨次疾初	五十三日	三十四度一十六	三十一度七十七	六十七分

晨次疾末	四十七日	二十七度〇(六)〔四〕〔一八〕	二十五度一十五	六十二分
晨遲初	三十九日	一十七度七十二	一十六度四十八	五十三分
晨遲末	二十九日	六度二十	五度七十七	三十八分
晨留	八日			
晨退	二十八日九十六四十五	八度六十五六十七半	六度四十六三十二半	
夕退	二十八日九十六四十五	八度六十五六十七半	六度四十六三十二半	四十四分
夕留	八日			
夕遲初	二十九日	六度二十	五度七十七	
夕遲末	三十九日	一十七度七十二	一十六度四十八	三十八分
夕次疾初	四十七日	二十七度〇四	二十五度一十五	五十三分
夕次疾末	五十三日	三十四度一十六	三十一度七十七	六十二分

夕疾初	五十七日	三十九度〇八	三十六度三十四	六十七分
夕疾末	五十九日	四十一度八十	三十八度八十七	七十分
夕伏	六十九日	五十度	四十六度五十	七十二分

土星

周率，三百七十八萬九百一十六分。

周日，三百七十八日九分一十六秒。

曆率，一億七百四十七萬八千八百四十五分六十六秒。

度率，二十九萬四千二百五十五分。

合應，一十七萬五千六百四十三分。

曆應，五千二百二十四萬五百六十一分。

盈立差，二百八十三加。

　平差，四萬一千二十二減。

定差，一千五百一十四萬六千一百。

縮立差，三百三十一加。

平差，一萬五千一百二十六減。

定差，一千一百一萬七千五百。

伏見，一十八度。

段目	段日	平度	限度	初行率
合伏	二十日四十	二度四十	一度四十九	一十二分
晨疾	三十一日	三度四十	二度一十一	一十一分
晨次疾	二十九日	二度七十五	一度七十一	一十分
晨遲	二十六日	一度五十	初八十三	八分
晨留	三十日			
晨退	五十二日六十四五十八	三度六十二五十四半	初二十八四十五半	
夕退	五十二日六十四五十八	三度六十二五十四半	初二十八四十五半	一十分

夕留	三十日			
夕遲	二十六日	一度五十	初八十三	
夕次疾	二十九日	二度七十五	一度七十一	八分
夕疾	三十一日	三度四十	二度一十一	一十分
夕伏	二十日四十	二度四十	一度四十九	一十一分

金星

周率，五百八十三萬九千二十六分。

周日，五百八十三日九十分二十六秒。

曆率，三百六十五萬二千五百七十五分。

度率，一萬。

合應，五百七十一萬六千三百三十分。

曆應，一十一萬九千六百三十九分。

盈縮立差，一百四十一加。

平差，三減。
定差，三百五十一萬五千五百。
伏見，一十度半。

段目	段日	平度	限度	初行率
合伏	三十九日	四十九度五十	四十七度六十四	一度二十七分半
夕疾初	五十二日	六十五度五十	六十三度〇四	一度二十六分半
夕疾末	四十九日	六十一度	五十八度七十〔一〕〔一九〕	一度二十五分半
夕次疾初	四十二日	五十度二十五	四十八度三十六	一度二十三分半
夕次疾末	三十九日	四十二度五十	四十度九十	一度一十六分
夕遲初	三十三日	二十七度	二十五度九十九	一度二分
夕遲末	一十六日	四度二十五	四度〇九	六十二分

夕留	五日			
夕退	一十日九十五一十三	三度六十九八十七	一度五十九一十三	
夕退伏	六日	四度三十五	一度六十三	六十一分
合退伏	六日	四度三十五	一度六十(二)〔三〕〔二〇〕	八十二分
晨退	一十日九十五一十三	三度六十九八十七	一度五十九一十三	六十一分
晨留	五日			
晨遲初	一十六日	四度二十五	四度〇九	
晨遲末	三十三日	二十七度	二十五度九十九	六十二分
晨次疾初	三十九日	四十二度五十	四十度九十	一度二分
晨次疾末	四十二日	五十度二十五	四十八度三十六	一度一十六分
晨疾初	四十九日	六十一度	五十八度七十一	一度二十(二)〔三〕分半〔二一〕

晨疾末	五十二日	六十五度五十	六十三度〇四	一度二十五分半
晨伏	三十九日	四十九度五十	四十七度六十四	一度二十六分半

水星

周率，一百一十五萬八千七百六十分。

周日，一百一十五日八十七分六十秒。

曆率，三百六十五萬二千五百七十五分。

度率，一萬。

合應，七十萬四百三十七分。

曆應，二百五萬五千一百六十一分。

盈縮立差，一百四十一加。

平差，二千一百六十五減。

定差，三百八十七萬七千。

晨伏夕見，一十六度半。

夕伏晨見，一十九度。

段目	段日	平度	限度	初行率
合伏	一十七日七十五	三十四度二十五	二十九度〇八	二度一十五分五十八
夕疾	一十五日	二十一度三十八	一十八度一十六	一度七十分三十四
夕遲	一十二日	一十度一十二	八度五十九	一度一十四分七十二
夕留	二日			
夕退伏	一十一日一十八八十	七度八十一二十	二度一十八十	
合退伏	一十一日一十八八十	七度八十一二十(八)〔三〕	二度一十八十	一度三分四十六
晨留	二日			
晨遲	一十二日	一十度一十二	八度五十九	
晨疾	一十五日	二十一度三十八	一十八度一十六	一度一十四分七十二
晨伏	一十七日七十五	三十四度二十五	二十九度〇八	一度七十分三十四

推天正冬至後五星平合及諸段中積中星

置中積，加合應，以其星周率去之，不盡，爲前合；復減周率，餘爲後合；以日周約之，得其星天正冬至後平合中積中星。命爲日，日中積；命爲度，日中星。以段日累加中積，卽諸段中積；以〔平〕度累加中星，〔三〕經退則減之，卽爲諸段中星。上考者，中積內減合應，滿周率去之，不盡，便爲所求後合分。

推五星平合及諸段入曆

各置中積，加曆應及所求後合分，滿曆率，去之；不盡，如度率而一爲度，不滿，退除爲分秒，卽其星平合入曆度及分秒；以諸段限度累加之，卽諸段入曆。上考者，中積內減曆應，滿曆率去之，不盡，反減曆率，餘加其年後合，餘同上。

求盈縮差

置入曆度及分秒，在曆中已下，爲盈；已上，減去曆中，餘爲縮。視盈縮曆，在九十一度三十一分四十三秒太已下，爲初限；已上，用減曆中，餘爲末限。

其火星，盈曆在六十度八十七分六十二秒半已下，爲初限；已上，用減曆中，餘爲末限。縮曆在一百二十一度七十五分二十五秒已下，爲初限；已上，用減曆中，餘爲末限。

置各星立差，以初末限乘之，去加減平差，得，又以初末限乘之，去加減定差，再以初末限乘之，滿億爲度，不滿退除爲分秒，卽所求盈縮差。

又術：置盈縮曆，以曆策除之，爲策數，不盡爲策餘；以其下損益率乘之，曆策除之，所得，益加損減其下盈縮積，亦爲所求盈縮差。

求平合諸段定積

各置其星其段中積，以其盈縮差盈加縮減之，卽其段定積日及分秒；以天正冬至日分加之，滿紀法去之，不滿，命甲子算外，卽得日辰。

求平合及諸段所在月日

各置其段定積，以天正閏日及分加之，滿朔策，除之爲月數，不盡，爲入月已來日數及分秒。其月數，命天正十一月算外，卽其段入月經朔日數及分秒；以日辰相距，爲所在定〔朔〕月日。〔二四〕

求平合及諸段加時定星

各置其段中星，以盈縮差盈加縮減之，金星倍之，水星三之。卽諸段定星；以天正冬至加時黃道日度加而命之，卽其星其段加時所在宿度及分秒。

求諸段初日晨前夜半定星

各以其段初行率，乘其段加時分，百約之，乃順減退加其日加時定星，卽其段初日晨前夜半定星；加命如前，卽得所求。

求諸段日率度率

各以其段日辰距後段日辰爲日率，以其段夜半宿次與後段夜半宿次相減，餘爲度率。

求諸段平行分

各置其段度率，以其段日率除之，卽其段平行度及分秒。

求諸段增減差及日差

以本段前後平行分相減，爲其段汎差；倍而退位，爲增減差；以加減其段平行分，爲初末日行分。前多後少者，加爲初，減爲末；前少後多者，減爲初，加爲末。倍增減差，爲總差；以日率減一，除之，爲日差。

求前後伏遲退段增減差

前伏者，置後段初日行分，加其日差之半，爲末日行分。

後伏者，置前段末日行分，加其日差之半，爲初日行分；以減伏段平行分，餘爲增減差。

前遲者，置前段末日行分，倍其日差，減之，爲初日行分。

後遲者，置後段初日行分，倍其日差，減之，爲末日行分；以遲段平行分減之，餘爲增減差。前後近留之遲段。

木火土三星，退行者，六因平行分，退一位，爲增減差。金星，前後退伏者，三因平行分，半而退位，爲增減差。前退者，置後段初日行分，以其日差減之，爲末日行分。後退者，置前段末日行分，以其日差減之，爲初日行分；乃以本段平行分減之，餘爲增減差。

水星，退行者，半平行分，爲增減差；皆以增減差加減平行分，爲初末日行分。前多後少者，加爲初，減爲末；前少後多者，減爲初，加爲末。又倍增減差，爲總差；以日率減一，除之，爲日差。

求每日晨前夜半星行宿次

各置其段初日行分，以日差累損益之，後少則損之，後多則益之，爲每日行度及分秒；乃順加退減，滿宿次去之，卽每日晨前夜半星行宿次。

求五星平合見伏入盈縮曆

置其星其段定積日及分秒，若滿歲周日及分秒，去之，餘在次年天正冬至後。如在半歲周已下，爲入盈曆；滿半歲周，去之，爲入縮曆；各在初限已下，爲初限；已上，反減半歲周，餘爲末限；卽得五星平合見伏入盈縮曆日及分秒。

求五星平合見伏行差

各以其星其段初日星行分，與其段初日太陽行分相減，餘爲行差。若金、水二星退行在退合者，〔三〕以其段初日星行分，併其段初日太陽行分，爲行差；內水星夕伏晨見者，直以其段初日太陽行分爲行差。

求五星定合定見定伏汎積

木火土三星，以平合晨見夕伏定積日，便爲定合伏見汎積日及分秒。

金水二星，置其段盈縮差度及分秒，水星倍之。各以其段行差除之，爲日，不滿，退除爲分秒。在平合夕見晨伏者，盈減縮加；在退合夕伏晨見者，盈加縮減；各以加減定積爲定合伏見汎積日及分秒。

求五星定合定積定星

木火土三星，各以平合行差除其段初日太陽盈縮積，爲距合差日；不滿，退除爲分秒，以太陽盈縮積減之，爲距合差度。各置其星定合汎積，以距合差日盈減縮加之，爲其星定合定積日及分秒；以距合差度盈減縮加之，爲其星定合定星度及分秒。

金水二星，順合退合者，各以平合退合行差，除其日太陽盈縮積，爲距合差日；不滿，退除爲分秒，順加退減太陽盈縮積，爲距合差度。順合者，盈加縮減其星定合汎積，爲其星定合定積日及分秒；退合者，以距合差日盈〔加〕〔減〕縮〔減〕〔加〕、距合差度盈加縮減其星退定合汎積，〔二六〕爲其星退定合定積日及分秒；命之，爲退定合定星度及分秒。以天正冬至日及分秒，加其星定合定積日及分秒，滿旬周，去之，命甲子算外，卽得定合日辰及分秒。以天正冬至加時黃道日度及分秒，加其星定合定星度及分秒，滿黃道宿次，去之，卽得定合所躔黃道宿度及分秒。徑求五星合伏定日：木、火、土三星，以夜半黃道日度，減其星夜半黃道宿次，餘在其日太陽行分已下，爲其日伏合；金、水二星，以其星夜半黃道宿次，減夜半黃道日度，餘在其日金、水二星行分已下者，爲其日伏合。金、水二星伏退合者，視其日太陽夜半黃道宿次，未行到金、水二星宿次，又視次日太陽行過金、水二星宿次，金、水二星退行過太陽宿次，爲其日定合伏退定日。

求木火土三星定見伏定積日

各置其星定見定伏汎積日及分秒，晨加夕減九十一日三十一分六秒，如在半歲周已下，自相乘，已上，反減歲周，餘亦自相乘，滿七十五，除之爲分，滿百爲度，不滿，退除爲秒；以其星見伏度乘之，一十五除之；所得，以其段行差除之，爲日，不滿，退除爲分秒；見加伏減汎積，爲其星定見伏定積日及分秒；加命如前，卽得定見定伏日辰及分秒。

求金水二星定見伏定積日

各以伏見日行差，除其段初日太陽盈縮積，爲日，不滿，退除爲分秒；若夕見晨伏，盈加縮減；如晨見夕伏，盈減縮加；以加減其星定見定伏汎積日及分秒，爲常積。如在半歲周已下，爲冬至後；已上，去之，餘爲夏至後。各在九十一日三十一分六秒已下，自相乘；已上，反減半歲周，亦自相乘。冬至後晨，夏至後夕，一十八而一，爲分；冬至後夕，夏至後晨，七十五而一，爲分；又以其星見伏度乘之，一十五除之；所得，滿行差，除之，爲日，不滿，退除爲分秒，加減常積，爲定積。在晨見夕伏者，冬至後加之，夏至後減之；夕見晨伏者，冬至後減之，夏至後加之；爲其星定見定伏定積日及分秒；加命如前，卽得定見定伏日晨及分秒。

校勘記

〔一〕一百一十五度〔三〕〔二〕一七三　按此表「黃道積度」爲太陽在黃道之度數。「內外度」爲黃道與赤道相距度數，黃道在赤道北爲內度，黃道在赤道南爲外度。內外度最大値爲二十三度九十分三十秒，卽「黃赤大距」。「內外差」卽內外度前後項之差。「冬、夏至前後去極」指太陽在冬、夏至之前或之後黃道積度之去極度數。冬至前後太陽在赤道南，故去極度減一象限爲外度。夏至前後太陽在赤道北，故一象限減去極度爲內度。「冬晝夏夜」指冬至前後半晝刻分及夏至前後半夜刻分；以五千分相減爲「夏晝冬夜」數。據冬夏至去極度數、大都地理緯度可求日出沒時間，而定晝夜刻分數，半之則爲半晝夜刻分數。「晝夜差」爲前後刻分數之差。此處「三」誤。高麗史卷五一曆志授時曆經與驗算合，據改。古今律曆考已校。

〔二〕二十三六三(二四)〔四二〕一百一十四九四八(一)〔五〕六十七六八〇(五)〔一〕一千九百一五六(七)〔一〕據驗算改。第一、四項律曆融通已校。

〔三〕一千九百一(四)七〔四〕〇　高麗史卷五一曆志授時曆經與驗算合，據改正。律曆融通已校。

〔四〕六十七九(四)〔七〕四七　高麗史卷五一曆志授時曆經與驗算合，據改。

〔五〕一千九百四二一(二)〔三〕　高麗史卷五一曆志授時曆經與驗算合，據改。律曆融通已校。

〔六〕二十二四一(五)〔九〕三　據驗算改。律曆融通已校。

〔七〕七十八九六八(一)〔二〕　高麗史卷五一曆志授時曆經與驗算合，據改。

〔八〕八十〇〇(六)〔五八〕一(五)　高麗史卷五一曆志授時曆經與驗算合，據改。

〔九〕二千七百(四五)〔五四〕二〇　高麗史卷五一曆志授時曆經與驗算合，據改正。律曆融通已校。

〔一〇〕二千二百(四五)〔五四〕七〇　高麗史卷五一曆志授時曆經與驗算合，據改正。律曆融通已校。

〔一一〕八十一一(九)〔六〕九三　高麗史卷五一曆志授時曆經與驗算合，據改。

〔一二〕二千二百九九四(七)〔八〕　高麗史卷五一曆志授時曆經與驗算合，據改。律曆融通已校。

〔一三〕二千三百(二)〔三〕五五〇　高麗史卷五一曆志授時曆經與驗算合，據改。律曆融通已校。

〔一四〕九十(七)〔六〕　高麗史卷五一曆志授時曆經與驗算合，據改。

〔一五〕九十四九(四)〔三〕(六四)〔九七〕八十七六八(二二)〔八九〕　高麗史卷五一曆志授時曆經與驗算合，據改。

〔一六〕九十四五五〇〔九〕〔八〕八十八〇七七〔七〕〔八〕　高麗史卷五一曆志授時曆經與驗算合，據改。

〔一七〕八十八〔六〕〔八〕五六〇　高麗史卷五一曆志授時曆經與驗算合，據改。

〔一八〕二十七度〇〔六〕〔四〕　據高麗史卷五二曆志授時曆經改。按此係晨次疾末平度數，應與夕次疾初同。律曆融通已校。

〔一九〕五十八度七十〔一〕　按此係夕疾末限度數，應與晨疾初限度同。今從殿本補。

〔二〇〕一度六十〔二〕〔三〕　據高麗史卷五二曆志授時曆經改。按此係合退伏限度數，應與夕退伏限度同。律曆融通已校。

〔二一〕一度二十〔二〕〔三〕分半　據高麗史卷五二曆志授時曆經改。按此係晨疾初初行率數，應與夕次疾初初行率同。律曆融通已校。

〔二二〕七度八十一二十〔八〕　按此係合退伏平度，應與夕退伏平度同。今從北監本删。

〔二三〕以〔平〕度累加中星　據高麗史卷五二曆志授時曆經補。

〔二四〕爲所在定〔朔〕月日　據庚午元曆、金大明曆補。

〔二五〕若金水二星退行在退合者　庚午元曆、金大明曆作「若金在退行，水在退合」，授時曆此句文字略有改動，然應作「若金水二星在退行退合者」，意始合，此處史文疑有倒誤。

〔三六〕以距合差日盈(加)〔減〕縮(減)〔加〕　據庚午元曆、金大明曆改正。律曆融通已校。